AF548062

Gröls Verlage

„Bücher sind wie Fallschirme. Sie nützen uns nichts, wenn wir sie nicht öffnen."

Gröls Verlag

Redaktionelle Hinweise und Impressum

Das vorliegende Werk wurde zugunsten der Authentizität sehr zurückhaltend bearbeitet. So wurden etwa ursprüngliche Rechtschreibfehler *nicht* systematisch behoben, denn kleine Unvollkommenheiten machen das Buch – wie im Übrigen den Menschen – erst authentisch. Mitunter wurden jedoch zum Beispiel Absätze behutsam neu getrennt, um den Lesefluss zu erleichtern.

Um die Texte zu rekonstruieren, werden antiquarische Bücher von Lesegeräten gescannt und dann durch eine Software lesbar gemacht. Der so entstandene Text wird von Menschen gegengelesen und korrigiert – hierbei treten auch Fehler auf. Wenn Sie ebenfalls antiquarische Texte einreichen möchten, finden Sie weitere Informationen auf www.groels.de

Viel Freude bei der Lektüre wünscht Ihnen das Team des Gröls-Verlags.

Adressen

Verleger: Sophia Gröls, Im Borngrund 26, 61440 Oberursel

Externer Dienstleister für Distribution & Herstellung: BoD, In de Tarpen 42, 22848 Norderstedt

Unsere „Edition | Werke der Weltliteratur“ hat den Anspruch, eine der größten und vollständigsten Sammlungen klassischer Literatur in deutscher Sprache zu sein. Nach und nach versammeln wir hier nicht nur die „üblichen Verdächtigen“ von Goethe bis Schiller, sondern auch Kleinode der vergangenen Jahrhunderte, die – zu Unrecht – drohen, in Vergessenheit zu geraten. Wir kultivieren und kuratieren damit einen der wertvollsten Bereiche der abendländischen Kultur. Kleine Auswahl:

Francis Bacon • Neues Organon • **Balzac** • Glanz und Elend der Kurtisanen • **Joachim H. Campe** • Robinson der Jüngere • **Dante Alighieri** • Die Göttliche Komödie • **Daniel Defoe** • Robinson Crusoe • **Charles Dickens** • Oliver Twist • **Denis Diderot** • Jacques der Fatalist • **Fjodor Dostojewski** • Schuld und Sühne • **Arthur Conan Doyle** • Der Hund von Baskerville • **Marie von Ebner-Eschenbach** • Das Gemeindekind • **Elisabeth von Österreich** • Das Poetische Tagebuch • **Friedrich Engels** • Die Lage der arbeitenden Klasse • **Ludwig Feuerbach** • Das Wesen des Christentums • **Johann G. Fichte** • Reden an die deutsche Nation • **Fitzgerald** • Zärtlich ist die Nacht • **Flaubert** • Madame Bovary • **Gorch Fock** • Seefahrt ist not! • **Theodor Fontane** • Effi Briest • **Robert Musil** • Über die Dummheit • **Edgar Wallace** • Der Frosch mit der Maske • **Jakob Wassermann** • Der Fall Maurizius • **Oscar Wilde** • Das Bildnis des Dorian Grey • **Émile Zola** • Germinal • **Stefan Zweig** • Schachnovelle • **Hugo von Hofmannsthal** • Der Tor und der Tod • **Anton Tschechow** • Ein Heiratsantrag • **Arthur Schnitzler** • Reigen • **Friedrich Schiller** • Kabale und Liebe • **Nicolo Machiavelli** • Der Fürst • **Gotthold E. Lessing** • Nathan der Weise • **Augustinus** • Die Bekenntnisse des heiligen Augustinus • **Marcus Aurelius** • Selbstbetrachtungen • **Charles Baudelaire** • Die Blumen des Bösen • **Harriett Stowe** • Onkel Toms Hütte • **Walter Benjamin** • Deutsche Menschen • **Hugo Bettauer** • Die Stadt ohne Juden • **Lewis Caroll** • *und viele mehr….*

Benjamin Franklin
Benjamin Franklins Leben

von ihm selbst geschrieben

Inhalt

Twyford, bei dem Bischof von St. Asaph, 1771.

Mein lieber Sohn!

Ich habe mir stets ein Vergnügen daraus gemacht, irgend welche kleine Anekdoten über meine Vorfahren zu sammeln. Du wirst dich noch der Erkundigungen erinnern, welche ich unter meinen noch lebenden Verwandten anstellte, als du mit mir in England warst, und der Reise, welche ich zu diesem Zwecke unternahm. Da ich mir einbilde, es dürfte für dich in gleicher Weise angenehm sein, meine Lebensumstände kennen zu lernen, von denen dir manche noch unbekannt geblieben sind, und da ich den Genuß der ununterbrochenen Muße einer Woche in meiner gegenwärtigen ländlichen Zurückgezogenheit erwarte, so setze ich mich nieder, um sie für dich aufzuzeichnen.

Hierzu veranlassen mich noch einige andere Beweggründe. Da ich aus der Armut und Dunkelheit, worin ich geboren und aufgewachsen bin, zu einer gewissen Wohlhabenheit und einigem Ruf in der Welt mich aufgeschwungen und meinen bisherigen Lebensweg mit einem nicht unbedeutenden Erfolge zurückgelegt habe, so werden meine Nachkommen vielleicht begierig sein, die von mir angewandten Mittel kennen zu lernen, welche mir, unter Gottes Segen, so viel Gedeihen brachten, zumal sie einige derselben für ihre eigene Lage passend und darum der Nachahmung würdig erachten dürften.

Jenes Glück hat mich, wenn ich darüber nachdachte, schon manchmal zu der Äußerung veranlaßt, daß, wenn es in meine Wahl gegeben wäre, ich gar keinen Anstand nähme, dasselbe Leben wiederholt noch einmal von vorn anzufangen, wobei ich nur das Vorrecht beanspruchen würde, welches Schriftstellern bei einer zweiten Auflage zusteht: nämlich einige Druckfehler der ersten zu verbessern. Auch möchte ich, neben Berichtigung der Fehler, noch einige leidige Zufälle und Begebenheiten desselben mit anderen, günstigeren vertauschen. Allein selbst wenn mir dies verwehrt wäre, würde ich noch immer das Anerbieten annehmen. Weil nun aber eine solche Wiederholung nicht zu erwarten ist, so scheint wohl nichts dem abermaligen Durchleben unsres Daseins so nahe zu kommen, als die Erinnerung an dieses Leben selbst und die schriftliche Aufzeichnung desselben, um diese Erinnerung so dauerhaft wie möglich zu machen. Damit werde ich überdies dem, bei alten Männern so natürlichen Hange mich hingeben, von sich und ihren früheren Thaten zu reden, und meiner Neigung ganz unbeschränkt folgen können, ohne deshalb denen langweilig zu werden, welche aus Achtung vor meinem Alter sich verpflichtet halten möchten, mir zuzuhören, da es ja jedem freistehen wird, mich je nach Belieben zu lesen oder nicht. Endlich aber – ich will es nur lieber gleich gestehen, da mir doch niemand das Gegenteil glauben würde – werde ich bei dieser Arbeit vielleicht meine Eitelkeit zum guten Teil befriedigen. Ich habe nämlich kaum je die einleitende Redensart gehört oder gelesen: *"Ich darf wohl ohne Eitelkeit behaupten,"* ohne daß nicht sogleich irgend ein charakteristisches Zeichen von Eitelkeit gefolgt wäre. Die meisten Menschen hassen die Eitelkeit an anderen, so sehr sie auch selbst damit behaftet sein mögen; allein ich gönne ihr gern Spielraum, wo immer ich ihr begegne, in der Überzeugung, daß sie oft für ihren Besitzer und auch für andere im Bereich seines Wirkungskreises gutes erzielt. Es wäre daher in vielen Fällen gar nicht so unvernünftig, wenn ein Mensch dem lieben Gott für seine Eitelkeit ebenso sehr danken würde, wie für die übrigen Behaglichkeiten des Lebens.

Da ich nun gerade von Dank gegen Gott spreche, so will ich auch in aller Demut anerkennen, daß ich das erwähnte Glück meines vergangenen Lebens seiner gütigen Vorsehung verdanke, welche mir die Mittel in die Hand gab, deren ich mich dann bediente, und welche ihnen Erfolg verlieh. Mein Glaube in diesem Punkte veranlaßt mich zu hoffen – wenn ich mich auch nicht darauf verlassen darf –, daß sich dieselbe Güte auch noch ferner an mir bewähren werde, indem sie entweder die Dauer meines Glücks bis an das Ende meines Lebens verlängert, oder mich mit Kraft erfüllt, traurige Unfälle zu tragen, die auch mich, so gut wie andere, treffen können. Die Gestaltung meines künftigen Schicksals ist nur dem bekannt, in dessen Hand unser Geschick ruht, und der auch selbst unsere Leiden zu unserm Heile zu lenken vermag.

Die Aufzeichnungen eines meiner Oheime, der wie ich gern Nachrichten über unsere Familie sammelte, sind mir zu Händen gekommen und haben mir mehrere Einzelnheiten über unsere Vorfahren geliefert. Aus diesen Notizen erfuhr ich, daß, wählend einer Zeit von mindestens dreihundert Jahren, die Familie in demselben Dorfe (Ecton in Northamptonshire) auf einem Freigute von ungefähr dreißig Ackern lebte. Wie lange schon vor jener Zeit sie dort gewohnt hatten, konnte mein Oheim nicht in Erfahrung bringen; wahrscheinlich aber noch vor dem Aufkommen der Zunamens wo sie den Namen *Franklin* annahmen, mit welchem früher eine besondere Standesklasse belegt wurde. Dieser kleine Grundbesitz würde für ihren Lebensunterhalt nicht ausgereicht haben, wenn sie nicht nebenher das Gewerbe eines Grobschmieds getrieben hätten, welches bis zu meines Oheims Zeit in der Familie blieb, indem immer her älteste Sohn für dieses Gewerbe erzogen wurde, ein Brauch, welchen auch sowohl er wie mein Vater für ihre ältesten Söhne beibehielten. Bei meinen Nachforschungen in den Kirchenbüchern zu Ecton fand ich eine Nachricht über ihre Geburten, Heiraten und Todesfälle erst vom Jahre 1555 an, da in jenem Sprengel vor diesem Zeitpunkte keine Kirchenbücher gehalten worden waren. Aus diesen Kirchenbüchern erfuhr ich, daß ich der jüngste Sohn des jüngsten Sohnes seit fünf Generationen rückwärts war. Mein Großvater, Thomas, im Jahre 1598 geboren, lebte in Ecton, bis er zum ferneren Betriebe seines Handwerks zu alt war, und zog dann nach Banbury in Oxfordshire, woselbst sein Sohn John, bei dem mein Vater seine Lehrzeit durchmachte, als Färber wohnte. Bei seinem Tode ward er hier begraben; im Jahre 1758 haben wir sein Grabmal gesehen. Sein ältester Sohn Thomas wohnte in dem Stammhause zu Ecton und vererbte es mit dem dazu gehörigen Lande seiner einzigen Tochter, welche es, unter Zustimmung ihres Gatten Fisher aus Wellingborough, später an Isted, den gegenwärtigen Eigentümer, verkaufte. Mein Großvater hatte vier Söhne, welche das Mannesalter erreichten, nämlich: Thomas, John, Benjamin und Josias. Ich will dir über sie Auskunft geben, soviel ich bei dieser Entfernung von meinen Papieren kann, in welchen du genauere Nachweisung finden wirst, falls sie nicht während meiner Abwesenheit verloren gegangen sind.

Thomas erlernte bei seinem Vater das Handwerk eines Grobschmieds; da er aber einen recht gesunden, natürlichen Verstand hatte, so sorgte für seine geistige Ausbildung ein Herr, Namens Palmer, der zu jener Zeit der vornehmste Bewohner des Dorfes war, und auch alle meine Oheime zur Pflege ihrer Geisteskräfte ermunterte. Auf diese Weise erwarb Thomas sich Tüchtigkeit für die Geschäfte eines Notars, wurde bald eine wichtige Person in Dorfangelegenheiten und gehörte zu den Hauptleitern jedes öffentlichen Unternehmens, sowohl in Bezug auf die Grafschaft, wie auf das Städtchen Northampton. Es wurden uns in Ecton viele merkwürdige Züge von ihm erzählt. Im Gennsse der Achtung und Gunst des Lord Halifax starb er am 6. Januar 1702 – genau vier Jahre vor meiner Geburt. Die Schilderung seines Lebens und Charakters, welche mehrere bejahrte Einwohner des Dorfes uns entwarfen, überraschte dich, wie ich mich entsinne, wegen ihrer Übereinstimmung mit dem, was du über mich selbst wußtest, so daß du sagtest: „Wäre er gerade an demselben Tage gestorben, wo du geboren wurdest, so könnte man an eine Seelenwanderung glauben.“

John erlernte, soviel ich weiß, das Geschäft eines Wollfärbers. Benjamin erlernte in London die Seidenfärberei. Er war ein geistig begabter Mann, dessen ich mich noch wohl entsinne; denn während meiner Kindheit kam er zu meinem Vater nach Boston und lebte mehrere Jahre in unserm Hause. Er erreichte ein hohes Alter. Sein Enkel, Samuel Franklin, lebt noch jetzt in Boston. In seinem Nachlaß fanden sich zwei Quartbände Gedichte im Manuskript, kleine, an seine Freunde gerichtete Gelegenheitsstücke. Er hatte eine Geschwindschrift erfunden, die er mich lehrte; da ich aber nie Gebrauch davon machte, so habe ich sie wieder vergessen. Ich wurde nach diesem Oheim getauft, zwischen welchem und meinem Vater ein besonders inniges Verhältnis bestand. Er war sehr fromm, ein eifriger Zuhörer der besten Prediger, deren Vorträge er zu seinem Vergnügen nach der von ihm erfundenen, schnellern Methode niederschrieb und auf diese Weise in verschiedenen Bänden sammelte. Auch mit der Politik beschäftigte er sich sehr gern – vielleicht zu viel für seine Verhältnisse. Erst unlängst fand ich in London eine von ihm angelegte Sammlung der vorzüglichsten über die Staatsereignisse von 1641 bis 1717 erschienenen Flugschriften. Wie sich aus der Zahlenfolge ergiebt, fehlen mehrere Bände, aber es sind doch noch acht Folianten und vierundzwanzig Quart- und Oktavbände vorhanden. Die Sammlung war in die Hände eines Antiquars gekommen, der mich kannte, weil er mir mehrere Bücher verkauft hatte, und sie mir zeigte. Wahrscheinlich hatte sie mein Oheim vor seiner Abreise nach Amerika, vor ungefähr fünfzig Jahren, zurückgelassen. Am Rande finden sich viele Bemerkungen von seiner Hand.

Unsere schlichte Familie bekannte sich früh zur reformierten Lehre und beharrte während der Regierung der Königin Marie treu dabei, obschon sie wegen ihres Eifers gegen das Papsttum gefährdet war. Sie besaßen eine englische Bibel, und um diese desto sicherer zu verbergen, gerieten sie auf den Einfall, sie offen, mit über die Blätter gespannten Bindfäden, auf den Deckel eines Klappstuhls zu befestigen. Wollte nun mein Großvater seiner Familie vorlesen, so legte er den Deckel des Klappstuhles verkehrt auf seine Knie und wendete so die Blätter um, welche auf beiden Seiten von den Bindfäden niedergehalten wurden. Eins der Kinder war an die Thür gestellt, um sogleich Nachricht zu geben, wenn es den Apparitor (einen Beamten des geistlichen Gerichtes) kommen sähe; dann wurde der Deckel mit der wie zuvor darunter versteckten

Bibel wieder an seinen Platz gelegt. Ich erfuhr diese Anekdote von Oheim Benjamin. Die ganze Familie bewahrte ihre Anhänglichkeit an die anglikanische Kirche bis etwa gegen Ende der Regierung Karls II., wo gewisse, als Nonkonformisten abgesetzte Geistliche Konventikel in Northamptonshire hielten, denen Benjamin und Josias sich anschlossen und denen sie fortwährend zugethan blieben. Die übrige Familie verharrte bei der bischöflichen Kirche.

Josias, mein Vater, hatte jung geheiratet und ungefähr ums Jahr 1682 seine Gattin und drei Kinder mit sich nach Neu-England gebracht. Da die Konventikel in der alten Heimat verboten waren und häufig gestört wurden, so waren mehrere angesehene Männer seiner Bekanntschaft veranlaßt worden, nach Neu-England zu übersiedeln, und hatten ihn bewogen, sie dorthin zu begleiten, wo sie sich ihrer Religionsübung unbeanstandet hingeben zu dürfen hofften.

Mein Vater hatte von derselben Frau noch vier Kinder, die in Amerika geboren wurden, und weitere zehn von einer zweiten Frau, zusammen also siebzehn Kinder. Ich weiß noch recht gut, daß wir unserer dreizehn zusammen bei Tische saßen, die alle ein reifes Alter erreichten und heirateten. Ich war der jüngste Sohn und das vorletzte Kind und wurde zu Boston in Neu-England geboren. Meine Mutter, die zweite Frau, war Abiah Folger, Tochter des Peter Folger, eines der ersten Ansiedler in Neu-England, dessen Cotton Mather, in seiner Kirchengeschichte jener Provinz, als eines *frommen wohlunterrichteten Engländers*", wenn ich mich der Worte recht entsinne, ehrend gedenkt. Wie mir erzählt wurde, schrieb er eine Menge kleiner Aufsätze, doch scheint nur einer gedruckt worden zu sein, der mir vor vielen Jahren zu Gesicht kam. Er erschien im Jahre 1675, in den kunstlosen Reimen jener Zeiten und Menschen geschrieben, war an die damals am Staatsruder stehenden Männer gerichtet und verwandte sich zu Gunsten der Gewissensfreiheit, der Wiedertäufer, Quäker und anderer Sektierer, welche Verfolgungen erduldeten. Diesen Verfolgungen schreibt er die Kriege mit den Eingebornen und andere Drangsale zu, welche das Land drückten, indem er sie als so viele Gerichte Gottes zur Züchtigung für so böse Thaten ansteht und die Regierung zum Widerruf solcher hartherzigen Gesetze ermahnt. Das Gedicht erschien mir mit männlicher Freimütigkeit und einer ansprechenden Einfalt geschrieben. Ich entsinne mich noch der sechs Endstrophen, habe aber die Wortfolge der beiden ersten von ihnen vergessen. Der Sinn war, daß sein Tadel aus Wohlwollen entspringe und daß er deshalb als der Verfasser bekannt zu sein wünsche, denn, sagt er –

Zu Sherburne wohn' ich jetzt und schreibe.
Daß ich stets euer wahrer Freund,
Der's ganz und gar nicht böse meint.
Mit Namen *Peter Folger* bleibe.

Meine älteren Brüder kamen alle zu verschiedenen Handwerkern in die Lehre. Ich selbst wurde mit acht Jahren in eine lateinische Schule geschickt, da mein Vater mich als einen zehnten von seinen Söhnen für den Dienst der Kirche bestimmte. Die Schnelligkeit, mit der ich lesen lernte (was sehr frühe gewesen sein muß, da ich mich gar nicht mehr der Zeit erinnere, wo ich nicht lesen konnte), und die Ansicht seiner Freunde, daß ich sicher eines Tages ein sehr gelehrter Mann werden würde, bestärkten ihn in seinem Plane. Auch Oheim Benjamin gab seinen Beifall zu dieser Absicht und versprach mir alle seine Bände mit nachgeschriebenen Predigten, wenn ich mich bemühen wollte, diese zu lernen. Ich blieb indessen kaum ein Jahr in der lateinischen Schule, obschon ich in dieser Zeit allmählich aus der Mitte meiner Jahresklasse an die Spitze derselben mich aufgeschwungen hatte und dann in die nächstobere vorrückte, um mit dieser am Ende des Jahres in die dritte zu treten. Allein mein Vater änderte inzwischen, wegen der großen Kosten einer gelehrten Erziehung, die er bei seiner zahlreichen Familie kaum erschwingen konnte, und bei dem ärmlichen Lebensunterhalt, welchen manche Männer von gelehrter Erziehung später fanden – Gründe, die er in meinem Beisein öfters gegen seine Freunde äußerte, – seinen ursprünglichen Plan, nahm mich aus der lateinischen Schule fort und schickte mich in eine Schreib- und Rechenschule, die Herr George Brownell hielt, ein geschickter Lehrer, der seinem Berufe mit Erfolg vorstand, weil er sich einer liebreichen und ermutigenden Methode bediente. Unter ihm lernte ich bald eine vortreffliche Hand schreiben, im Rechnen aber wollte es mir durchaus nicht gelingen und ich machte keine Fortschritte darin. In einem Alter von zehn Jahren wurde ich von meinem Vater wieder nach Hause genommen, um ihm in seinem Geschäft, nämlich beim Seifensieden und Lichterziehen, zur Hand zu gehen. Dieses Gewerbe hatte er zwar nicht eigentlich gelernt, aber bei seiner Ankunft in Neu-England ergriffen, weil er gewahrte, daß er mit seinem eigentlichen Berufe, der Färberei, seine Familie nicht ernähren könne. Demgemäß wurde ich zum Schneiden der Dochte, Füllen der Gußformen, zur Bedienung des Ladens, zu Geschäftsausgängen u. s. w. verwendet.

Diese Beschäftigung gefiel mir nicht, wogegen ich eine starke Vorliebe für das Seeleben hegte; mein Vater wollte aber hiervon nichts wissen. Die Nähe des Wassers gab mir indes häufige Gelegenheit, mich oft darauf und hinein zu wagen, und bald verstand ich zu schwimmen und ein Boot zu führen. Wenn ich mit anderen Knaben fuhr, so wurde gewöhnlich mir das Steuerruder anvertraut, namentlich in schwierigen Fällen, wie ich denn auch bei allen übrigen Unternehmungen fast immer der Anführer der Schar war, die ich nicht selten in Verlegenheit brachte. Ich will hiervon ein Beispiel mitteilen, welches einen frühentwickelten Hang zu öffentlichen Unternehmungen zeigt, obschon derselbe damals nicht richtig geleitet war.

Der Mühlteich wurde an der einen Seite durch einen Salzsumpf begrenzt, an dessen Rande wir bei hohem Wasser uns aufstellten, um Ellritzen zu fangen. Durch vieles Getrampel hatten wir ihn zu einer Kotlache gemacht. Mein Vorschlag ging deshalb dahin, hier eine Werfte zu erbauen, auf welcher wir stehen konnten, wobei ich meinen Gefährten einen großen Haufen Steine zeigte, die zum Bau eines Hauses in der Nähe des Sumpfes bestimmt waren und vortrefflich für unsern Zweck paßten. Demgemäß versammelte ich, nachdem sich die Werkleute am Abend entfernt hatten, eine Anzahl meiner Spielgenossen. Da wir fleißig wie die Ameisen waren, indem oft mehrere von uns mit vereinten Kräften einen Stein wegschleppten, so trugen wir sie denn alle fort und erbauten unsre kleine Werfte. Die Arbeiter erstaunten, als sie am Morgen ihre Steine nicht fanden, die wir eben für unsern Damm verbraucht hatten. Man forschte nach den Erbauern dieses Werkes; wir wurden entdeckt, man beklagte sich, und gar mancher von uns wurde von seinen Eltern streng gestraft. Obschon ich hartnäckig die Nützlichkeit des Baues verteidigte, so überzeugte mich mein Vater doch endlich, daß nichts nützlich sein könne, was nicht rechtlich sei.

Du wirst vielleicht begierig sein, auch Einiges über die Person und den Charakter meines Vaters zu erfahren. Er besaß eine vortreffliche Leibesbeschaffenheit, war von mittlerer Gestalt, aber wohl und kräftig gebaut; er war sehr begabt, konnte hübsch zeichnen, verstand ein wenig Musik und hatte eine helle, volltönende Stimme, so daß es viel Vergnügen gewährte, ihm zuzuhören, wenn er zu seiner Violine einen Psalm oder ein Lied sang, wie er wohl öfter Abends nach beendigtem Tagewerke zu thun pflegte. Auch war er ein mechanisches Talent und verstand bei Gelegenheit, die Werkzeuge einer Menge von Handwerken zu führen. Aber vor allem zeichnete er sich durch gesunde Auffassung und gediegenes Urteil in Verstandssachen sowohl im öffentlichen, wie im Privatleben, aus. Zwar gab er sich mit ersterm nicht eigentlich ab, weil seine zahlreiche Familie und sein geringes Vermögen ihn streng an sein Gewerbe fesselten; aber ich entsinne mich recht wohl, wie die Angesehenen des Ortes häufig zu ihm kamen und seine Meinung über Angelegenheiten der Stadt oder Kirche, zu der er sich bekannte, einholten, und auf seinen Rat und sein Urteil großen Wert legten. Ebenso pflegten Einzelne ihn über ihre Privatangelegenheiten zu Rate zu ziehen, und oft wurde er zum Schiedsrichter zwischen den streitenden Parteien erwählt. Bei Tische sah er gern so häufig als möglich einige Freunde oder gebildete Nachbarn bei sich, mit denen eine vernünftige Unterhaltung möglich war, und war immer bemüht, nützliche oder interessante Dinge zur Sprache zu bringen, woran der Geist seiner Kinder sich bereichern könnte. Auf diese Weise lenkte er schon früh unsere Aufmerksamkeit auf alles, was im Leben der Menschen gerecht, verständig und heilbringend ist. Nie sprach er von den Gerichten auf dem Tische, ob sie gut oder schlecht bereitet, von angenehmem oder unangenehmem Geschmacke, stark gewürzt oder nicht, dieser oder jener Speise ähnlicher Art vorzuziehen oder nachzusetzen seien. Auf diese Weise wurde ich seit meiner frühesten Kindheit an eine gänzliche Gleichgültigkeit gegen solche Dinge gewöhnt und kümmerte mich nie im geringsten darum, was für Essen vor mir stehe, und selbst jetzt noch wende ich diesem Punkte so wenig Beachtung zu, daß es mir schwer werden dürfte, wenige Stunden nach dem Essen anzugeben, woraus meine Mahlzeit bestanden habe. Dies kam mir auf Reisen sehr zu statten, wo meine Gefährten bisweilen über die mangelhafte Befriedigung ihres zartern, weit besser gepflegten Gaumens und Geschmacks sehr unglücklich waren.

Meine Mutter erfreute sich gleicherweise einer vortrefflichen Gesundheit. Sie stillte alle ihre zehn Kinder selbst, und ich hörte weder meinen Vater noch sie je über eine andere Krankheit als die klagen, an welcher sie, wem Vater mit 89, meine Mutter mit 85 Jahren, starben. Beide liegen in Boston begraben, wo ich vor einigen Jahren über ihrem Grabe einen marmornen Denkstein mit folgender Inschrift errichten ließ:

Hier ruhen
Josias Franklin
und
Abiah seine Gattin

Sie lebten innig und einträchtiglich zusammen fünfundfünfzig Jahre und ernährten ohne Vermögen, ohne gewinnbringendes Gewerbe anständig eine zahlreiche Familie und erzogen mit gesegnetem Erfolge dreizehn Kinder und sieben Enkel. Laß, Leser, dieses Beispiel dich ermutigen, den Pflichten deines Berufes fleißig nachzukommen und der Vorsehung zu vertrauen. Er war ein frommer und weiser Mann, Sie ein kluges und tugendsames Weib. Im Gefühle kindlicher Pflichtschuldigkeit Weiht diesen Stein ihrem Gedächtnisse Ihr jüngster Sohn B. F.

An meinen Abschweifungen bald hier bald dorthin bemerke ich übrigens, daß ich selbst alt werde. Ich pflegte sonst methodischer zu schreiben; aber für den häuslichen Kreis kleidet man sich ja nicht so sorgfältig, wie für einen öffentlichen Ball; daher vielleicht meine Nachlässigkeit.

Jedoch zur Sache: Ich blieb auf diese Weise in meines Vaters Geschäft zwei Jahre, d. h. bis ich zwölf Jahr alt war. Da mein Bruder John, welcher die Seifensiederei erlernt, meinen Vater verlassen, sich verheiratet und in Rhode-Island ein eigenes Geschäft begründet hatte, so war ich allem Anschein nach dazu bestimmt, seine Stelle einzunehmen und ein Talglichtzieher zu werden. Weil aber mein Widerwille gegen dies Geschäft fortdauerte, so fürchtete mein Vater, daß, wenn er nicht einen mir angenehmeren Beruf fände, ich eines Tages auf und davon und zur See gehen könnte, wie, zu seinem größten Kummer, mein Bruder Josias gethan hatte. Deshalb nahm er mich öfter mit, um Maurern, Böttchern, Kupferschmieden, Tischlern und anderen Handwerkern bei der Arbeit zuzusehen, um meine Neigungen zu beobachten und sie an eine Beschäftigung zu fesseln, die mich im Lande zurückhielte. Es hat mir seither auch immer großes Vergnügen gemacht, geschickte Werkleute ihr Gerät handhaben zu sehen. Auch habe ich manchen Nutzen daraus gezogen und wenigstens dabei so viel gelernt, daß ich in meinem Hause allerlei kleine Arbeiten selbst zu verrichten vermochte, wenn ich gerade keinen Handwerker bekommen konnte, und daß ich die kleinen Apparate für meine Versuche machen kann, während die Absicht zur Anstellung des Experiments in meinem Geist noch frisch und warm ist.

Mein Vater entschied sich endlich, daß ich Messerschmied werden sollte. Ich wurde einige Zeit auf Probe zu meinem Vetter Samuel gegeben, dem Sohne meines Oheims Benjamin, der dies Gewerbe in London erlernt und sich in

Boston niedergelassen hatte. Aber das Lehrgeld, welches er für mich von meinem Vater verlangte, stand diesem nicht an, weshalb ich wieder ins Haus genommen wurde.

Von frühester Zeit hatte ich leidenschaftlich gern gelesen, und das bißchen Geld, welches ich erhielt, in Büchern angelegt. Da mir „Des Pilgers Erdenwallen"besonders gefiel, so bestand meine erste Büchersammlung aus Bunyans Werken in einzelnen kleinen Bänden. Diese verkaufte ich später wieder, um R. Burtons geschichtliche Sammlungen kaufen zu können, welche aus kleinen billigen Bändchen, etwa vierzig bis fünfzig an der Zahl, bestanden. Meines Vaters kleine Bibliothek enthielt vorzüglich praktische und polemische Theologie. Den größten Teil hatte ich durchgelesen. Ich habe es seitdem oft bedauert, daß in der Zeit, wo ich einen so heftigen Durst nach Kenntnissen empfand, mir nicht ausgewähltere Bücher in die Hände fielen, da es schon beschlossen war, daß ich nicht Geistlicher werden sollte. Unter meines Vaters Büchern befanden sich auch Plutarchs Lebensbeschreibungen, in denen ich fortwährend las, und noch immer halte ich die Zeit für gut angewandt, welche ich damit zubrachte. Auch fand ich ein Werk von de Foe: „Versuch über Projekte" und ein anderes von Dr. Mather unter dem Titel: „Versuche über rechtliches Handeln", welche mir vielleicht einen Hang zum Nachdenken gaben, der einen Einfluß auf einige der Hauptereignisse meines spätern Lebens hatte.

Meine Vorliebe für Bücher bestimmte meinen Vater endlich, einen Buchdrucker aus mir zu machen, obgleich er schon einen seiner Söhne (James) in diesem Geschäfte hatte. Mein Bruder war im Jahre 1717 mit einer Presse und Typen aus England zurückgekehrt, um in Boston eine Druckerei zu errichten. Dies Gewerbe gefiel mir bei weitem besser als das meines Vaters, obschon ich noch immer eine Vorliebe für die See hegte. Um den möglichen Folgen dieser Neigung vorzubeugen, konnte mein Vater es gar nicht abwarten, mich bei meinem Bruder untergebracht zu sehen. Einige Zeit weigerte ich mich, endlich aber ließ ich mich überreden und unterzeichnete den Lehrbrief, als ich erst zwölf Jahre alt war. Es wurde ausgemacht, daß ich bis zum einundzwanzigsten Jahre in die Lehre gehen und nur im letzten Jahre den Lohn eines Arbeiters erhalten sollte. In kurzer Zeit machte ich große Fortschritte in diesem Geschäfte und wurde sehr brauchbar für meinen Bruder. Jetzt hatte ich Zutritt zu besseren Büchern. Eine Bekanntschaft mit Buchhändler-Lehrlingen machte es mir möglich, dann und wann einen Band zu borgen, den ich gewissenhaft bald und rein zurückgab. Oft verbrachte ich den größten Teil der Nacht lesend in meinem Zimmer, wenn mir ein Buch am Abend geliehen ward, welches am andern Morgen zurückgeliefert werden mußte, damit es nicht vermißt oder gesucht werden möchte. Nach einiger Zeit erregte ich die Aufmerksamkeit des Mr. Mathews Adams, eines hochbegabten Handelsmanns, der eine schöne Büchersammlung besaß und oft in die Druckerei kam. Er lud mich ein, seine Bücher zu besehen und war so gütig, mir einige, welche ich gern lesen wollte, zu leihen. Damals ergriff mich eine seltsame Leidenschaft für die Dichtkunst, und ich verfaßte mehrere kleinere Sachen. Mein Bruder glaubte dabei seine Rechnung finden zu können und ermunterte und veranlaßte mich, zwei Balladen zu schreiben. Die eine schilderte unter dem Titel: „Die Leuchtturm-Tragödie" den Wellentod des Kapitän Worthilake und seiner beiden Töchter, die andere war ein Seemannslied auf die Gefangennehmung des bekannten Piraten *Teach* oder *Blackbeard (Schwarzbart).* Es waren, was den Stil anlangt, jämmerliche Verse, wahrhafte Gassenhauer; als sie aber gedruckt waren, sandte mich mein Bruder in der Stadt herum, um sie zu verkaufen. Die erste hatte ungeheuren Absatz, weil der Vorfall noch neu war und viel Aufsehen erregte. Dies schmeichelte meiner Eitelkeit; aber mein Vater wußte meinen Jubel durch Verspottung meiner Erzeugnisse und die Bemerkung zu dämpfen, daß Versemacher meist Bettler seien. Auf diese Weise entging ich dem Unglück, ein sehr schlechter Dichter zu werden. Da aber meine Gabe, in Prosa zu schreiben, im Laufe meines Lebens mir so sehr zu statten gekommen ist und hauptsächlich mein Emporkommen beförderte, so will ich berichten, durch welche Mittel ich in meiner Lage die schwache Fertigkeit erwarb, welche ich vielleicht hierin besitze.

Es gab in der Stadt noch einen jungen Bücherwurm, einen gewissen John Collins, mit dem ich vertrauten Umgang hatte. Wir disputierten häufig mit einander und waren auch so versessen, uns gegenseitig etwas zu beweisen, daß uns nichts lieber war wie ein Wortkampf. Diese Neigung zum Streit hat aber, wie ich nur im Vorbeigehen bemerken will, das Gefährliche, in eine schlimme Gewohnheit auszuarten, und macht oft die Gesellschaft eines Mannes unerträglich, weil sie den Widerspruchsgeist notwendig zur andern Natur macht. Abgerechnet die Bitterkeit und den Hader, welchen sie in das Gespräch bringt, erzeugt sie auch oft Abneigung, ja Haß unter Personen, zwischen denen Freundschaft durchaus nötig ist. Ich hatte sie in meines Vaters Hause durch das Lesen religiöser Streitschriften angenommen. Seitdem habe ich bemerkt, daß Männer von Verstand selten auf diesen Abweg geraten – Rechtsgelehrte,

Studenten und Leute jeden Standes, die in Edingburgh erzogen wurden, ausgenommen.

Collins und ich gerieten eines Tages in einen Streit über die Zweckmäßigkeit der Erziehung des weiblichen Geschlechts in den Wissenschaften und über dessen Befähigung für das Studium. Collins war der Ansicht, die höhere Bildung passe nicht für das weibliche Geschlecht, und dieses sei ihm auch von Natur aus nicht gewachsen. Ich ergriff die Gegenpartei, vielleicht nur aus Lust am Streite. Die Natur hatte ihm größere Rednergabe verliehen; die Worte strömten in Massen von seinen Lippen, und oft hielt ich mich mehr durch seine Zungenfertigkeit als die Kraft seiner Beweise für geschlagen. Als wir von einander schieden, ohne uns in der Sache geeinigt zu haben, und da wir uns eine Zeit lang nicht sprechen konnten, brachte ich meine Gedanken zu Papier, fertigte eine saubere Abschrift und schickte sie ihm. Er antwortete, und ich replizierte. Wir hatten jeder drei oder vier Briefe geschrieben, als meinem Vater zufällig meine Papiere zu Gesicht kamen, und er sie las. Ohne sich auf den Streit selbst einzulassen, nahm er die Gelegenheit wahr, über meine Schreibweise mit mir zu reden. Er bemerkte, daß ich zwar in Rechtschreibung und richtiger Interpunktion, die ich meinem Berufe verdankte, meinem Gegner überlegen sei, aber ihm in der Zierlichkeit des Ausdruckes, in der Darstellung und Klarheit weit nachstehe. Er überzeugte mich davon durch mehrere Beispiele. Ich erkannte die Wahrheit seiner Bemerkungen, wandte mehr Sorgfalt auf die Sprache und entschloß mich zu möglichster Anstrengung, um meinen Stil zu verbessern.

Etwa um diese Zeit fiel mir ein einzelner Band des „Spektator“ in die Hände. Es war der dritte. Ich hatte dies Werk noch nie gesehen, kaufte den Band, las ihn mehrmals und war ganz entzückt davon. Ich hielt den Stil für ausgezeichnet und wünschte mir nur die Fähigkeit, ihn nachahmen zu können. In dieser Absicht wählte ich einige Aufsätze aus, brachte den Sinn jeder Periode in einen kurzen Auszug, legte das Ganze einige Tage beiseite, versuchte dann, ohne einen Blick in das Buch zu werfen, die Aufsätze in ihrer ursprünglichen Abfassung wieder herzustellen, kurz, jeden Gedanken, wie er sich im Original befand, wiederzugeben, indem ich die geeignetsten Worte gebrauchte, welche mir einfielen. Nachher verglich ich meinen Spektator mit dem wirklichen, fand einige Fehler, die ich verbesserte, erkannte aber auch, daß es mir, um mich des Ausdrucks zu bedienen, an einem Vorrat von Wörtern, so wie an der Fertigkeit, mich ihrer zu entsinnen und sie zu gebrauchen, mangelte, in deren Besitz ich nach meiner Ansicht damals längst gewesen sein würde, wenn ich fortgefahren hätte, Verse zu machen. Das beständige Bedürfnis von Wörtern derselben Bedeutung indessen, wegen des Versmaßes von verschiedener Länge, oder wegen des Reimes von verschiedenem Klange, hätte mich gezwungen, eine Menge Synonyma zu suchen und ihrer Herr zu werden. In dieser Erwägung wählte ich einige Erzählungen aus dem Spektator, schrieb sie in Verse um, und nach Verlauf einiger Zeit übertrug ich sie, wenn sie meinem Gedächtnis genugsam entschwunden waren, wieder in Prosa.

Bisweilen warf ich auch wohl alle meine Auszüge durch einander und versuchte dann einige Wochen später, sie wieder in die gehörige Ordnung zu bringen, ehe ich an die Bildung der vollen Sätze und die Abfassung der Aufsätze ging. Dies sollte mich Methode in Anordnung meiner Gedanken lehren. Verglich ich später meine Arbeit mit dem Original, so entdeckte und verbesserte ich manche Fehler; aber bisweilen genoß ich auch die Befriedigung, mir einzubilden, ich sei in gewissen untergeordneten Einzelnheiten so glücklich gewesen, Methode oder Ausdruck zu verbessern, und dies ermutigte mich zu der Hoffnung, daß ich es mit der Zeit noch zu einem guten Stil im Englischen bringen würde, der das Hauptziel meines Ehrgeizes war. Die Zeit, welche ich diesen Übungen und dem Lesen zuwandte, war der Abend nach geendigtem Tagewerke, der Morgen, ehe dieses begann, und der Sonntag, wenn ich in der Druckerei allein sein konnte. Ich wich nämlich dem gewöhnlichen Besuch des öffentlichen Gottesdienstes soviel als möglich aus, welchen mein Vater von mir verlangte, so lange ich noch unter seiner Obhut war, und den ich in Wirklichkeit noch immer für eine Pflicht hielt, obschon ich, wie es mich bedünken wollte, nicht die Zeit zu seiner Ausübung erübrigen konnte.

Als ich ungefähr sechzehn Jahre alt war, fiel mir ein Werk von Tryon in die Hände, in welchem er die Pflanzennahrung empfiehlt. Ich beschloß, mich derselben ebenfalls zu bedienen. Mein Bruder war unverheiratet, hatte keinen eigenen Haushalt, sondern speiste mit seinen Lehrlingen bei einer nahebei wohnenden Familie. Meine Weigerung, Fleischspeisen zu essen, wurde unpassend gefunden, und ich oft wegen meiner Sonderbarkeit ausgescholten. Ich merkte mir die Art und Weise, wie Tryon einige seiner Gerichte bereitete, namentlich wie Kartoffeln und Reis gekocht und zu Schnellpudding gebacken wurden. Dann erklärte ich meinem Bruder, wenn er das halbe Wochengeld, welches er für meine Beköstigung zahle, mir geben wollte, so würde ich versuchen, mich selbst zu speisen. Er nahm mein Anerbieten sofort an, und ich wurde bald gewahr, daß ich von dem, was er mir gab, noch die Hälfte zurücklegen konnte. Dadurch erlangte ich einen Grundstock zum Ankauf von Büchern, abgesehen von einem andern Vorteil der mir aus diesem Verfahren erwuchs. Wenn mein Bruder und die Arbeiter die Druckerei verließen, um zu Tisch zu gehen, so blieb ich zu Hause. Nachdem ich mein einfaches Mahl verzehrt hatte, welches häufig nur aus einem Zwieback oder einer Brotschnitte und einigen Trauben, oder einem Obstkuchen vom Pastetenbäcker nebst einem Glase Wasser bestand, konnte ich die übrige Zeit, bis zu ihrer Rückkehr, auf meine geistige Ausbildung verwenden, worin ich um so größere Fortschritte machte, als mein klarerer Kopf und meine raschere Auffassung eine gewöhnliche und natürliche Folge der Mäßigkeit im Essen und Trinken waren.

Damals mußte ich mich eines Tages wegen meiner Unwissenheit im Rechnen schämen, dessen Erlernung ich bei zwiefacher Gelegenheit während meiner Schuljahre versäumt hatte; ich nahm daher Cockers Rechenbuch vor und arbeitete es mit der größten Leichtigkeit durch. Auch las ich ein Buch über Schiffahrtskunde von Seller und Sturmy, und machte mich noch mit den Anfangslehren der Geometrie vertraut, welche es enthält, brachte es aber nie weit in dieser Wissenschaft. Ungefähr um dieselbe Zeit las ich Locke „Vom menschlichen Verstande" und „Die Kunst zu denken" von den Patres von Port-Royal.

Während ich auf die Verbesserung meines Stils hinarbeitete, fiel mir eine englische Grammatik in die Hände, wenn ich nicht irre von Greenwood, der zwei kurze Aufsätze über Rhetorik und Logik angehängt waren. In dem letztern fand ich das Muster einer Disputation in der Sokratischen Weise. Bald darauf verschaffte ich mir Xenophons Werk „Denkwürdigkeiten von Sokrates", worin manche Beispiele dieser Methode sich finden. Diese Methode des Disputierens entzückte mich bis zur Begeisterung: ich eignete sie mir an, gab mein System des reinen Widerspruches und der direkten und positiven Beweisführung auf und versetzte mich statt dessen in die Stellung eines schlichten Fragers. Die Lektüre von Shaftesbury und Collins hatte mich zum Zweifler gemacht. Da ich betreffs einiger Lehren des Christentums dies schon früher war, so hielt ich die Methode des Sokrates nicht allein für die passendste für mich, sondern auch für die verwirrendste für diejenigen, gegen welche ich sie in Anwendung brachte. Ich empfand dabei bald außerordentliches Vergnügen; unausgesetzt übte ich mich darin und wußte sehr gewandt selbst mir weit an Verstand überlegene Personen zu Zugeständnissen zu bringen, deren Folgen sie nicht voraussahen. So führte ich sie in Verlegenheiten, aus denen sie sich nicht herauswinden konnten, und oft gewann ich einen Sieg, den weder mein Streitobjekt noch meine Gründe verdienten. Dieses Verfahren setzte ich mehrere Jahre fort, gab es aber später allmählich auf und behielt nur die Gewohnheit bei, mich mit bescheidenem Mißtrauen auszudrücken, und nie, wenn ich eine Behauptung aufstellte, die bestritten werden konnte, die Wörtchen „*gewiß*“, „*unzweifelhaft*“, oder diesen ähnliche zu gebrauchen, welche den Verdacht erregen konnten, ich hinge meiner Ansicht hartnäckig an. Lieber sagte ich: „*ich stelle mir vor, ich vermute, oder es will mir scheinen*, daß sich diese oder jene Sache aus dem und dem Grunde so und so verhalte,“ oder „*wenn ich recht berichtet bin, ist vielleicht der Thatbestand so*.“ Ich bin der Ansicht, daß mir diese Gewohnheit von außerordentlichem Nutzen war, wenn ich gelegentlich andere von meiner Ansicht überzeugen und zur Ergreifung von Maßregeln überreden wollte, welche ich an die Hand gab. Da es jedoch der Hauptzweck jeder Unterhaltung ist, zu belehren oder belehrt zu werden, zu überzeugen oder zu überreden, so möchte ich wohl, daß verständige und wohlmeinende Männer ihre Mittel, sich nützlich zu machen, dadurch nicht selber schwächten, daß sie sich in so bestimmter und absprechender Weise ausdrücken, wodurch sie fast allemal das Mißfallen der Zuhörer erregen, einzig und allein den Widerspruch wecken, und jede Absicht vereiteln, für welche die Gabe der Rede einem Menschen verliehen wurde. Mit einem Worte: Willst du belehren und trägst deine Ansicht entschieden und absprechend vor, so weckst du nur Widerspruch und vereitelst jedes aufmerksame Zuhören. Suchst du aber andernteils Belehrung und Vorteil aus den Kenntnissen anderer und drückst du dich so aus, wie wenn du deiner Ansicht starr zugethan seiest, so werden friedliche und kluge Leute, die keine Freunde vom Disputieren sind, dich ruhig bei deinen Irrtümern belassen. Wenn du einen solchen Weg einschlägst, hast du selten Hoffnung, deinen Zuhörern zu gefallen, ihr Vertrauen zu erwerben, oder diejenigen zu überzeugen, welche du gern zu deiner Ansicht hinüberziehen möchtest. Pope sagt ganz richtig: „Man muß die Menschen so belehren, wie wenn man sie nicht belehrte, und unbekannte Dinge ihnen vortragen, als seien sie nur vergessen.“ Und in demselben Gedicht rät er, „wenn gleich bestimmt, doch mit anscheinender Zaghaftigkeit uns auszudrücken.“ Und diesen Zeilen hätte er noch eine beifügen können, die er an einer andern Stelle, nach meiner Ansicht minder passend, mit einer andern verband: „Denn unbescheiden heißt auch unverständig sein.“ Willst du wissen, warum ich sage *minder passend*, so muß ich die beiden Verse zusammen hersetzen: „Das unbescheidene Wort läßt sich durch nichts verzeihn: denn unbescheiden heißt auch unverständig sein.“ Ist es denn nun aber Mangel an Verstand, sobald ein Mensch das Unglück hat, davon betroffen zu sein, und nicht vielmehr eine Art Entschuldigung seiner Anmaßung? Und lauteten nicht die Verse richtiger, wenn sie sagten: „Das unbescheidne Wort mag nur der Satz verzeihn: nicht recht bescheiden heißt auch nicht verständig sein." Ich überlasse aber die Entscheidung dieses Punktes besseren Richtern, als ich bin.

Im Jahre 1720 oder 1721 begann mein Bruder den Druck einer neuen Zeitung. Sie war die zweite, welche in Amerika erschien, unter dem Namen „ *New England Courant*". Die einzige vor ihr schon vorhandene war der „ *Boston New Letter*". Einige seiner Freunde wollten, wie ich mich noch entsinne, ihm das Unternehmen ausreden, welches doch wohl keinen günstigen Erfolg haben würde, indem nach ihrer Ansicht eine Zeitung für ganz Amerika genug sei. In diesem Augenblick aber, 1771, erscheinen ihrer nicht weniger als fünfundzwanzig. Er brachte aber doch sein Vorhaben zur Ausführung, und ich mußte jede Nummer erst setzen und drucken helfen, dann aber die Exemplare an die Kunden austragen. Er hatte einige begabte Männer unter seinen Freunden, welche zu ihrem Vergnügen kleine Aufsätze für sein Blatt schrieben und dadurch demselben Ruf und einen vermehrten Absatz verschafften. Diese Herren kamen oft in unser Haus. Da ich der Unterhaltung und den Schilderungen von der günstigen Aufnahme ihrer Aufsätze oft zuhörte, so verspürte ich ebenfalls die Versuchung, ihrem Beispiel zu folgen. Ich war aber noch ein Knabe und fürchtete, mein Bruder werde in seinem Blatte keine Arbeit abdrucken wollen, als deren Verfasser er mich kenne; daher bemühte ich mich erfolgreich, mit verstellter Hand einen anonymen Aufsatz zu schreiben, und schob ihn Nachts unter der Thür der Druckerei hindurch, wo er am andern Morgen gefunden wurde. Mein Bruder teilte ihn seinen Freunden bei ihrem gewöhnlichen Besuche mit; sie lasen ihn, machten in meiner Gegenwart ihre Bemerkungen darüber, und ich hatte dann die große Freude zu sehen, daß er ihren Beifall erhielt und sie als Vermutungen, welche man über den Verfasser anstellte, Namen von Männern nannten, die ihres Talentes und Geistes wegen einen bedeutenden Ruf im Lande genossen. Ich glaube heutzutage, daß ich damals besonderes Glück mit meinen Richtern hatte, und daß sie vielleicht eigentlich keine so guten Kritiker waren, als sie mir damals erschienen. Hierdurch ermutigt schrieb ich jedoch noch mehrere kleine Aufsätze, die ich auf demselben Wege in die Druckerei schaffte und die gleichen Beifall fanden. Ich bewahrte so lange mein Geheimnis, bis mein geringer Vorrat von Wissen und Kenntnissen für solche Arbeiten ganz erschöpft war, worauf ich mich dann entdeckte, und die Bekannten meines Bruders mich mit etwas mehr Achtung zu behandeln begannen, und zwar in einer Weise, welche meinem Bruder nicht ganz gefiel, weil er, wahrscheinlich mit Recht, annahm, es könnte mich zu eitel machen. Und dies mochte vielleicht auch die Veranlassung zu verschiedenen Zwistigkeiten gewesen sein, welche wir um jene Zeit hatten. Obschon mein Bruder, betrachtete er sich doch als meinen Meister, und mich als seinen Lehrling, und erwartete daher von mir dieselben Dienstleistungen, wie er sie von einem andern verlangt haben würde, während ich meinte, er gehe in manchen seiner Anforderungen an mich zu weit, und ich könne von einem Bruder mehr Nachsicht erwarten. Unsere Zwistigkeiten wurden oft meinem Vater vorgelegt, und ich denke, ich hatte im allgemeinen Recht oder wußte meine Sache besser zu führen, weil die Entscheidung meist zu meinen Gunsten ausfiel. Aber mein Bruder war heftig und hatte mich oft geschlagen, was ich sehr übel nahm.

Da mir so meine Lehrlingszeit ganz lästig vorkam, sehnte ich mich fortwährend nach einer Gelegenheit sie abzukürzen, die sich endlich in ganz unerwarteter Weise darbot. Ein Artikel in unserm Blatte über irgend einen politischen Gegenstand, den ich vergessen habe, erregte das Mißfallen der gesetzgebenden Versammlung. Mein Bruder wurde eingezogen, verurteilt und erhielt einen Monat Gefängnis, weil er, wie ich vermute, den Verfasser nicht angeben wollte. Auch ich wurde verhaftet und vor dem Rat verhört, erhielt aber, obschon ich keine Auskunft gab, bloß einen Verweis und wurde damit entlassen, indem man wahrscheinlich der Ansicht war, als Lehrling müsse ich die Geheimnisse meines Herrn bewahren. Während der Haft meines Bruders, welche mich trotz unserer Privatzwistigkeiten sehr empörte, hatte ich die Leitung der Zeitung und erkühnte mich, unseren Herrschern tüchtig die Meinung zu sagen, was mein Bruder sehr freundlich aufnahm, während andere mich in einem ungünstigen Lichte als ein junges Genie mit einiger Neigung für Pasquill und Satire zu betrachten begannen. Meines Bruders Freilassung war von einem willkürlichen Befehle der Behörde begleitet, welcher James Franklin den ferneren Druck der Zeitung *"The New England Courant"* untersagte. Unter diesen Umständen hielt er mit seinen Freunden in der Druckerei eine Beratung darüber, was nun zu thun sei. Einige rieten, den Befehl durch einen veränderten Namen des Blattes zu umgehen; mein Bruder sah aber die Unannehmlichkeiten voraus, welche dieser Schritt nach sich ziehen werde, und erachtete für besser, es in Zukunft unter dem Namen Benjamin Franklins erscheinen zu lassen. Um sich nun gegen die Behörde sicher zu stellen, die ihn noch immer als den

Drucker des Blattes, der nur den Namen seines Lehrlings geborgt hätte, betrachten könnte, wurde ausgemacht, daß mein alter Lehrbrief mit einer auf der Rückseite geschriebenen vollen und unbedingten Lossprechung mir ausgeliefert werden solle, um im Notfall vorgezeigt werden zu können. Um aber meinem Bruder den Genuß meiner Dienste zu sichern, mußte ich zugleich einen neuen Kontrakt unterzeichnen, der während der noch übrigen Lehrzeit geheim gehalten werden sollte. Dieses war ein sehr unsicheres Auskunftsmittel, wurde aber trotzdem sogleich ins Werk gesetzt, und so erschien denn die Zeitung einige Monate unter meinem Namen fort.

Endlich entstand abermals zwischen mir und meinem Bruder ein Zwist, und ich wagte nun von meiner Freiheit in der Voraussetzung Gebrauch zu machen, daß er es nicht wagen werde, den neuen Kontrakt vorzuzeigen. Es war allerdings unbillig von mir, mir diesen Umstand zu Nutze zu machen, und ich halte daher diese Handlung für einen der ersten Fehltritte meines Lebens; die Erbitterung meines Gemütes aber über die häufig erhaltenen Schläge machte mir es durchaus unmöglich, sie in ihrem wahren Lichte zu würdigen, obwohl mein Bruder sonst kein bösartiger Mensch, ich aber vielleicht zu vorlaut und anspruchsvoll war.

Als er meinen Entschluß, ihn zu verlassen, vernahm, suchte er zu verhindern, daß ich anderswo Arbeit fände. Er ging in alle Druckereien der Stadt und nahm die Besitzer gegen mich ein, die mich demzufolge abwiesen. Nun drängte sich mir von selbst der Gedanke auf, nach New-York, der nächsten Stadt mit einer Druckerei zu gehen. Fernere Überlegung bestärkte mich in dem Entschlusse, Boston zu verlassen, wo ich bereits der Regierungspartei verdächtig geworden war. Nach dem willkürlichen Verfahren der Behörde in der Sache meines Bruders zu schließen, standen mir, wenn ich blieb, bald Unannehmlichkeiten bevor, die ich um so mehr fürchten mußte, als mein unbesonnenes Streiten über religiöse Gegenstände mich schon für fromme Seelen, als Ungläubigen oder Atheisten, zum Gegenstand des Abscheus machten. Mein Entschluß war gefaßt; da aber mein Vater auf seiten meines Bruders stand, so besorgte ich, daß man, wollte ich mich öffentlich entfernen, Maßregeln zur Verhinderung meiner Flucht treffen möchte. Mein Freund Collins übernahm es daher, mein Entkommen zu begünstigen. Er schloß mit dem Kapitän einer New-Yorker Schaluppe wegen meiner Überfahrt unter dem Vorgeben ab, ich sei ein junger Bekannter von ihm, der ein leichtfertiges Mädchen mit einem Kinde auf dem Halse habe und nun von den Verwandten des Mädchens gezwungen werden solle, dasselbe zu heiraten, weshalb ich mich nicht öffentlich zeigen, auch nicht offenkundig abreisen könne. Um mir etwas Geld zu verschaffen, verkaufte ich einen Teil meiner Bücher, ging dann heimlich an Bord der Schaluppe und mit günstigem Winde befand ich mich in drei Tagen in New-York, fast dreihundert Meilen fern von Hause, ein Bursche von nur siebzehn Jahren, ohne jegliche Empfehlung oder irgend einen Bekannten in der Stadt und mit sehr wenig Geld in der Tasche.

Meine Neigung zum Seeleben war mittlerweile gänzlich verschwunden, sonst hätte ich sie jetzt befriedigen können. Da ich aber nun einen Beruf hatte und mich für einen leidlichen Arbeiter hielt, so bot ich unverzüglich dem alten Herrn William Bradford meine Dienste an, welcher der erste Buchdrucker in Pennsylvanien gewesen war, aber wegen Zwistigkeiten mit dem Statthalter George Keith diese Provinz verlassen hatte. Er konnte mir jedoch keine Beschäftigung geben, da er selbst nur wenig zu thun und schon mehr als genug Gehilfen hatte; er sagte mir aber, sein Sohn, Buchdrucker in Philadelphia, habe kürzlich seinen ersten Arbeiter, Aquila Rose, durch den Tod verloren, und wenn ich dorthin reisen wollte, glaubte er wohl, daß ich Anstellung finden würde. Philadelphia lag hundert Meilen weiter. Ich trat jetzt in einem Boot die Reise nach Amboy an und ließ mir meinen Koffer und meine Sachen zur See nachsenden.

Bei der Fahrt über die Bai überfiel uns ein Sturm und zerriß unser mürbes Segel, hinderte uns in den Kill einzulaufen und verschlug uns nach Long-Island. Während des Sturmes fiel ein betrunkener Holländer, ein Mitpassagier im Boote, in die See. In dem Augenblick, wo er dem Sinken nahe war, ergriff ich ihn an seinem Krauskopf und zog ihn wieder an Bord. Dieses Bad machte ihn ziemlich nüchtern, so daß er in Schlaf fiel, nachdem er ein Buch aus seiner Tasche genommen, das ich ihm trocknen sollte. In diesem Buche erkannte ich mein altes Lieblingswerk, Bunyans „Pilger", holländisch, hübsch auf schönem Papier gedruckt und mit Kupferstichen, in einer Ausstattung, wie ich sie bei dem Buche in der Ursprache nie gesehen hatte. Seitdem erfuhr ich, daß es fast in alle europäischen Sprachen übersetzt, und nächst der Bibel wohl eines der verbreiterten Bücher sei. Der ehrliche John war meines Wissens der erste, der Erzählung und Gespräche zusammenmischte, eine Schreibweise, die den Leser sehr anzieht, da er an den interessantesten Stellen gleichsam in eine Gesellschaft eingeführt wird und der Unterhaltung beiwohnt. De Foe hat dies mit Erfolg in seinem Robinson Crusoe, seiner Moll Flanders, religiösen Bewerbung, Familien,

Lehrer und anderen Werken nachgeahmt, wie auch Richardson in der Pamela u. s. w.

Als wir uns der Insel näherten, fanden wir, daß es an einer Stelle war, wo man unmöglich landen konnte, da die Brandung sich an dem felsigen Ufer brach; so ließen wir denn den Anker fallen und trieben am Tau herum und der Küste zu. Einige Leute am Strande kamen bis zum Wasserrande herab und riefen uns an, wie wir sie; aber der Wind war so stark und die Brandung so laut, daß wir einander nicht verstehen konnten. Am Strand lagen einige Boote. Wir riefen ihnen zu und machten ihnen Zeichen, um sie zu bewegen, heranzukommen und uns abzuholen; allein entweder verstanden sie uns nicht oder hielten unser Ansinnen für unausführbar, und so gingen sie fort. Es wurde Nacht, und es blieb uns nichts anderes übrig, als ruhig abzuwarten, daß sich der Wind legen würde, und so lange wollten wir, nämlich der Schiffer und ich, wo möglich schlafen. Zu dem Ende stiegen wir unter Deck zu dem Holländer, der durch und durch naß war. Die See schlug über das Fahrzeug weg und erreichte uns in unserer Zufluchtsstätte, so daß wir nun nicht minder trieften wie er.

Wir genossen die Nacht über nur wenig Ruhe; am folgenden Tage aber legte sich der Wind, und nun gelang es uns, Amboy vor Dunkelwerden zu erreichen, nachdem wir dreißig Stunden ohne Nahrung auf See zugebracht hatten, und ohne anderes Getränk, als eine Flasche schlechten Rums, da das Wasser, in welchem wir fuhren, salzig war.

Abends ging ich mit einem heftigen Fieber zu Bett. Ich hatte irgendwo gelesen, daß der reichliche Genuß von kaltem Wasser in solchen Fällen ein gutes Mittel sei. Ich folgte dem Rate, lag den größten Teil der Nacht im stärksten Schweiße, und das Fieber verließ mich. Am andern Tage fuhr ich in einer Fähre über den Fluß und setzte meine Reise zu Fuß fort. Ich mußte fünfzig (engl.) Meilen bis Burlington gehen, wo ich angeblich gute Reiseboote zur Fahrt nach Philadelphia finden würde.

Es regnete den ganzen Tag heftig, so daß ich bis auf die Haut naß wurde. Um Mittag war ich ganz ermüdet und machte in einer armseligen Kneipe Halt, wo ich den übrigen Teil des Tages und die Nacht zubrachte, schon halb bedauernd, daß ich meine Vaterstadt verlassen hatte. Dabei spielte ich eine so jämmerliche Figur, daß, wie ich aus den an mich gerichteten Fragen ersah, man mich für einen entlaufenen Dienstboten hielt, und ich Gefahr lief, als solcher aufgegriffen zu werden. Am andern Tage setzte ich indessen meine Reise fort und erreichte am Abend ein Wirtshaus, acht bis zehn Meilen von Burlington, welches ein gewisser Dr. Brown hielt. Dieser Mann ließ sich, als ich einige Erfrischungen genoß, in ein Gespräch mit mir ein, bemerkte meine leidliche Belesenheit und ward sehr gesellig und freundlich. Unsre Freundschaft dauerte bis an seinen Tod. Ich glaube, er war eine Art fahrender Doktor, denn es gab in England, ja in ganz Europa keine Stadt, über welche er nicht genaue Auskunft geben konnte. Es mangelte ihm weder an Verstand noch Bildung, aber er war durchaus ungläubig und einige Jahre später begann er eine leichtfertige Travestie der Bibel, in Knittelversen, wie Cotton Virgils Aeneis travestierte. Hierdurch stellte er manche Dinge von einer sehr spaßhaften Seite dar und er hätte manchem schwachen Geiste Schaden zugefügt, falls das Buch gedruckt worden wäre, was indessen nie geschah.

Ich übernachtete in seinem Hause und erreichte am andern Morgen Burlington, vernahm aber zu meinem Bedauern, daß die regelmäßigen Boote schon vor meiner Ankunft abgefahren seien. Es war Sonnabend, und vor nächsten Dienstag fuhr kein Boot wieder. Ich ging nach dem Hause einer alten Frau in der Stadt zurück, bei der ich einige Pfefferkuchen zu meiner Nahrung während der Überfahrt gekauft hatte, und bat sie um ihren Rat. Sie lud mich ein, bei ihr meinen Aufenthalt zu nehmen, bis sich eine Schiffsgelegenheit zeigen würde, und ermüdet von der weiten Fußreise ging ich auf ihr Anerbieten ein. Als sie vernahm, daß ich ein Buchdrucker sei, wollte sie mich bereden, mich in Burlington niederzulassen; sie vermutete aber nicht, welch' ein Kapital dazu nötig sei. Während meiner Anwesenheit in ihrem Hause wurde ich wahrhaft gastfreundlich beherbergt. Mit der größten Güte setzte sie mir eine Ochsenwampe zum Mittagessen vor und nahm nur eine Pinte Ale dagegen an. Ich glaubte mich schon bis Dienstag festgehalten. Als ich aber Abends am Flußufer spazieren ging, kam ein Boot mit einer Anzahl Personen vorüber, das, wie ich erfuhr, nach Philadelphia fuhr und mich mitnahm. Da kein Wind wehte, ruderten wir den ganzen Weg, und als wir um Mitternacht die Stadt noch nicht sahen, meinten einige aus der Gesellschaft, wir müßten wohl vorbeigefahren sein und wollten nicht weiter rudern. Da die Übrigen nicht wußten, wo wir waren, so beschloß man, an der Stelle Halt zu machen. Wir fuhren also dem Ufer zu, liefen in einen Bach ein und landeten bei einigen alten Zäunen, die uns zum Feueranmachen dienten, da es eine kalte Oktobernacht war. Hier blieben wir bis Tagesanbruch, wo einer ans der Gesellschaft die Stelle als Coopers Creek, etwas oberhalb Philadelphia, erkannte, welches wir denn auch wirklich in dem

Augenblick erblickten, wo wir ans dem Bach herausfuhren. Wir kamen am Sonntag zwischen acht und neun Uhr Morgens an und landeten am Quai von Market-Street.

Ich habe meine Reise umständlich beschrieben und werde meinen ersten Eintritt in diese Stadt ebenso ausführlich schildern, damit du imstande bist, so wenig verheißende Anfänge mit der Rolle zu vergleichen, die ich später spielte.

Bei meiner Ankunft in Philadelphia war ich in meinem Arbeitsanzuge, da meine besten Kleider erst zur See nachkommen sollten. Ich war mit Schmutz bedeckt; meine Taschen waren mit Hemden und Strümpfen vollgestopft; ich kannte keine Seele in der Stadt und wußte nicht, wo ich ein Unterkommen finden sollte. Ermüdet von der Reise, vom Rudern und von einer schlaflosen Nacht, empfand ich nebenbei einen heftigen Hunger, und meine ganze Baarschaft bestand in einem holländischen Thaler und etwa einem Schilling in Kupfergeld, welchen ich den Schiffern für meine Überfahrt gab. Da ich ihnen im Rudern beigestanden hatte, so schlugen sie ihn anfänglich aus, aber ich bestand auf der Annahme. Der Mensch ist meist freigebiger, wenn er wenig, als wenn er viel Geld hat, wahrscheinlich weil er im ersten Falle gern seine Dürftigkeit verbergen will.

Ich ging die Straße hinauf und schaute mich um, bis ich beim Markthause einem Jungen mit Brot begegnete. Mein Mittagsmahl hatte schon oft in trockenem Brote bestanden, und nachdem ich erfragt, wo er selbiges gekauft habe, ging ich geradewegs nach dem bezeichneten Bäckerladen in Second-Street und forderte einen Zwieback, wie wir deren in Boston haben, die aber in Philadelphia nicht gebacken zu werden scheinen. Ich verlangte also ein Dreipfennigbrot und erfuhr, daß es ein solches nicht gebe. In Anbetracht nun, daß ich weder die hiesigen Preise noch Gattungen von Brot kannte, bat ich mir für drei Pence Brot irgend einer Art aus, worauf ich drei große runde Brote erhielt. Ich erstaunte über so viel, nahm sie indes an, und da ich in meinen Taschen keinen Platz hatte, so entfernte ich mich mit einem Brote unter jedem Arm, während ich vom dritten aß. So schritt ich durch Market-Street nach Fourth-Street und ging an dem Hause des Mr. Read, des Vaters meiner künftigen Frau, vorüber. Diese stand vor der Thür, sah mich und mochte mich mit vollkommenem Rechte für eine gar seltsame und lächerliche Erscheinung halten. Dann bog ich um die Ecke und ging, unterwegs immer an meinem runden Brote zehrend, durch Chesnut-Street und einen Teil von Walnut-Street herab und fand mich, nach gemachter Runde, wieder am Quai von Market-

Street, in der Nähe des Bootes, mit welchem ich gekommen war. Ich trat hinein, um einen Trunk Flußwasser zu nehmen, und da ich mich von dem ersten Brote gesättigt fühlte, so gab ich die beiden anderen einer Frau mit ihrem Kinde, die mit uns den Fluß hinabgefahren waren und auf die Weiterreise warteten.

So erquickt wanderte ich wieder die Straße hinauf, die nur mit wohlgekleideten Leuten gefüllt war, welche alle desselben Weges gingen. Ich schloß mich ihnen an und gelangte so nach einem großen Versammlungshause der Quäker, in der Nähe des Marktplatzes. Ich setzte mich zu den Übrigen, sah mich eine Weile um und fiel, da ich nichts sprechen hörte und von den Anstrengungen der vorigen Nacht und dem Mangel an Ruhe ermüdet war, in einen tiefen Schlaf. In diesem Zustande blieb ich, bis sich die Versammlung zerstreut hatte, wo ein Mitglied so freundlich war, mich zu wecken. Dies war also das erste Haus, welches ich in Philadelphia betrat, oder worin ich vielmehr schlief. Ich begann abermals meine Wanderung durch die Straßen an der Flußseite, und indem ich jedem mir Begegnenden aufmerksam ins Gesicht schaute, gewahrte ich endlich einen jungen Quäker, dessen Gesichtszüge mir gefielen. Ich redete ihn an und bat ihn um Nachweisung, wo ich wohl als Fremder ein Unterkommen finden könne. Wir befanden uns in der Nähe des Schildes „Zu den drei Matrosen". „Hier ist eine Herberge für Fremde," sagte er, „aber das Haus steht nicht in gutem Rufe, wenn du mit mir gehen willst, so will ich dir ein besseres zeigen," worauf er mich nach Crooked-Billet in Water-Street führte. Hier bestellte ich mir eine Mahlzeit, während deren man eine Menge neugieriger Fragen an mich richtete, da meine Jugend und mein Äußeres den Verdacht rege machten, ich sei entlaufen.

Nach dem Essen kehrte meine Müdigkeit wieder, und unausgekleidet warf ich mich auf ein Bett und schlief bis sechs Uhr Abends, wo ich zum Abendessen gerufen wurde. Dann ging ich wieder sehr früh zu Bett und erwachte auch erst am nächsten Morgen. Nach dem Aufstehen kleidete ich mich möglichst anständig und begab mich nach dem Hause des Druckers Andreas Bradford; ich fand im Laden seinen Vater, den ich zu New-York gesprochen hatte. Da er zu Pferde reiste, war er vor mir nach Philadelphia gekommen. Er stellte mich seinem Sohne vor, der mich sehr höflich aufnahm, und mir ein Frühstück vorsetzte, mir aber auch sagte, daß er augenblicklich keinen Arbeiter gebrauchen könne, da er vor kurzem einen angenommen habe. Es sei aber noch ein anderer Buchdrucker in der Stadt, Namens Keimer, der sich erst kürzlich niedergelassen habe und mich vielleicht beschäftigen könne; wo nicht, so würde ich ihm in seinem Hause willkommen sein, und er wolle mir dann und wann kleine Arbeiten geben, bis sich etwas Besseres finde.

Der alte Bradford erbot sich, mich bei dem neuen Buchdrucker einzuführen. Als wir in dessen Hause waren, sagte er: „Nachbar, ich führe Ihnen hier einen jungen Gewerbsgenossen zu; vielleicht können Sie ihn gebrauchen.“

Keimer richtete einige Fragen an mich, gab mir einen Winkelhaken in die Hand, um zu sehen, wie ich setze, und sagte, im Augenblick habe er nichts für mich zu thun, werde mich aber bald gebrauchen können. Da er nun den alten Bradford, den er nie gesehen hatte, für einen ihm gewogenen Bewohner der Stadt hielt, so teilte er ihm seinen Plan und seine Aussichten auf Erfolg mit. Bradford hütete sich wohl, ihm zu entdecken, daß er der Vater des andern Druckers sei, und als Keimer sich äußerte, wie er bald die meiste Kundschaft in der Stadt zu haben gedenke, so brachte er ihn durch künstliche Fragen und das Entgegenhalten einiger Schwierigkeiten dahin, daß er ihm alle seine Pläne darlegte, auf die sich seine Hoffnungen gründeten, und wie er dabei zu Werke gehen wolle. Ich war zugegen, hörte alles, und erkannte alsbald in dem einen den alten verschlagenen Fuchs und in dem andern den gänzlichen Neuling. Bradford ließ mich bei Keimer, der gar sehr erstaunte, als ich ihm sagte, wer der alte Mann sei.

Keimers ganze Druckereieinrichtung bestand, wie ich fand, aus einer alten, schadhaften Presse und einem kleinen Vorrat abgenutzter englischer Typen, aus denen er soeben eine Elegie auf den obenerwähnten Aquila Rose setzte, der ein gebildeter junger Mann, von vortrefflichem Charakter, in der Stadt sehr geachtet, Sekretär bei der Assembly und ein ganz leidlicher Dichter war. Keimer machte nämlich auch Verse, allerdings höchst unbedeutende. Man konnte nicht sagen, daß er Verse *schreibe*, denn er pflegte die Strophen gleich zu *setzen*, wie sie seiner Muse entströmten, und da er ohne Manuskript arbeitete, auch nur *einen* Setzkasten hatte, die Elegie aber wahrscheinlich seinen ganzen Schriftvorrat in Anspruch nahm, so war es unmöglich, ihm zu helfen. Ich versuchte, seine Presse in Stand zu setzen, welche er bis jetzt noch nicht gebraucht hatte, und von deren Benutzung er auch in der That nichts verstand. Mit dem Versprechen, wieder zu kommen, um dann seine Elegie zu drucken, sobald sie fertig wäre, ging ich nach Bradfords Hause zurück, der mir für den Augenblick eine Kleinigkeit zu thun gab, wofür ich Kost und Wohnung genoß. Nach einigen Tagen ließ Keimer mich rufen, um seine Elegie zu drucken. Er hatte sich jetzt noch einen zweiten Setzkasten angeschafft, um den Wiederabdruck einer Flugschrift zu besorgen, deren Satz er mir auftrug.

Diese beiden Buchdrucker in Philadelphia schienen jeder der zu ihrem Gewerbe nötigen Befähigung zu ermangeln. Bradford hatte das Geschäft gar nicht gelernt und war sehr ungebildet. Keimer war zwar leidlich gebildet, aber nur Setzer und wußte mit der Presse gar nicht umzugehen. Er war einer der französischen Prophetenund konnte ihre begeisterten Agitationen recht gut nachmachen. Zur Zeit unsrer ersten Bekanntschaft hing er keinem bestimmten Glauben an, im Notfalle aber allen ein wenig, hatte übrigens gar keine Weltkenntnis, aber viel Gemeines in seinem Wesen, wie ich später zu erfahren Gelegenheit hatte.

Keimer konnte nicht leiden, daß, während ich bei ihm in Arbeit stände, ich bei Bradford wohne. Er hatte zwar auch ein Haus, aber es war unmöbliert, so daß er mich nicht zu sich nehmen konnte. Es verschaffte mir eine Wohnung bei Mr. Read, seinem Hauswirt, dessen ich schon erwähnte. Da jetzt mein Koffer mit meinen Sachen angekommen war, so hoffte ich in den Augen von Fräulein Read eine anständigere Rolle zu spielen, als damals, wo sie mich zufällig mein Brot auf offener Straße hatte verspeisen sehen.

Ich machte nachgerade Bekanntschaft mit einigen jungen Leuten in der Stadt, die gerne lasen, und brachte meine Abende angenehm mit ihnen hin, während ich gleichzeitig durch meinen Fleiß Geld verdiente und, Dank meiner Mäßigkeit, zufrieden lebte. So vergaß ich denn Boston fast ganz und wünschte nur, daß niemand meinen Aufenthalt erfahren möchte, mein Freund Collins ausgenommen, dem ich schrieb und der mein Geheimnis auch bewahrte. Endlich führte mich ein Ereignis weit früher nach Hause zurück, als in meinem Vorsatz lag. Ich hatte einen Schwager, Namens Robert Holmes, der eine Handelsschaluppe zwischen Boston und Delaware führte. Bei seiner Anwesenheit in Newcastle, vierzig Meilen unterhalb Philadelphia, hörte er von mir und meldete mir in einem Briefe den Kummer, den mein plötzliches Verschwinden aus Boston meinen Eltern verursacht habe, versicherte mich ihrer fortdauernden Liebe und Bereitwilligkeit, wenn ich zurückkehrte, alles zu meiner Zufriedenheit auszugleichen, und ermahnte mich ernstlich zur Heimkehr. Ich beantwortete seinen Brief, dankte ihm für seinen Rat und setzte ihm die Gründe, welche mich veranlaßt hatten, Boston zu verlassen, so triftig und deutlich auseinander, daß er sich überzeugte, wie ich weniger zu tadeln sei, als er sich gedacht hatte.

Um jene Zeit war Sir William Keith, der Statthalter der Provinz, in Newcastle. Kapitän Holmes befand sich bei Empfang meines Briefes zufällig in seiner Gesellschaft, ergriff die Gelegenheit, von mir zu reden, und zeigte ihm meine Antwort. Der Statthalter las sie und erstaunte, als er mein Alter erfuhr. Er erkenne in mir, bemerkte er, einen Jüngling mit vielversprechenden Gaben, und sonach müsse ich aufgemuntert werden; hier in Philadelphia seien nur sehr unwissende Buchdrucker und wenn ich mich dort niederlasse, so zweifle er nicht an meinem Fortkommen; er seines Teils wolle mir alle Staatsarbeiten verschaffen und auch außerdem jeden möglichen, in seinen Kräften stehenden Dienst leisten. Mein Schwager erzählte mir das alles in Boston, aber damals erfuhr ich keine Silbe davon. Eines Tages sahen Keimer und ich, als wir gerade zusammen in der Nähe des Fensters arbeiteten, den Gouverneur und einen andern Herrn, den Oberst French von Newcastle, in seiner Kleidung über die Straße kommen und gerade auf unser Haus zugehen. Wir hörten sie an der Thür, und da Keimer glaubte, der Besuch gelte ihm, so begab er sich sogleich hinunter. Aber der Gouverneur fragte nach mir, stieg die Treppe hinauf und richtete mit einer Leutseligkeit und Artigkeit, welche ich nicht im entferntesten gewohnt war, mehrfache Komplimente an mich, wünschte meine Bekanntschaft zu machen, warf mir freundlich vor, daß ich bei meiner Ankunft in Philadelphia nicht selbst zu ihm gekommen sei, und lud mich ein, ihn in eine Schenke zu begleiten, wo er und Oberst French eine Flasche guten Madeira trinken wollten.

Ich war nicht wenig überrascht, und Keimer staunte wie ein gestochener Bock. Indessen ging ich mit dem Gouverneur und dem Oberst in ein Wirtshaus an der Ecke von Third-Street, wo er mir bei der Flasche Madeira den Vorschlag machte, eine Druckerei einzurichten. Er erörterte die Wahrscheinlichkeit eines glücklichen Erfolges, und als ich Zweifel merken ließ, ob mein Vater mich bei diesem Unternehmen unterstützen werde, versprach Sir William mir einen Brief an ihn, in welchem er die Vorteile dieses Planes in einem solchen Lichte darstellen wolle, daß sie unfehlbar seinen Entschluß bestimmen würden. Dann ward ausgemacht, daß ich mit dem ersten Schiffe nach Boston, den Empfehlungsbrief des Statthalters an meinen Vater in der Tasche, zurückkehre. Inzwischen sollte der Plan geheim gehalten werden, so daß ich meine Arbeit bei Keimer nach wie vor fortsetzte. Dann und wann ließ mich der Statthalter zu Tische laden. Ich sah dies für eine sehr große Ehre an, die ich um so höher anschlug, da er sich mit mir auf die leutseligste und freundlichste Weise von der Welt unterhielt.

Gegen Ende April 1724 lag ein kleines Schiff segelfertig nach Boston. Ich verließ Keimer unter dem Vorwande, meine Eltern besuchen zu wollen. Der Gouverneur stellte mir einen langen Brief zu, in welchem er meinem Vater viele schmeichelhafte Dinge über mich sagte und eindringlich den Plan meiner Niederlassung in Philadelphia empfahl, als eine Sache, die unausbleiblich zu meinem Glück ausschlagen müsse. Bei der Fahrt die Bai hinunter stieß unser Schiff auf eine Sandbank und erhielt einen Leck. Das Wetter war sehr ungestüm, und wir mußten unausgesetzt pumpen, woran auch ich teilnahm. Wir gelangten indessen nach etwa vierzehntägiger Fahrt sicher und gesund nach Boston.

Ich war ungefähr sieben volle Monate abwesend gewesen, während welcher Zeit meine Verwandten gar keine Nachricht von mir erhalten hatten, denn mein Schwager Holmes war noch nicht zurück und hatte auch noch nicht über mich geschrieben. Meine Familie erstaunte über meine unerwartete Erscheinung, aber alle freuten sich über das Wiedersehen und hießen mich, mit Ausnahme meines Bruders, zu Hause willkommen. Ich besuchte ihn in seiner Druckerei. Ich war besser gekleidet, als in der ganzen Zeit, wo ich bei ihm in der Lehre war, hatte einen vollständigen neuen und netten Tuchanzug, eine Uhr und beinahe fünf Pfund Sterling in Silber in der Tasche. Er nahm mich gerade nicht sehr höflich auf und ging, nachdem er mich vom Kopf bis zu Fuß betrachtet hatte, wieder an seine Arbeit.

Die Arbeiter erkundigten sich neugierig, wo ich gewesen, welcher Art das Land sei und wie es mir gefallen habe. Ich rühmte Philadelphia ganz außerordentlich, wie nicht minder das herrliche Leben, welches man dort führe, und äußerte meine Absicht, dahin zurückzukehren. Als einer von ihnen mich nach dem dort gangbaren Geld fragte, zeigte ich ihnen eine Handvoll Silbermünzen, die ich aus der Tasche zog; dieses war etwas Neues für sie, da in Boston nur Papiergeld umlief. Dann versäumte ich auch nicht, ihnen meine Uhr zu zeigen, und da mein Bruder mürrisch und finster blieb, gab ich ihnen endlich einen Schilling zu einem Trunk und ging fort. Dieser Besuch wurmte meinen Bruder in der Seele; denn als bald darauf meine Mutter von einer Aussöhnung zwischen ihm und mir und dem Wunsche eines guten Vernehmens zwischen uns sprach, sagte er, ich hätte ihn vor seinen Leuten so sehr beleidigt, daß er es nie vergessen noch vergeben werde. Hierin irrte er sich indessen.

Des Gouverneurs Schreiben schien meinem Vater auffallend, indessen sagte er nur wenig. Als jedoch nach einigen Tagen Kapitän Holmes zurückkehrte, zeigte er es diesem mit der Frage, ob er Keith kenne, und was für ein Mann er sei, unter dem Hinzufügen, daß es seiner Ansicht nach wenig Einsicht verrate, einem jungen Menschen ein Geschäft begründen zu wollen, welcher vor Ablauf dreier Jahre seinem Alter nach nicht zu den Männern gerechnet werden könne. Holmes sagte alles Erdenkliche zu Gunsten des Planes, mein Vater aber blieb dabei, daß es unsinnig sei, und erklärte sich endlich rundweg dagegen. Indessen schrieb er einen höflichen Brief an Sir William, in welchem er ihm zwar für das mir so gütig erwiesene Wohlwollen dankte, aber in diesem Augenblick mich zu unterstützen verweigerte, weil er mich für zu jung halte, als daß man mir die Leitung eines so wichtigen Geschäftes anvertrauen könne, zu welchem eine so beträchtliche Summe Geldes nötig sei.

Mein alter Freund Collins, der Postbeamter war, wurde ganz entzückt von der Schilderung, welche ich ihm von meinem neuen Wohnorte entwarf, und beschloß ebenfalls dorthin zu gehen. Während ich meines Vaters Entscheidung abwartete, reiste er mir vorauf zu Lande nach Rhode-Island, indem er seine hübsche Büchersammlung von mathematischen und naturhistorischen Werken zurückließ, die mit der meinigen nach New-York geschickt werden sollte, wo er mich erwarten wollte.

Obgleich mein Vater Sir Williams Vorschlag nicht billigen konnte, so war er doch sehr stolz darauf, daß ich die so vorteilhafte Empfehlung eines Mannes von seinem Range gefunden, und daß mein Fleiß und meine Sparsamkeit mich in Stand gesetzt hatten, in so kurzer Zeit mich so hübsch auszustatten. Da er überdies keine Aussicht zu einer Versöhnung zwischen mir und meinem Bruder sah, so willigte er in meine Rückkehr nach Philadelphia, ermahnte mich, gegen jedermann höflich zu sein, nach allseitiger Achtung zu trachten, und Spott und Sarkasmus zu vermeiden, zu denen er mich nur zu sehr geneigt hielt, und teilte mir schließlich mit: bei Ausdauer und kluger Sparsamkeit, wenn ich erst älter geworden, werde es mir wohl gelingen, aus eigenen Mitteln ein Geschäft zu errichten, und wenn alsdann mir noch eine kleine Summe fehle, werde er mir damit aushelfen. Dies war alles, was ich von ihm erlangen konnte, ausgenommen einige Geschenke von ihm und meiner Mutter, zum Zeichen ihrer Liebe, als ich mich diesmal mit meiner Eltern Zustimmung und Segen wiederum nach New-York einschiffte.

Als die Schaluppe zu Newport auf Rhode-Island anlangte, besuchte ich meinen Bruder John, der sich vor Jahren hier niedergelassen und verheiratet hatte. Er war mir von jeher zugethan und nahm mich sehr liebevoll auf. Da einer seiner Freunde, Namens Vernon, in Pennsylvanien etwa fünfunddreißig Pfund ausstehen hatte, so bat er mich, diese für ihn einzukassieren und das Geld so lange zu bewahren, bis er mir Nachricht zukommen lasse, worauf er mir eine Anweisung dazu einhändigte. Dieser Auftrag verursachte mir in der Folge viel Unannehmlichkeit.

Zu Newport nahmen wir eine Anzahl Passagiere an Bord, unter denen sich zwei junge Frauenzimmer und auch eine ernste und gesetzte Quäkerin mit ihrer Bedienung befanden. Dienstfertig und zuvorkommend hatte ich der Quäkerin einige kleine Gefälligkeiten erzeigt und mir ihr Wohlwollen erworben; denn als sie zwischen mir und den beiden jungen Frauenzimmern Vertraulichkeit entstehen und sie mit jedem Tage zunehmen sah, rief sie mich beiseite und sagte: „Junger Mensch, ich bin deinetwegen sehr besorgt; du hast keine Eltern bei dir, welche über dich wachen könnten, und du scheinst die Welt nicht genug zu kennen, so wenig wie die Fallstricke, welche die Jugend bedrohen. Vertraue mir in dem, was ich dir sage: Jene sind Mädchen von leichtfertigem Charakter, ich merke das an ihrem ganzen Benehmen; wenn du dich nicht in Acht nimmst, so werden sie dich in Gefahr bringen. Sie sind dir unbekannt, und bei meinem Interesse für dein Wohl rate ich dir, dich nicht mit ihnen einzulassen.“ Da ich anfangs ihre schlechte Meinung von ihnen nicht zu teilen schien, so erzählte sie mir einiges, was sie gesehen und gehört hatte und was meiner Beachtung entgangen war, mich aber überzeugte, daß sie Recht habe. Ich dankte ihr für ihren gütigen Rat und versprach, ihm zu folgen. Bei unsrer Ankunft in New-York nannten sie mir ihre Wohnung und luden mich ein, sie zu besuchen. Ich ging indessen nicht hin und that wohl daran; denn als der Kapitän am nächsten Tage einen silbernen Löffel und einige andere Dinge, die aus der Kajüte entwendet worden waren, vermißte, verschaffte er sich, da er diese Mädchen als leichtfertig kannte, eine Erlaubnis zur Haussuchung, fand die gestohlenen Sachen bei ihnen und ließ sie bestrafen. So entging ich denn, nachdem ich schon einer Klippe unter dem Wasser, auf welche das Schiff während der Fahrt stieß, entgangen war, einer zweiten noch weit gefährlichern.

In New-York fand ich meinen Freund Collins, der einige Zeit vor mir angekommen war. Wir waren von Jugend auf mit einander vertraut gewesen und hatten dieselben Bücher mit einander gelesen; er hatte aber den Vorteil, mehr Zeit auf Lektüre und Studien verwenden zu können, und den einer ausgezeichneten Begabung für Mathematik, in der er mich weit überholte. Während meines Aufenthalts in Boston pflegte ich fast alle meine Mußestunden mit ihm zuzubringen; er war ein sittsamer und fleißiger Junge, hatte sich durch seine Kenntnisse allgemeine Achtung erworben und schien zu einer nicht geringen Rolle in der Gesellschaft berufen. Während meiner Abwesenheit aber hatte er sich dem Branntweintrinken ergeben, und sowohl von ihm selbst als aus den Berichten anderer erfuhr ich, daß er seit seiner Ankunft in New-York jeden Tag berauscht gewesen sei und sich sehr auffallend benommen habe. Auch hatte er gespielt und all' sein Geld verloren, so daß ich genötigt war, seine Wirtshausrechnung zu bezahlen und ihn den übrigen Teil der Reise hindurch zu unterhalten, was mir sehr unbequem war. Als der Gouverneur von New-York, Namens Burnet (der Sohn des Bischofs Burnet), von dem Kapitän hörte, daß er einen jungen Mann auf seinem Schiffe als Passagier habe, der eine große Menge Bücher mit sich führe, bat er ihn, mich zu ihm zu bringen. Ich verfügte mich daher hin und hätte auch Collins mitgenommen, wenn er nur nüchtern gewesen wäre. Der Gouverneur nahm mich sehr freundlich auf, zeigte mir seine Bibliothek, die sehr bedeutend war, und wir plauderten eine Zeit lang über Schriftsteller und Bücher. Dies war schon der zweite Gouverneur, der mich seiner Aufmerksamkeit würdigte, und dem unbedeutenden Jünglinge, der ich damals war, mußten natürlich diese kleinen Ereignisse sehr schmeichelhaft sein.

Wir kamen nach Philadelphia. Unterwegs nahm ich Vernons Geld ein, ohne welches wir nicht ans Ende unsrer Reise hätten kommen können. Collins wünschte eine Stelle als Commis in irgend einem Geschäft zu erhalten; indessen ob entweder sein Odem oder sein Aussehen sein Branntweintrinken verriet, genug, es wollte ihm trotz seiner Empfehlungen nicht glücken, und so wohnte und lebte er denn ferner auch mit mir, auf meine Kosten. Da er wußte, daß ich das Geld von Vernon bei mir habe, so ging er mich stets um Anlehen davon an, unter dem Versprechen der Rückzahlung, sobald er eine Stelle erhalten werde. Endlich hatte er soviel von diesem Gelde erhalten, daß ich in große Unruhe darüber geriet, was aus mir werden solle, wenn er nicht imstande sein sollte, das Fehlende zu ersetzen. Auch nahm seine Trunksucht nicht im geringsten ab und wurde zur Ursache häufigen Zwistes unter uns. Denn wenn er etwas zu viel getrunken hatte, so war er außerordentlich starrköpfig. Als wir eines Tages zusammen mit einigen anderen jungen Leuten in einem Boote auf dem Delaware fuhren, weigerte er sich zu rudern, als ihn die Reihe traf. „Ich will nach Hause gerudert werden," sagte er. – „Wir werden nicht für dich rudern," sagte ich. – „Ihr sollt es *doch*," war seine Antwort, „oder ihr müßt die ganze Nacht auf dem Wasser bleiben – ganz wie's euch gefällt." – „Laßt uns rudern," sagten die Übrigen; „was liegt daran, ob er uns hilft oder nicht?" Da ich aber schon über sein Benehmen bei anderen Gelegenheiten entrüstet war, beharrte ich auf meiner Weigerung. Da schwur er, er wolle mich schon zum Rudern bringen oder mich aus dem Boote werfen, und sprang gegen mich auf. So wie ich ihn aber fassen konnte, ergriff ich ihn beim Kragen, gab ihm einen heftigen Stoß und stürzte ihn über Kopf in den Fluß. Ich wußte, daß er ein guter Schwimmer sei, und war deshalb unbesorgt um sein Leben. Ehe er wieder emporkommen konnte, hatten uns einige Ruderschläge aus seinem Bereiche gebracht, und so oft er an das Boot kam, fragten wir ihn, ob er rudern wolle, indem wir ihm gleichzeitig mit den Rudern auf die Hände schlugen, damit er seinen Halt loslassen müsse. Er schäumte fast vor Wut, verweigerte aber hartnäckig jedes Versprechen zu rudern. Als wir endlich seine Kräfte sich erschöpfen sahen, nahmen wir ihn ins Boot und brachten ihn am Abend ganz durchnäßt nach Hause. Nach diesem Vorfalle trat eine gänzliche Verstimmung zwischen uns ein. Endlich lernte der Kapitän eines Westindienfahrers, der für die Söhne eines Herrn auf Barbados einen Erzieher besorgen sollte, Collins kennen und bot ihm die Stelle an. Er nahm sie auch an und versprach nur beim Abschiede, die mir schuldige Summe von dem ersten Gelde abzutragen, welches er erhalten werde; aber ich habe nie etwas von ihm gehört.

Daß ich jenes Vernonsche Geld angebrochen hatte, war einer der ersten Irrtümer meines Lebens und zeigte mir deutlich, daß mein Vater sich nicht täuschte, als er mich zur Führung eines bedeutenden Geschäftes für noch zu jung hielt. Als aber Sir William seinen Brief las, hielt er ihn für übertrieben vorsichtig. Es sei ein Unterschied zwischen den Menschen, meinte er; reife Jahre brächten nicht immer den Verstand mit sich, noch sei die Jugend allen Verstandes bar. „Da Ihr Vater," fügte er hinzu, „Sie nicht selbständig machen will, so werde ich es selbst thun. Geben Sie mir ein Verzeichnis der Gegenstände, welche aus England bezogen werden müssen, und ich will diese Artikel kommen lassen. Sie sollen sie mir nach Vermögen wieder bezahlen. Ich will hier einen ordentlichen Buchdrucker haben, und ich bin überzeugt, daß Sie fortkommen werden." Dies sagte er anscheinend mit so viel Herzlichkeit, daß ich nicht einen Augenblick Mißtrauen in die Aufrichtigkeit seines Anerbietens setzte. Ich hatte bisher den mir von Sir William angeratenen Plan der Errichtung eines Geschäfts in Philadelphia geheim gehalten und that es auch noch. Wäre bekannt gewesen, welches Vertrauen ich in den Gouverneur setzte, so würde mir ohne Zweifel irgend ein Freund, der besser als ich seinen Charakter kannte, geraten haben, mich nicht auf ihn zu verlassen; denn später erführ ich, daß er allgemein als sehr freigebig in Versprechen bekannt sei, die er gar nicht halten wollte. Wie konnte ich aber, da ich ihn um nichts gebeten hatte, voraussetzen, daß seine Anerbietungen trügerisch seien? Im Gegenteil hielt ich ihn für den besten Mann von der Welt.

Ich übergab ihm das Inventar zu einer kleinen Druckerei, dessen Kosten ich auf ungefähr einhundert Pfund Sterling berechnet hatte. Dies gefiel ihm, er warf aber die Frage auf, ob es nicht vorteilhaft sein würde, selbst nach England zu gehen, die Schriften auszusuchen und nach der Güte der einzelnen Artikel zu sehen. „Sie würden dann auch," fuhr er fort, „diese oder jene Bekanntschaft dort anknüpfen und sich mit Antiquaren und Buchhändlern in Verbindung setzen können." – Ich räumte ein, daß dies wünschenswert sei. – „Wenn dem so ist," fügte er hinzu, „so halten Sie sich bereit, mit der Annis abzureisen." Dieses Schiff machte die Fahrt jährlich und war das einzige zu jener Zeit, welches regelmäßig zwischen London und Philadelphia fuhr. Aber die Annis segelte erst in einigen Monaten. Deshalb arbeitete ich bei Keimer weiter, nur unglücklich bei dem Gedanken an das Geld, welches Collins mir abgeborgt hatte, und fast in ewiger Angst, daß Vernon, der zum Glück erst nach mehreren Jahren sein Geld verlangte, mich zur Heimzahlung auffordern werde.

Bei der Schilderung meiner ersten Reise von Boston nach Philadelphia vergaß ich vielleicht einen unbedeutenden Umstand, der indessen hier doch wohl an seinem Orte sein möchte. Während einer Windstille, die uns oberhalb Block-Island festhielt, unterhielt sich das Schiffsvolk mit dem Kabeljau-Fang, der recht reichlich ausfiel. Bis dahin war ich meinem Grundsatze treu geblieben, keinerlei tierische Nahrung zu genießen, und bei diesem Anlaß betrachtete ich, den Grundsätzen meines Meisters Tryon gemäß, den Fang jedes Fisches als eine Art Mord ohne alle Veranlassung, indem diese Tiere niemandem auch nur das geringste Unrecht, welches ein solches Verfahren hätte rechtfertigen können, gethan hätten oder überhaupt thun könnten. Ich hielt diesen Schluß für unwiderlegbar. Indessen hatte ich früher außerordentlich gern Fische gegessen, und so oft ein Stockfisch aus der Pfanne genommen wurde, roch er mir köstlich in die Nase. Eine Weile schwankte ich zwischen Grundsatz und Lust, bis mir endlich einfiel, daß man beim Öffnen eines Kabeljaus einen andern kleinen Fisch in dessen Bauche gefunden habe, worauf ich dachte: Wenn du einen andern verzehrst, so sehe ich keinen Grund, dich nicht auch zu verspeisen. Demzufolge aß ich mit nicht geringem Wohlbehagen von dem Fische und that es überhaupt seitdem wie andere Menschen, indem ich nur dann und wann zu meiner Pflanzenkost zurückkehrte. Wie angenehm ist es doch, ein *vernünftiges Geschöpf* zu sein, das einen annehmbaren Vorwand für alle seine Gelüste zu finden oder zu erfinden weiß!

Ich bemühte mich, in gutem Vernehmen mit Keimer zu leben, der nicht im entferntesten meine beabsichtigte Etablierung ahnte. Etwas von seiner frühern Begeisterung war ihm noch immer geblieben, und da er gern disputierte, so hatten wir häufige Wortgefechte mit einander. Die Sokratische Methode war mir so geläufig und ich hatte ihn so oft durch meine Fragen in Verlegenheit gebracht – die zuerst gar keinen Bezug auf den streitigen Gegenstand zu haben schienen, stufenweise aber dennoch darauf hinführten, und ihn in Verlegenheiten und Widersprüche verwickelten, aus denen er sich nicht herauswinden konnte – daß er zuletzt in einem lächerlichen Grade vorsichtig wurde und kaum auf die einfachste und unverfänglichste Frage antworten wollte, ohne vorher mich zu fragen: „Was wollen Sie daraus folgern?“ Daraus bildete er sich eine so hohe Meinung von meinem Disputations- und Überzeugungs-Talente, daß er mir allen Ernstes vorschlug, zusammen mit ihm eine neue Sekte zu stiften. Er wollte die Lehre durch Predigen verbreiten, und ich sollte die Gegner widerlegen. Als er mir seinen Plan vortrug, fand ich manche Abgeschmacktheiten darunter, welche ich nicht zulassen wollte, wenn er sich nicht dafür zu einigen meiner Ansichten bequemen wollte. Keimer ließ seinen Bart lang wachsen, weil Moses an einer Stelle sagt: „Du sollst die Spitzen deines Bartes nicht beschädigen.“ Auch beobachtete er die Sonntagsfeier, was beides für ihn wesentliche Punkte waren. Ich dagegen verwarf beide, erklärte mich aber bereit sie anzunehmen, vorausgesetzt, daß er der tierischen Nahrung entsagen wolle. „Ich zweifle,“ antwortete er, „daß meine Leibesbeschaffenheit dies ertragen wird.“ Ich versicherte ihn dagegen, er werde sich besser als zuvor dabei befinden. Er war eigentlich ein starker Esser, und ich versprach mir einigen Spaß davon, ihn halb verhungert zu sehen. Er willigte ein, diese Lebensweise zu versuchen, wenn ich ihm dabei Gesellschaft leisten wolle, und wirklich fuhren wir drei Monate hiermit fort. Eine Frau aus der Nachbarschaft, der ich ein Verzeichnis von vierzig Gerichten gab, bei deren Bereitung weder Fisch noch Fleisch vorkam, kochte für uns und brachte uns das Essen. Dieser Einfall kam mir um so gelegener, als ich dabei meine Rechnung fand, denn die ganze Ausgabe für unseren wöchentlichen Lebensunterhalt betrug nicht über achtzehn Pence auf den Mann.

Seit jener Zeit habe ich öfter mit der größten Strenge mich an Fasten gewöhnt, habe beinahe nur Nahrung aus dem Pflanzenreiche genossen und bin dann plötzlich zu meiner gewohnten Lebensweise zurückgekehrt, ohne die geringste Unbequemlichkeit davon zu verspüren, was mich zu der Ansicht brachte, den gewöhnlichen Rat, nur allmählich solche Veränderungen in der Lebensweise vorzunehmen, für nicht so gewichtig anzusehen. Mir bekam diese Diät ganz gut, der arme Keimer litt aber ganz gewaltig. Der Enthaltsamkeit müde, sehnte er sich nach den Fleischtöpfen Egyptenlands, bestellte sich ein gebratenes Ferkel und lud mich und zwei unserer weiblichen Bekannten zum Essen ein. Da aber das Ferkel etwas zu früh aufgetragen wurde, so konnte er der Versuchung nicht widerstehen und verzehrte es noch vor unserm Eintreffen vollständig.

Unterdessen hatte ich Miß Read einige Aufmerksamkeit geschenkt. Ich hegte die größte Achtung und Zuneigung für sie und hatte Grund zu glauben, daß diese Gefühle erwidert wurden. Wir waren aber beide jung, kaum über achtzehn Jahre alt. Da ich im Begriff stand, eine weite Reise anzutreten, so hielt ihre Mutter es für geraten, jetzt die Sache nicht allzu weit gedeihen zu lassen, indem eine Heirat, wenn es zu einer solchen kommen sollte, nach meiner Rückkehr und nach der (wie wir erwarteten) inzwischen erfolgten Selbständigmachung mehr am Platze sein würde. Vielleicht hielt sie auch meine Hoffnungen für nicht so wohlbegründet, wie ich mir einbildete.

Meine vertrautesten Bekannten waren in dieser Zeit Charles Osborne, Joseph Watson und James Ralph, die alle leidenschaftlich gern lasen. Die beiden ersteren waren Schreiber bei Mr. Charles Brockden, einem der ersten Anwälte und Notare der Stadt, und der andere war Commis bei einem Kaufmann. Watson war ein biederer, frommer, sinniger Jüngling; die beiden anderen hatten etwas freiere religiöse Grundsätze, namentlich Ralph, dessen Glauben ich erschüttern half, gerade wie bei Collins, wofür auch beide mich büßen ließen. Osborne: war gefühlvoll, aufrichtig, freimütig, gegen Freunde liebreich und offenherzig, aber in litterarischen Dingen zu sehr zum Kritisieren geneigt. Ralph war hochbegabt, scharfsinnig, von feinem Benehmen und außerordentlich beredt. Ich entsinne mich nicht, je einen liebenswürdigern Plauderer gefunden zu haben. Beide liebten die Musen und hatten ihren Hang bereits durch kleinere dichterische Produktionen an den Tag gelegt. Sonntags machten wir gewöhnlich einen reizenden Spaziergang in den Wäldern am Ufer des Schuylkill. Hier lasen wir zusammen und unterhielten uns darauf über das Gelesene.

Ralph fühlte Neigung, sich ganz der Dichtkunst zu widmen, da er hoffte, es in dieser Kunst zu einem hohen Grade der Vollkommenheit zu bringen, ja sogar sich damit ein Vermögen zu erwerben. Die größten Dichter, meinte er, hätten, als sie angefangen zu schreiben, eben so viele Fehler wie er gemacht. Osborne versuchte seine Ansicht durch die Versicherung umzustimmen, daß er kein Talent zum Dichten besitze, und durch den Rat, bei seinen kaufmännischen Geschäften zu bleiben, welche er gelernt hätte; er werde in kaufmännischen Geschäften durch Fleiß und Arbeitsamkeit auch ohne eigenes Vermögen sich zu einer Geschäftsführerstelle empfehlen und dann mit der Zeit auch wohl die Mittel zu einem eigenen Geschäfte erwerben können. Ich billigte es, daß man sich hier und da zum Zeitvertreib und zur Unterhaltung mit Poesie befasse, um sich im schriftlichen Ausdruck zu vervollkommnen, aber nicht weiter.

Hierauf wurde verabredet, bei unserer nächsten Zusammenkunft solle jeder von uns eine eigene freie Schöpfung des Geistes mitbringen, um uns durch unsere wechselseitigen Bemerkungen, Kritiken und Verbesserungen fortzubilden. Da wir nur Stil und Ausdruck im Auge hatten, schlossen wir alle Rücksichtnahme auf Erfindung durch die Verabredung aus, daß unsre Arbeit den achtzehnten Psalm umschreiben solle, in welchem die Herkunft Gottes geschildert wird. Als die Zeit unserer Zusammenkunft näher rückte, besuchte Ralph mich zuerst und sagte mir, daß seine Arbeit fertig sei. Ich erwiderte ihm, ich sei zu beschäftigt und ohne Anregung gewesen und habe noch nichts gethan. Er legte mir nun seine Arbeit zur Beurteilung vor, und ich lobte sie sehr, da sie mir höchst gelungen und verdienstlich erschien. „Je nun," sagte er, „Osborne wird einer Arbeit von mir niemals das mindeste Verdienst einräumen, sondern aus reinem Neide tausenderlei Ausstellungen machen. Auf dich ist er nicht so eifersüchtig, und ich möchte dich daher bitten, daß du den Aufsatz zu dir nimmst und als den deinigen vorlegst; ich will vorgeben, daß ich nicht Zeit gehabt und daher nichts zustande gebracht habe. Wir werden dann sehen, was er darüber sagen wird." Ich war damit einverstanden und schrieb den Aufsatz sogleich ab, um ihn in meiner eigenen Handschrift vorlegen zu können.

Wir kamen zusammen. Watsons Arbeit wurde zuerst gelesen. Sie enthielt einige Schönheiten, aber auch manchen Fehler. Dann lasen wir die von Osborne, welche viel besser war. Ralph ließ ihr Gerechtigkeit widerfahren, machte nur einige Ausstellungen, lobte aber ihre Schönheiten. Er selbst hatte nichts vorzuzeigen. Jetzt kam die Reihe an mich. Ich machte einige Schwierigkeiten, ich gab mir das Ansehen, als wünschte ich sehr, entschuldigt zu werden, schützte vor, ich hätte keine Zeit gehabt, um Verbesserungen vorzunehmen u.s.w. Man wollte indes keine Entschuldigung annehmen, und ich mußte meine Arbeit hervorholen. Sie wurde gelesen und wieder gelesen. Watson und Osborne verzichteten sogleich auf die Siegespalme, und vereinigten sich zum Beifall. Ralph allein machte einige Ausstellungen und schlug einzelne Abänderungen vor; ich verteidigte aber meine Abfassung. Osborne war gegen Ralph und sagte ihm, er sei als Kritiker nicht mehr wert denn als Dichter; darauf gab dieser seine Behauptung auf. Als die beiden zusammen nach Hause gegangen waren, sprach sich Osborne noch stärker zum Lobe meiner vermeintlichen Arbeit aus. Er sagte, er habe sich vorher etwas gemäßigt, aus Furcht, ich möchte sein Lob als Schmeichelei auslegen. „Wer hätte aber glauben mögen," sagte er, „daß Franklin einer solchen Schöpfung fähig sei? Welche Kraft der Darstellung, welches Feuer! Er hat wirklich das Original noch übertroffen. In der gewöhnlichen Unterhaltung scheint er um die Wahl seiner Worte verlegen, er stottert, stammelt, kommt aus dem Zusammenhange; und doch, guter Gott, wie kann er schreiben!" Bei unsrer nächsten Zusammenkunft teilte Ralph dann Osborne mit, welchen Streich wir ihm gespielt hatten, und wurde von uns tüchtig aufgezogen.

Dieser Vorfall bestärkte Ralph in seinem Vorsatz, Dichter zu werden. Ich that mein Möglichstes, um ihm diese Absicht auszureden, aber er schrieb beharrlich Verse, bis ihn endlich die Lektüre von Pope heilte. Er wurde indessen doch ein ganz guter Prosaiker. Späterhin werde ich mehr von ihm reden; da ich aber wohl keine Gelegenheit habe, der beiden anderen ferner zu gedenken, so will ich hier gleich bemerken, daß Watson einige Jahre später in meinen Armen verschied; ihm folgte tiefes Bedauern, denn er war der beste in unserm Verein. Osborne ging nach Westindien, wo er sich einen bedeutenden Ruf als Sachwalter und viel Geld erwarb, aber noch jung starb. Wir beide hatten uns ernstlich verabredet, daß, wer zuerst sterbe, aus jener Welt, wenn's möglich, zurückkehren und dem Überlebenden einen freundlichen Besuch abstatten solle, um ihm mitzuteilen, wie es dort aussehe; er hat aber sein Versprechen nie erfüllt.

Der Gouverneur, dem meine Gesellschaft zu gefallen schien, lud mich des öftern in sein Haus und sprach von seiner Absicht, mir eine Stellung zu verschaffen, stets als von einer ausgemachten Sache. Ich sollte Empfehlungsbriefe an eine Menge seiner Freunde mitnehmen, nebst einem Kreditbrief, um die nötige Summe zum Ankauf von Presse, Schriften, Papier u.s.w. zu erheben. Er bestellte mich mehrere Male, um diese Briefe abzuholen, die dann gewiß fertig sein sollten; wenn ich aber kam, beschied er mich allemal auf einen andern Tag. Dieses wiederholte Hinhalten dauerte fort, bis das Schiff, dessen Abfahrt einige Male aufgeschoben war, auf dem Punkte war unter Segel zu gehen. Als ich mich da einstellte, um mich von ihm zu verabschieden und die

Briefe in Empfang zu nehmen, kam sein Sekretär Doktor Bard zu mir heraus und sagte, der Gouverneur sei sehr mit Schreiben beschäftigt, werde aber noch vor dem Schiffe in Newcastle sein und nur die Briefe dort einhändigen lassen.

Obschon Ralph verheiratet war und ein Kind hatte, beschloß er doch, mich auf dieser Reise zu begleiten. Sein angeblicher Zweck war die Anknüpfung von Verbindungen mit einigen Handelshäusern, um Waren in Kommission zu verkaufen; später aber erfuhr ich, daß er wegen Mißhelligkeiten mit den Verwandten seiner Frau sich entschlossen hatte, sie deren Sorge zu überlassen, um nie wieder zurückzukehren.

Nachdem ich von meinen Freunden Abschied genommen und mit Miß Read das Versprechen der Treue gewechselt hatte, schied ich von Philadelphia. Bei Newcastle warf das Schiff Anker. Der Gouverneur war schon da, und ich begab mich in seine Wohnung. Als ich aber in seine Wohnung kam, empfing mich der Sekretär mit ausgesuchter Höflichkeit nebst der Botschaft, daß der Gouverneur mich augenblicklich nicht sprechen könne, da er höchst wichtige Geschäfte vorhabe, mir aber die Briefe an Bord senden wolle und von ganzem Herzen eine glückliche Reife und baldige Rückkehr wünsche u.s.w. Einigermaßen erstaunt kehrte ich aufs Schiff zurück, aber immer noch ohne irgend welchen Zweifel zu hegen.

Herr Andrew Hamilton, ein angesehener Rechtsgelehrter aus Philadelphia, hatte für sich und seinen Sohn Plätze zur Überfahrt nach England genommen und zusammen mit dem Kaufmann Denham, einem Quäker, sowie den Herren Onion und Russel, Eigentümer eines Eisenwerks in Maryland, die große Kajüte gemietet, so daß Ralph und ich uns mit einer Koje im Zwischendeck begnügen mußten. Da wir niemandem auf dem Schiffe bekannt waren, so sah man uns für geringe Leute an: aber Herr Hamilton und sein Sohn (James, der später Gouverneur wurde) verließen uns in Newcastle und gingen wieder nach Philadelphia, wohin er für ein sehr namhaftes Honorar zurückgerufen wurde, um die Sache eines mit Beschlag belegten Schiffes zu führen; und gerade in dem Augenblick, wo wir absegeln wollten, kam auch Oberst French an Bord und erwies mir viel Höflichkeiten. Infolge dessen wurden die Passagiere aufmerksamer gegen mich, und ich und mein Freund Ralph wurden von den anderen Herren eingeladen, mit in ihre Kajüte zu kommen, da jetzt Platz sei, und so zogen wir denn auch dahin um.

Als ich erfuhr, daß die Depeschen des Gouverneurs durch den Oberst French an Bord gebracht worden seien, ersuchte ich den Kapitän um die Briefe, welche mir anvertraut werden sollten; er erwiderte mir jedoch, sie seien alle im Felleisen, und er könne jetzt nicht an dieselben kommen; ehe wir aber England erreichten, wolle er mir Gelegenheit geben, sie herauszusuchen. Ich war mit dieser Antwort zufrieden, und wir setzten unsere Reise fort. Die Gesellschaft in der Kajüte war sehr umgänglich, und mit Vorräten waren wir ganz ausreichend versehen, da wir noch den gesamten Proviant des Herrn Hamilton, der sich gut vorgesehen hatte, dazu bekommen hatten. Während der Überfahrt faßte Herr Denham eine Freundschaft für mich, die er mir sein Leben lang bewahrte. Im Übrigen war die Reise keine angenehme, da wir viel schlechtes Wetter hatten.

Als wir in den Kanal einliefen, hielt der Kapitän Wort und erlaubte mir, die Briefe des Gouverneurs im Felleisen zu suchen. Ich fand keinen einzigen, auf dem mein Name direkt oder indirekt genannt gewesen wäre. Ich suchte daher sechs bis sieben heraus, welche ich der Handschrift nach für die versprochenen Briefe hielt, besonders da einer von ihnen an Herrn Basket, den Hofbuchdrucker, und ein anderer an irgend einen Buch- oder Papierhändler adressiert war. Wir langten am 24. Dezember 1724 in London an. Ich suchte den Papierhändler auf, welcher mir zunächst auf dem Wege lag, und übergab ihm das Schreiben als vom Gouverneur Keith. „Ich kenne keine Person dieses Namens," sagte er, erbrach den Brief und rief: „Ach! der ist ja von Riddlesden; ich habe erst kürzlich entdeckt, daß er ein ausgemachter Schurke ist, und will nichts mit ihm oder seinen Briefen zu thun haben!" Damit gab er mir den Brief wieder in die Hand, drehte sich kurz um und ließ mich stehen, um einige Kunden zu bedienen. Ich war außerordentlich erstaunt, als ich fand, daß diese Briefe nicht vom Gouverneur seien. Nach einiger Überlegung, als ich die Umstände zusammengehalten hatte, stiegen endlich Zweifel an seiner Aufrichtigkeit in mir auf. Ich ging zu meinem Freunde Denham und trug ihm die ganze Sache vor. Er machte mich mit Keith's Charakter bekannt, eröffnete mir, es sei auch nicht im mindesten wahrscheinlich, daß derselbe irgend einen Brief für mich geschrieben habe, versicherte mich, daß niemand, der ihn nur im geringsten kenne, je Vertrauen in ihn setze, und lächelte über meine Leichtgläubigkeit, von dem Herrn Gouverneur, der selbst keinen Kredit besitze, Kreditbriefe erwartet zu haben. Als ich einige Besorgnis wegen dessen äußerte, was ich nun thun sollte, riet er mir, mich um Beschäftigung in meinem Berufe umzuthun. „Sie können sich hier bei den Druckern ausbilden und bei Ihrer Rückkehr nach Amerika sich tüchtig und zu Ihrem Vorteil verändert erweisen."

Wir wußten beide eben so gut wie der Buchhändler, daß der Anwalt Riddlesden ein Schurke sei. Er hatte den Vater der Miß Read halb zu Grunde gerichtet, indem er ihn zur Bürgschaftsübernahme verleitete. Aus seinem Briefe ging hervor, daß irgend eine geheime Kabale gegen Hamilton (den man als mit uns herüber gekommen annahm) geschmiedet werde, und daß Keith darin mit Riddlesden unter einer Decke stecke. Denham, ein Freund Hamiltons, glaubte, dieser müsse davon unterrichtet werden. In der That machte ich ihm auch kurz nach seiner bald darauf erfolgten Ankunft in England meine Aufwartung und übergab ihm, teils aus Wohlwollen gegen ihn, teils aus Zorn und Erbitterung gegen Keith und Riddlesden, den Brief. Er dankte mir sehr herzlich, da die darin enthaltene Nachricht für ihn von Wichtigkeit war, und schenkte mir von diesem Augenblicke an seine Freundschaft, die mir später bei manchen Gelegenheiten von Nutzen wurde.

Was soll man aber von einem Gouverneur denken, der sich einen so niedrigen Streich erlaubte und einen armen, unerfahrenen Jungen so arg hintergehen konnte? Dies war ihm jedoch zur Gewohnheit geworden. Er wollte sich allgemein beliebt machen, hatte aber nur wenig zu verschenken und war daher desto freigebiger mit Versprechungen. Im Übrigen war er ein ganz begabter und verständiger Mann, ein nicht übler Schriftsteller und ein guter Beamter für das Volk, wenngleich nicht so sehr für die Grundeigentümer, deren Vorstellungen er oft mißachtete. Viele unserer besten Gesetze waren sein Werk und wurden unter seiner Verwaltung erlassen.

Ralph und ich waren unzertrennliche Kameraden. Wir mieteten zusammen eine Wohnung in Little Britain zu drei und einem halben Schilling die Woche. Dies war das höchste was wir anlegen konnten. Er fand einige Verwandte in London, die aber unbemittelt waren und ihm nicht helfen konnten. Jetzt erst erklärte er mir seine Absicht, in London zu bleiben und nicht wieder nach Philadelphia zurückzukehren. Er war ohne alles Geld, da das wenige durch die Bezahlung seiner Überfahrt darauf gegangen war. Ich hatte noch fünfzehn Pistolen, und so borgte er ab und zu von mir, um nur leben zu können, wählend er Beschäftigung suchte. Zuerst wollte er Schauspieler werden, da er Talent für die Bühne zu besitzen glaubte; aber Wilkes, an den er sich wandte, riet ihm offen, diesen Plan aufzugeben, da er unmöglich dabei sein Glück machen könne. Dann machte er Roberts, einem Verlagsbuchhändler in Paternoster-Row, den

Vorschlag, er wolle ihm ein wöchentliches Blatt in der Art des Spektator schreiben, jedoch unter Bedingungen, die Roberts nicht anstanden. Darauf versuchte er, eine Anstellung als Kopist zu erhalten, und wandte sich an die Advokaten und Buchhändler in der Nähe des Temple, konnte aber ebenfalls keine offene Stelle finden. Ich selbst fand alsbald Beschäftigung bei Palmer, damals einer bedeutenden Buchdruckerei in Bartholomew-Close, wo ich fast ein Jahr lang blieb. Ich war sehr fleißig, verbrauchte aber mit Ralph zusammen beinahe meinen ganzen Verdienst im gemeinsamen Besuch von Schauspielhäusern und anderen Vergnügungsorten. Als wir alle meine Pistolen verzehrt hatten, lebten wir von der Hand in den Mund. Er schien Weib und Kind ganz, ich allmählich mein Versprechen gegen Miß Read vergessen zu haben, der ich nur einen Brief schrieb, und diesen nur, um ihr zu melden, daß ich wohl nicht so bald zurückkehren würde. Das war wieder einer der schlimmen Druckfehler meines Lebens, den ich gern verbessern würde, wenn ich meine Laufbahn nochmals von vorn beginnen könnte. Übrigens war es mir infolge unserer Ausgaben fortwährend unmöglich, meine Überfahrt nachträglich zu bezahlen.

Bei Palmer wurde ich mit dem Setzen der zweiten Auflage von Wollastons „Natürlicher Religion“ beschäftigt. Da mir einige seiner Argumente nicht ganz begründet erschienen, schrieb ich eine kleine metaphysische Abhandlung, worin ich Bemerkungen darüber machte, unter dem Titel: „Eine Dissertation über Freiheit und Notwendigkeit, Vergnügen und Schmerz.“ Ich widmete diese Schrift meinem Freunde Ralph und druckte eine kleine Anzahl Exemplare. Infolge dessen behandelte Palmer mich mit mehr Auszeichnung und sah in mir einen begabten jungen Mann, obschon er mich ernstlich wegen der in meiner Flugschrift ausgesprochenen Grundsätze ermahnte, welche er für abscheulich hielt. Der Druck derselben war ein weiterer Druckfehler meines Lebens.Während ich in Little Britain wohnte, machte ich die Bekanntschaft eines Buchhändlers Namens Wilcox, dessen Laden neben meiner Wohnung war. Er hatte eine reichhaltige Sammlung antiquarischer Bücher, und da es damals noch keine Leihbibliotheken gab, trafen wir eine Übereinkunft, daß ich gegen eine mäßige Entschädigung, deren Betrag ich jetzt vergessen habe, irgendwelche von seinen Büchern aus seinem Lager auswählen, lesen und dann zurückgeben dürfe. Ich sah diese Übereinkunft als einen großen Vorteil an und benutzte sie so viel ich konnte.

Meine Flugschrift war zufällig einem Wundarzt Namens Lyons, Verfasser eines Werkes unter dem Titel: „Die Unfehlbarkeit des menschlichen Urteils,“ in die

Hände gefallen, und wurde so die Veranlassung gegenseitiger Bekanntschaft. Er hielt große Stücke auf mich, besuchte mich oft, um mit mir sich über derartige Gegenstände zu unterhalten, brachte mich ins Horn ein, ein Bierhaus in Cheapside und führte mich bei Dr. Mandeville, Verfasser der Fabel von den Bienen, der dort einen Klub gestiftet hatte, dessen Seele er bildete, da er ein höchst witziger und unterhaltender Gesellschafter war. Lyons brachte mich auch auf Bathons Kaffeehaus zu Doktor Pemperton, der mir Gelegenheit zur Bekanntschaft mit Sir Isaac Newton versprach, die ich außerordentlich gern wünschte; er hielt aber sein Wort nicht.

Ich hatte einige Seltenheiten aus Amerika mitgebracht, darunter namentlich einen Geldbeutel aus Asbest, welcher sich im Feuer reinigt. Als Sir Hans Sloane davon hörte, suchte er mich auf und lud mich in sein Haus nach Bloomsbury-Square ein, wo er mir all seine Seltenheiten zeigte und mich bewog, dieses Stück gegen anständige Bezahlung seiner Sammlung einzuverleiben.

In unserm Hause wohnte ein junges Frauenzimmer, eine Putzmacherin, die, wenn ich mich recht erinnere, in den Cloisters einen Laden hatte. Lebhaft und empfänglich, mit einer Erziehung über ihrem Stande, war sie sehr angenehm in der Unterhaltung. Da Ralph ihr jeden Abend dramatische Werke vorlas, wurden sie sehr vertraut mit einander; sie mietete eine andere Wohnung, und er folgte ihr. Eine Zeit lang lebten sie mit einander. Ralph aber hatte noch immer keine Beschäftigung, und ihr Einkommen reichte nicht hin, sie beide mit ihrem Kinde zu erhalten. Er beschloß deshalb, London zu verlassen und es mit einer Dorfschule zu versuchen, zu deren Übernahme er sich für ganz befähigt hielt, da er eine schöne Hand schrieb und in der Arithmetik und im Rechnen sehr gewandt war. Da er aber dieses Geschäft unter seiner Würde erachtete und auf künftiges besseres Glück hoffte, wo es ihm dann unliebsam werden könnte, wenn es bekannt würde, daß er einst so armselig beschäftigt gewesen sei, so veränderte er seinen Namen und that mir die Ehre an, den meinigen zu führen; denn bald nach seiner Abreise schrieb er an mich und zeigte mir an, daß er sich in einem Dörfchen (in Berkshire, so viel ich mich erinnere, wo er etwa einem Dutzend Knaben Lesen und Schreiben lehrte, für einen halben Schilling die Woche) niedergelassen habe, indem er Mrs. T. meiner Fürsorge empfahl und den Wunsch aussprach, daß ich ihm schreiben möge unter der Adresse: „Mr. Franklin, Schullehrer in N. N.“

Er schrieb mir oft und schickte mir große Bruchstücke eines epischen Gedichtes, an welchem er arbeitete, und ersuchte mich um meine Bemerkungen und Verbesserungen. Diese ließ ich ihm von Zeit zu Zeit zukommen, bemühte mich aber mehr, ihm von der Fortsetzung abzuraten, Young hatte damals gerade eine seiner Satiren veröffentlicht. Ich schrieb sie ab und übersandte ihm den Teil davon, in welchem der Dichter die Thorheit in ein starkes Licht setzt, sich den Musen in der Hoffnung zu weihen, daß man durch sie in der Welt vorwärts kommen werde. Aber nichts half; jede Post brachte mir neue Blätter seiner Dichtung. Inzwischen hatte seinetwegen Mrs. T. ihre Freunde und ihr Geschäft eingebüßt und war oft in arger Verlegenheit. In solcher Not nahm sie ihre Zuflucht zu mir, und um ihr aus der Verlegenheit zu helfen, lieh ich ihr alles Geld, welches ich erübrigen konnte. Ich war gerne in ihrer Gesellschaft, und da ich damals unter keiner religiösen Zunft stand und auf meine Wichtigkeit für sie pochte, so versuchte ich Vertraulichkeiten (ein weiterer Druckfehler), welche sie mit verdienter Verachtung zurückwies und von denen sie Ralph benachrichtigte. Dies führte zu einem Bruch zwischen uns, und als er wieder nach London zurückkehrte, ließ er mich wissen, er erachte sich durch mein Benehmen aller mir schuldigen Verbindlichkeiten enthoben, woraus ich ersah, daß ich auf eine Rückzahlung des ihm selbst oder auf seine Veranlassung ausgeliehenen Geldes nie rechnen könne. Dies war übrigens jedoch damals von keiner großen Bedeutung, da er ohnehin vollständig zahlungsunfähig war und mir der Verlust seiner Freundschaft gleichzeitig eine Bürde abnahm. Ich war nachgerade nun bedacht, mir einiges Geld zurückzulegen. In Erwartung lohnenderen Verdienstes vertauschte ich die Stelle bei Palmer mit derjenigen in der weit größern Offizin von Watts, nahe bei Lincolns-Inn-Fields, wo ich während der ganzen übrigen Zeit meines Aufenthalts in London hindurch blieb.

Bei meinem ersten Eintritt in diese Druckerei arbeitete ich zuerst an der Presse, da ich mir einbildete, ich fühle das Bedürfnis nach körperlicher Übung, an die ich in Amerika gewöhnt war, wo die Buchdrucker abwechselnd an der Presse und am Setzkasten arbeiten. Ich trank nur Wasser; die übrigen Arbeiter, etwa fünfzig an der Zahl, waren unersättliche Biersäufer. Gelegentlich trug ich in jeder Hand eine große schwere Satzform die Treppe hinauf und herab, während die übrigen zu nur einer beide Hände brauchten. Sie erstaunten, als sie hieran und in anderen Fällen erkannten, daß der *amerikanische Wassermann*, wie sie mich zu nennen pflegten, *stärker* als sie war, die doch *starkes* Bier tranken. Der Aufwärter aus einem Ale-Hause ging immer im Geschäft aus und ein, um unsere Arbeiter zu bedienen. Mein Preßgespann (Mitarbeiter an der

Handpresse) trank jeden Tag eine Pinte Bier vor dem Frühstück, eine beim Frühstück zu seinem Brot und Käse, eine zwischen Frühstück und Mittagessen, eine bei Tisch, eine etwa um sechs Uhr Nachmittags und endlich noch eine nach Feierabend. Diese Sitte erschien mir abscheulich, allein mein Kollege meinte, er müsse notwendig *starkes* Bier trinken, um zur Arbeit *stark* zu sein. Ich versuchte ihn zu belehren, daß die Körperkraft, welche das Bier gebe, nur im Verhältnis zu den nährenden Teilen der Gerste stehe, welche in dem zu dem Biere genommenen Wasser aufgelöst werde, daß eine weit größere Quantität Mehl in einem Pennybrote enthalten sei, und daß er folglich, wenn er ein solches äße und dazu eine Pinte Wasser tränke, dadurch kräftiger werden würde, als von einer Quart Bier. Er trank jedoch nach wie vor und hatte jeden Sonnabend Abend vier bis fünf Schilling von seinem Wochenverdienst für dieses benebelnde Getränk zu bezahlen – eine Ausgabe, deren ich überhoben war. So halten diese armen Teufel sich immer drunten.

Nach einigen Wochen wünschte Watts mich im Setzersaale zu verwenden, und so verließ ich die Drucker. Die Setzer verlangten von mir nun abermals ein Antrittsgeld von fünf Schillingen zum Vertrinken. Ich hielt dies für eine unbillige Auflage, da ich unten schon einmal bezahlt hatte. Der Prinzipal teilte meine Ansicht und verbot mir die Bezahlung der Summe. Ich verweigerte es zwei oder drei Wochen lang, ward daher wie ein Exkommunizierter angesehen und sah mich zur Zielscheibe einer Menge boshafter Streiche ausersehen, indem man mir bald verschiedene Lettern unter einander mischte, meine Kolumnen falsch ausschoß, meinen Satz einwarf und ähnliches, so oft ich nur einen Augenblick das Zimmer verließ, und all dies dem Gespenst der Offizin zuschrieb, welches angeblich alle nicht regelrecht Aufgenommenen verfolge. So sah ich mich, trotz des Schutzes des Prinzipals, zum Nachgeben und zur abermaligen Zahlung gezwungen und überzeugte mich von der Thorheit, mit denen auf schlechtem Fuß zu stehen, unter welchen man fortwährend leben muß.

Von nun an war ich bei meinen Mitarbeitern gut angeschrieben und erlangte bald einen bedeutenden Einfluß auf sie. Ich schlug einige passende Abänderungen in den Gesetzen der Offizin vor, die ich ohne Widerspruch durchbrachte. Mein Beispiel bewog auch einige, ihr benebelndes Frühstück von Bier, Brot und Käse aufzugeben und sich dafür, wie ich, aus einem benachbarten Hause eine tüchtige Schüssel warmen Hafergrützbrei mit etwas Butter, geröstetem Brote und ein wenig Pfeffer darauf, um den Preis einer Pinte Bier, d.h. für anderthalb Pence, zu verschaffen. Dies war ein bei weitem behaglicheres und wohlfeileres Frühstück, und erhielt ihnen die Köpfe klarer. Die, welche fortfuhren, sich den ganzen Tag mit Bier zu betrinken, verloren oft durch Nichtbezahlen ihren Kredit beim Wirte und mußten dann mich um Bürgschaft bitten, um Bier zu bekommen, wenn ihnen, wie sie zu sagen pflegten, „*ihr Licht ausgegangen war*". Daher war ich jeden Sonnabend am Zahltische zugegen, um den Betrag zu empfangen, für welchen ich gutgesagt hatte, der sich gar oft auf dreißig Schilling in der Woche belief. Dieser Umstand, in Verbindung mit dem Rufe, daß ich ein ganz erträglicher „*Riggite*", d. h. ein gewandter Spaßmacher sei, erhielt mein Ansehn in unserer Gesellschaft aufrecht. Außerdem hatte ich mich bei meinem Herrn durch meine anhaltende Thätigkeit bei der Arbeit in Achtung gesetzt, indem ich nie den blauen Montag feierte. Meine außerordentliche Schnelligkeit im Setzen verschaffte mir allemal die Werke, welche große Eile hatten und gewöhnlich auch am besten bezahlt werden. So verging mir meine Zeit höchst angenehm.

Da meine Wohnung in Little Britain zu weit von der Druckerei entfernt lag, so mietete ich mir eine andere in Duke-Street, der katholischen Kapelle gerade gegenüber, zwei Treppen hoch nach hinten, in einem Italiener-Magazin. Eine verwitwete Dame hielt das Haus; sie hatte eine Tochter, eine Magd und einen Tagelöhner, der das Lager beaufsichtigte, aber außer dem Hause wohnte. Nachdem sie in dem Hause, wo ich zuletzt wohnte, über meinen Wandel Erkundigungen eingezogen hatte, erklärte sie sich bereit, mich zu demselben Preise aufzunehmen, nämlich für drei und einen halben Schilling wöchentlich, also zu einem wohlfeileren Preise, weil sie, wie sie sagte, von einem Manne als Hausgenossen Schutz erwarte. Sie war eine ziemlich bejahrte Witwe, als Tochter eines Geistlichen im Protestantismus erzogen, von ihrem Gatten aber, dessen Andenken sie innig verehrte, zur katholischen Religion bekehrt. Sie hatte viel unter vornehmen Leuten gelebt, von denen sie eine Menge Anekdoten bis zur Zeit Karls II. hinab zu erzählen wußte. Da sie von der Gicht an den Knieen gelähmt und deshalb ans Zimmer gefesselt war, so bedurfte sie zuweilen Gesellschaft, und die ihrige war für mich so sehr unterhaltend und angenehm, daß ich, so oft sie es wünschte, die Abende gern bei ihr zubrachte. Unser Abendessen bestand nur aus einer halben Sardelle auf einer Schnitte Butterbrot für jeden, und aus einer halben Pinte Ale für uns zusammen, aber ihre Unterhaltung war die Würze. Mein zeitiges Nachhausekommen und die geringen Umstände, welche ich in der Familie verursachte, machten, daß sie mich nicht ziehen lassen wollten. Als ich nun von einer andern Wohnung sprach, welche ich noch näher bei meinem Geschäft zu zwei Schilling wöchentlich gefunden habe, was mir, der ich nun sehr aufs Sparen ausging, keine Kleinigkeit war, so redete sie mir dies aus, indem sie mir selbst zwei Schillinge abließ. Und so wohnte ich denn ferner bei ihr, so lange ich noch in London blieb, für achtzehn Pence die Woche.

In einem Dachstübchen des Hauses lebte in größter Zurückgezogenheit ein altes Fräulein von siebzig Jahren, über welche meine Hauswirtin mir folgende Auskunft gab: Sie war eine Katholikin, schon frühzeitig ins Ausland geschickt und in ein Kloster gesteckt worden, um Nonne zu werden; da aber das Klima ihrer Gesundheit nicht bekam, kehrte sie nach England zurück und gelobte, da es damals dort keine Klöster gab, wenigstens ein so streng klösterliches Leben zu führen, wie es nur unter diesen Umständen möglich wäre. Sie hatte demgemäß über ihr ganzes Vermögen zu milden Zwecken verfügt, behielt für sich nur zwölf Pfund zum Jahresunterhalt, gab sogar von dieser Summe noch einen großen Teil den Armen, lebte nur von Wassergrütze und machte nie Feuer, als um diese zu kochen. Viele Jahre hatte sie in diesem Dachstübchen gelebt, ohne den auf einander folgenden katholischen Bewohnern des Hauses Miete zu bezahlen, da diese ihren Aufenthalt bei ihnen als einen Segen des Himmels betrachteten. Täglich kam ein Priester, um ihre Beichte zu hören. „Ich habe sie wohl gefragt,“ sagte meine Hauswirtin, „wie sie bei ihrer Lebensweise so oft einen Beichtiger gebrauchen könne?“ worauf sie antwortete: „Ach, es ist unmöglich, sich *eitler Gedanken* zu erwehren.“ Einmal durfte ich sie besuchen. Sie war liebreich und höflich und ihre Unterhaltung sehr angenehm. Ihr Gemach war sauber, hatte aber kein anderes Mobiliar als eine Matratze, einen Tisch mit einem Kruzifix und einem Buch darauf, einen Stuhl, auf den ich mich setzen durfte, und ein Gemälde über dem Kaminsims, welches die heilige Veronica darstellte, wie sie ihr Schweißtuch ausbreitet, auf welchem der wunderbare Abdruck von Christi blutendem Gesicht zu sehen ist, was sie mir sehr ernsthaft erläuterte. Ihre Gesichtsfarbe war bleich, nie aber war sie krank gewesen, was ich hier als einen neuen Beweis dafür anführe, mit was für einem kleinen Einkommen Leben und Gesundheit erhalten werden können.

In Watts Druckerei schloß ich große Freundschaft mit einem begabten jungen Manne Namens Wygate, der, weil seine Eltern in guten Umständen lebten, eine bessere Erziehung erhalten hatte, als die meisten Buchdrucker. Er verstand leidlich Lateinisch, sprach Französisch und liebte die Lektüre. Ich lehrte ihn und einen seiner Freunde schwimmen, indem ich ihn zweimal in den Fluß mitnahm, worauf sie bald tüchtige Schwimmer wurden. Sie machten mich mit einigen Herren vom Lande bekannt, welche zu Wasser nach Chelsea fuhren, um daselbst das Kollege und Don Salteros Seltenheiten zu sehen. Bei der Rückfahrt entkleidete ich mich auf Bitten der Gesellschaft, deren Neugierde Wygate erregt hatte, und sprang in den Fluß. Ich schwamm von dicht bei Chelsea den ganzen Weg bis Blackfriarsbridge und gab unterwegs mehrere Kunststücke von Gewandtheit, sowohl über wie unter dem Wasser zum besten. Dieser Anblick gewährte allen, denen er neu war, viel Erstaunen und Vergnügen.

Ich hatte von Jugend auf großes Vergnügen am Schwimmen gehabt, alle Bewegungen und Stellungen Thevenots studiert und eingeübt, einige von mir selbst erfundene hinzugefügt und ebenso das Anmutige und Behagliche wie das Nützliche angestrebt. Alle diese suchte ich bei dieser Gelegenheit meinen Begleitern zu zeigen und fühlte mich durch deren Bewunderung sehr geschmeichelt; Wygate suchte es mir hierin zuvor zu thun und wurde sowohl deshalb wie wegen der Gleichartigkeit unserer Studien immer anhänglicher an mich. Endlich schlug er mir vor, mit ihm ganz Europa zu bereisen und uns durch Arbeit in unserer Kunst fortzubringen. Ich war sogleich damit einverstanden. Als ich aber mit meinem Freund Mr. Denham davon sprach, mit dem ich oft eine freie Stunde zubrachte, redete er mir den Plan aus und riet mir, nur an meine Rückkehr nach Pennsylvanien zu denken, wie er selbst denn auch sich darum bemühen wolle.

An dieser Stelle muß ich einen Zug von des würdigen Mannes Charakter erzählen. Er hatte früher ein Geschäft in Bristol gehabt, mußte aber fallieren und akkordierte mit seinen Gläubigern, worauf er nach Amerika ging, wo er durch angestrengte Thätigkeit als Kaufmann binnen weniger Jahre ein sehr ansehnliches Vermögen sich erwarb. Er kehrte dann auf demselben Schiffe mit mir nach England zurück, lud alle seine früheren Gläubiger zu einem Gastmahle ein, dankte ihnen bei demselben für ihre bereitwillige Annahme seiner kleinen Vergleichssumme, und als sie eine gewöhnliche Mahlzeit erwarteten, fand jeder unter seinem Gedeck beim Aufheben eine Anweisung auf einen Bankier für den vollen Betrag der noch unbezahlten Schuld nebst Zinsen. Er erzählte mir nun, er sei im Begriff nach Philadelphia zurückzukehren und werde eine große Menge Waren mitnehmen, um dort einen Laden zu eröffnen. Er bot mir an, mich als seinen Gehilfen mitzunehmen, um seine Bücher zu führen, worin er mich unterweisen wolle, seine Briefe zu kopieren und die Aufsicht im Laden zu führen. Er fügte hinzu, er werde, sobald ich mich mit dem kaufmännischen Geschäft vertraut gemacht habe, mir aufhelfen und mich mit einer Ladung Getreide, Mehl u. dgl. nach Westindien schicken, so wie auch mir andere einträgliche Aufträge verschaffen; und wenn ich mich tüchtig bewiese, werde er mir eine angenehme Stellung geben. Der Vorschlag gefiel mir, denn ich war allmählich Londons überdrüssig geworden, gedachte mit Vergnügen der glücklichen Monate, welche ich in Pennsylvanien verlebt hatte, und wünschte dies Land wiederzusehen. Ich nahm daher sogleich die angebotene Stelle mit einem Jahresgehalt von fünfzig Pfund pennsylvanischer Währung an, was zwar weniger war als mein gegenwärtiger Verdienst als Setzer, mir aber bessere Aussichten gewährte.

So nahm ich denn, meiner Ansicht nach auf immer, von der Buchdruckerkunst Abschied. Ich war täglich in meinem neuen Geschäft thätig, indem ich entweder mit Herrn Denham von Haus zu Haus ging, um Waren einzukaufen, oder deren Verpackung überwachte, Aufträge besorgte, die Arbeitsleute zur Eile antrieb u. s. w. Als alles an Bord war, hatte ich noch einige Tage Muße. An einem derselben wurde ich zu meinem Erstaunen zu einem vornehmen Herrn entboten, den ich nur dem Namen nach kannte, einem Sir William Wyndham. Ich machte ihm denn auch meine Aufwartung. Er hatte auf irgend eine Weise von meiner Schwimmleistung zwischen Chelsea und Blackfriars und von dem Unterricht gehört, durch den ich Wygate und einen andern jungen Mann das Schwimmen in wenigen Stunden gelehrt hatte. Er hatte zwei Söhne, die im Begriff standen, auf Reisen zu gehen; er wünschte, daß sie vorher erst schwimmen lernen sollten, und bot mir eine hübsche Belohnung, wenn ich sie unterrichten wollte. Sie waren jedoch noch nicht zur Stadt gekommen, und mein Verweilen war so unsicher, daß ich seinen Vorschlag nicht annehmen konnte; ich hielt es aber infolge dieses Ereignisses für wahrscheinlich, daß, wenn ich in England bleiben und eine Schwimmschule errichten würde, ich mir viel Geld verdienen könnte. Ja dies leuchtete mir so sehr ein, daß ich wohl noch nicht sobald nach Amerika zurückgekehrt wäre, wenn man mir das Anerbieten früher gemacht hätte. Viele Jahre später hatten ich und du ein wichtigeres Geschäft mit einem der Söhne Sir William Wyndhams, damals Lord Egremont, abzumachen, wovon an der geeigneten Stelle Erwähnung gethan werden soll.

So verbrachte ich ungefähr achtzehn Monate in London, während der ich größtenteils emsig in meinem Geschäft gearbeitet und nur wenig für mich ausgegeben hatte, außer für Theaterbesuch und Bücher. Mein Freund Ralph hatte dafür gesorgt, daß ich arm blieb; er schuldete mir ungefähr siebenundzwanzig Pfund, von denen ich annehmen konnte, daß ich sie wohl niemals wieder bekommen würde, – eine große Summe bei meinem geringen Erwerb. Ich liebte ihn aber trotzdem, denn er besaß manche liebenswürdigen Eigenschaften. Ich hatte mein Vermögen keineswegs verbessert; allein ich hatte manche geistvolle Bekanntschaft gemacht und aus deren Umgang Vorteil gezogen; auch hatte ich sehr viel gelesen.

Am 23. Juli 1726 segelten wir von Gravesend ab. In Betreff der Reiseereignisse verweise ich dich auf mein Tagebuch, wo du alle Umstände bis ins einzelne genauer geschildert findest. Vielleicht der wichtigste Teil jenes Tagebuches ist der darin enthaltene „Plan“, den ich mir zur See ausdachte, um mein künftiges Verhalten im Leben darnach zu regeln.Er ist um so merkwürdiger, weil ich ihn in meinen Jünglingsjahren aufstellte und dennoch bis in mein hohes Alter ziemlich genau einhielt.

Am 11. Oktober landeten wir in Philadelphia, wo ich verschiedene Veränderungen vorfand. Keith war nicht mehr Gouverneur, sondern hatte dem Major Gordon Platz machen müssen. Ich begegnete ihm in bürgerlicher Kleidung auf der Straße. Er schien sich bei meinem Anblick etwas zu schämen, ging aber, ohne ein Wort zu sagen, an mir vorüber. Ebenso hätte ich bei einem Zusammentreffen mit Miß Read mich schämen müssen, wenn nicht ihre Freunde nach Lesung meines Briefes ganz mit Recht an meiner Rückkehr verzweifelt und sie überredet hätten, einen Töpfer Namens Rogers zu heiraten, was sie während meiner Abwesenheit auch that. Sie war mit ihm jedoch keineswegs glücklich, trennte sich bald wieder von ihm und wollte nie wieder mit ihm zusammen wohnen, noch seinen Namen führen, weil es hieß, er habe schon eine Frau. Er war ein unwürdiges Subjekt, jedoch ein geschickter Arbeiter, was ihre Verwandten für ihn eingenommen hatte. Er geriet in Schulden und flüchtete im Jahre 1727 oder 1728 nach Westindien, wo er starb. – Keimer hatte ein größeres Haus gemietet, einen reichlich mit Büchern und Schreibmaterialien versehenen Laden errichtet, hatte viele neue Typen und mehrere Arbeiter, worunter jedoch kein einziger guter war, und schien ein ausgedehntes Geschäft zu haben.

Mr. Denham mietete ein Lager in Water-Street, wo wir unsere Waren auslegten. Ich widmete mich sehr eifrig dem Geschäft, machte mich mit dem Rechnungswesen bekannt und wurde in kurzer Zeit ein gewandter Verkäufer. Wir wohnten und aßen zusammen. Er war mir aufrichtig zugethan und handelte an mir wie ein Vater; ich meinerseits liebte und achtete ihn, und so wären wir trefflich mit einander ausgekommen. Da aber, zu Anfang Februar 1727, beim

Eintritt in mein zweiundzwanzigstes Jahr, wurden wir beide krank. Mich befiel eine Brustfell-Entzündung, die mich beinahe hingerafft hatte. Ich litt entsetzlich und dachte, alles sei vorbei. Ich war unglücklich, als ich mich etwas erholte, bei dem Gedanken, daß später oder früher ich dasselbe Leiden nochmals durchzumachen haben möchte. Welche Krankheit Mr. Denham hatte, weiß ich nicht mehr, sie war aber sehr langwierig, und zuletzt unterlag er ihr auch. In seinem Testament hinterließ er mir zum Zeichen seiner Freundschaft ein kleines Legat, und so war ich in der weiten Welt mir selber überlassen, da das Warenmagazin dem Testamentsvollstrecker, der mich entließ, unterstellt wurde.

Mein Schwager Holmes, der gerade in Philadelphia anwesend war, riet mir, zu meinem frühern Geschäft zurückzukehren, und Keimer bot mir einen sehr ansehnlichen Gehalt, wenn ich die Leitung seiner Druckerei übernehmen wolle, damit er sich bequemer seinem Ladengeschäft widmen könne. Seine Frau und seine Verwandten in London hatten mir jedoch seinen Charakter als sehr schlimm geschildert; für den Augenblick wollte ich daher nichts mit ihm zu schaffen haben. Ich versuchte als Handlungsdiener unterzukommen; da es mir aber schwer wurde, eine Stelle zu finden, so fühlte ich mich veranlaßt, Keimers Vorschlag doch anzunehmen.

Ich fand in der Druckerei nachbenannte Personen: Hugh Meredith, einen welschen Pennsylvanier, dreißig Jahr alt, für den Landbau erzogen, ehrlich, verständig, von scharfer Beobachtungsgabe und Freude am Lesen, aber dem Trunke ergeben; Stephen Potts, einen eben volljährigen jungen Landmann, zum Ackerbau erzogen, von ungewöhnlichen Naturgaben und vielem Witz und Humor, aber etwas träge. Keimer hatte diese beiden Leute für sehr geringen Lohn zu sich genommen, den er, seinem Versprechen gemäß, jedes Quartal um einen Schilling wöchentlich erhöhen wollte, vorausgesetzt, daß ihre Fortschritte in der Buchdruckerkunst es verdienten. Diese Erhöhung ihres Lohnes war der Köder, durch den er sie gelockt hatte. Meredith arbeitete an der Presse und Potts band Bücher, was sie beide zu lehren Keimer sich anheischig gemacht hatte, obgleich er von einem so wenig als vom andern verstand. – Ferner war da John..., ein wilder Irländer, der gar kein Geschäft gelernt hatte, und dessen vierjährige Dienstzeit Keimer einem Schiffskapitäne abgekauft hatte; auch dieser sollte Drucker werden. Weiter George Webb, ein Oxforder Student, welchen Keimer ebenfalls auf vierjährige Arbeitszeit gekauft hatte, um aus ihm einen Setzer zu machen, wovon später die Rede sein wird. Endlich David Harry, ein Bursche vom Lande, den Keimer als Lehrling angenommen hatte.

Ich bemerkte bald, daß Keimers Absicht, als er mich zu einem so viel höhern Preise, wie er gewöhnlich zu geben pflegte, in seine Dienste nahm, dahin abzielte, daß ich alle diese unwissenden, wohlfeilen Arbeiter und Lehrlinge zustutzen sollte, damit er, wenn sie erst durch mich eingeschult und ihm durch Vertrag gleichsam leibeigen waren, in der Lage sei, ohne mich fertig zu werden. Ich machte mich jedoch trotzdem unverdrossen an die Arbeit, brachte die Druckerei, die in der ärgsten Verwirrung war, in Ordnung und gelangte mit seinen Leuten nach und nach so weit, daß sie auf ihre Arbeit achteten und sie besser ausführten.

Es war eine seltsame Erscheinung, einen Oxforder Studenten in der Lage eines gekauften Dieners zu finden. Er war erst achtzehn Jahre alt und gab mir nachstehende Auskunft über seine Verhältnisse Er war in Gloucester geboren, in einer lateinischen Schule dort erzogen, und hatte sich unter seinen Mitschülern durch eine auffallende Überlegenheit in der Wiedergabe seiner Rollen ausgezeichnet, wenn sie Theaterstücke aufführten. Er hatte dem dortigen „Witzklub" angehört, und mehrere Arbeiten von seiner Hand, in Poesie wie in Prosa, waren in Gloucesterschen Zeitungen gedruckt erschienen. Von da wurde er nach Oxford geschickt, wo er ungefähr ein Jahr blieb; aber er war nicht zufrieden und wollte vor allem London sehen und Schauspieler werden. Endlich, als er einmal sein vierteljährliches Kostgeld von fünfzehn Guineen erhielt, machte er sich, anstatt seine Schulden zu bezahlen, mit dieser Summe von Oxford auf, versteckte seinen Chorrock in einem Ginsterbusch und wanderte zu Fuß nach London. Hier, wo er keinen Freund und Ratgeber hatte, geriet er in schlechte Gesellschaft, vergeudete seine fünfzehn Guineen bald, konnte keinen Zutritt bei Schauspielern finden, sank immer tiefer, versetzte seine Kleider und hatte schließlich nicht einmal mehr Brot. Als er so, vor Hunger fast umkommend, durch die Straßen ging und nicht wußte, was er mit sich anfangen solle, wurde ihm eine Werbeaufforderung in die Hand gegeben, welche einem jeden sofortige Lösung und ein Handgeld versprach, wenn er sich verpflichte, in Amerika zu dienen. Er begab sich alsbald in das Werbehaus, unterzeichnete den Vertrag, wurde an Bord eines Schiffes gebracht und nach Amerika geschickt, ohne daß er seinen Eltern je eine einzige Zeile über sein Schicksal geschrieben hätte. Sein lebendiger Geist, sein Witz und seine natürliche Gutmütigkeit machten ihn zu einem angenehmen Gesellschafter; aber er war träge, gedankenlos und außerordentlich leichtsinnig.

John, der Irländer, lief bald davon. Mit den Übrigen lebte ich auf sehr angenehmem Fuße, denn sie achteten mich um so mehr, da sie merkten, daß Keimer durchaus außerstande sei, sie zu belehren, während sie von mir täglich etwas lernten. Am Sonnabend, Keimers Sabbath, arbeiteten wir nie, so daß ich zwei Tage in der Woche zum Lesen hatte. Ich erweiterte meine Bekanntschaft mit begabten und gebildeten Einwohnern der Stadt. Keimer selbst behandelte mich mit vieler Höflichkeit und anscheinender Achtung, und nichts quälte mich außer meiner Schuld an Vernon, den ich nicht bezahlen konnte, da ich seither zu wenig sparsam gewesen war. Er war indes so gütig, das Geld nicht von mir einzufordern.

In unserer Druckerei mangelte es öfters an der gehörigen Anzahl Lettern; in Amerika aber gab es keine Schriftgießerei. In James' Hause in London hatte ich zwar das Verfahren gesehen, damals aber wenig darauf geachtet. Indessen versuchte ich mir eine Gießform zu machen, bediente mich unserer Lettern als Patrizen, machte mir davon bleierne Matrizen und ergänzte so auf ziemlich genügende Weise alle unsere Defekte. Ebenso gravierte ich gelegentlich verschiedene Ornamente, bereitete Druckerschwärze, versah den Laden und war mit einem Worte das Faktotum.

Allein so nützlich ich mich auch machte, so wurden doch, wie ich wohl merkte, meine Dienste von Tag zu Tag minder wichtig, je mehr die übrigen Arbeiter an Geschicklichkeit zunahmen. Als Keimer mir das zweite Quartalsgehalt auszahlte, gab er mir zu verstehen, daß dasselbe viel zu hoch sei, und ich, wie er denke, etwas ablassen könne. Allmählich wurde er weniger höflich, kehrte mehr den Prinzipal heraus, fand manches zu tadeln, war schwer zufrieden zu stellen und schien es auf einen Bruch mit mir abzusehen. Trotzdem ertrug ich alles mit Geduld, indem ich merkte, daß seine üble Laune zum Teil von seinen Geschäftsverlegenheiten herrühre. Endlich zerriß ein geringfügiger Umstand unsere Verbindung. Einst hörte ich nämlich einen Lärm in der Nachbarschaft und sah zum Fenster hinaus, was vorgehe. Keimer war auf der Straße, bemerkte mich und rief mir laut und ärgerlich zu, ich solle an meine Arbeit gehen, und fügte noch einige rügende Worte bei, die mich wegen ihrer Öffentlichkeit um so mehr verdrossen, als die Nachbarn, welche derselbe Lärm ans Fenster gezogen hatte, Zeugen derart waren, wie er mich behandelte. Gleich darauf kam er in die Druckerei und setzte hier sein Schelten gegen mich fort. Der Streit wurde auf beiden Seiten heftig. Er teilte mir dann mit, daß ich ihn nach Ablauf dreier Monate, unserem verabredeten Kündigungstermine, verlassen möge, und bedauerte, daß er mich noch so lange behalten müsse. Ich erwiderte ihm, sein Bedauern sei ganz überflüssig, da ich bereit sei, ihn im Augenblick zu verlassen. Damit nahm ich meinen Hut und ging zum Hause hinaus, indem ich Meredith, den ich unten traf, bat, auf einige Sachen, welche ich daließ, Acht zu geben und sie nach meiner Wohnung zu bringen.

Meredith besuchte mich demgemäß am Abend, und wir besprachen uns über meine Angelegenheit. Er hatte eine hohe Meinung von mir und bedauerte ungemein, daß ich das Haus verlasse, so lange er noch dort bleibe. Er widerriet mir die Rückkehr in meine Heimat, an welche ich dachte, erinnerte mich daran, daß Keimer noch sein ganzes Geschäft schuldig sei und seine Gläubiger nachgerade unruhig würden, daß er seinen Laden in einem jämmerlichen Zustande lasse, oft Sachen zum Fabrikpreis verkaufe, um nur baares Geld zu erhalten, und fortwährend kreditiere, ohne Buch zu führen, daß er folglich über kurz oder lang umwerfen müsse, und daß somit eine Stelle frei werden würde, woraus ich Vorteil ziehen könnte. Ich wandte ihm meine Mittellosigkeit ein, worauf er mir einen Wink gab, daß sein Vater viel auf mich hielte und in einer zwischen ihnen beiden vorgefallenen Unterhaltung die Andeutung gemacht habe, er würde die ganze zu unserer Einrichtung nötige Summe vorschießen, wenn ich sein Teilhaber werden wolle. „Meine Zeit bei Keimer", schloß er, „läuft im nächsten Frühjahr ab. Bis dahin können wir Presse und Lettern aus London kommen lassen. Ich weiß, daß ich kein Arbeiter bin; wenn Sie aber wollen, so soll Ihre Geschäftskunde durch das Kapital, welches ich liefere, aufgewogen werden, und den Gewinn teilen wir zu gleichen Hälften."

Sein Vorschlag war annehmbar, und ich schlug ein. Sein Vater war gerade in der Stadt anwesend und gab seine Zustimmung um so mehr, als er sah, daß ich bedeutende Gewalt über seinen Sohn habe, da ich ihn sogar dahin gebracht hatte, sich eine lange Zeit des Branntweintrinkens zu enthalten, und so hoffte er, daß wenn ich in engerem Verhältnis zu ihm stünde, ich ihn ganz von dieser schlechten Gewohnheit heilen werde.

Ich gab dem Vater ein Verzeichnis dessen, was aus London bezogen werden mußte. Er nahm es mit zu einem Kaufmanne, und die Bestellung wurde gemacht. Wir kamen überein, die Sache bis zur Ankunft der Schriften geheim zu halten, und ich suchte inzwischen mir womöglich Arbeit in einer andern Druckerei zu verschaffen; aber es war keine Stelle frei, und so ging ich müßig.

Nach einigen Tagen aber schickte Keimer, der Aussicht auf den Druck einer Partie Banknoten für New-Jersey hatte, zu denen Typen und Kupfertafeln nötig waren, die nur ich fertigen konnte, nach mir, und aus Furcht, Bradford möchte mich engagieren und ihm diese Arbeit wegnehmen, ließ er mir sehr höflich sagen: alte Freunde müßten sich nicht wegen weniger, in der augenblicklichen Hitze gesprochener Worte veruneinigen, und forderte mich auf, wieder zu ihm zu kommen. Meredith überredete mich, der Einladung Folge zu leisten, da er namentlich auf diese Weise mehr Gelegenheit haben würde, sich durch meine tägliche Unterweisung in der Kunst zu vervollkommnen. So trat ich wieder bei Keimer ein, und wir lebten in besserem Vernehmen wie vor unserer Trennung. Er erhielt die Arbeit für New-Jersey, und um sie zu liefern, baute ich nun eine Kupferdruckpresse, die erste im Lande. Ich stach mehrere Verzierungen und Vignetten zu den Noten, und wir begaben uns zusammen nach Burlington, wo ich das Ganze zu allgemeiner Zufriedenheit ausführte und er eine Summe Geldes für die Arbeit empfing, welche ihn in Stand setzte, seinen Kopf noch geraume Zeit über Wasser zu halten.

Zu Burlington wurde ich mit den vornehmsten Personen der Provinz bekannt, von denen einige im Auftrage der gesetzgebenden Versammlung bei dem Druck aufzupassen hatten, daß nur die gesetzliche Zahl Noten gedruckt würde. Demzufolge befanden sie sich immer abwechselnd um uns, und wen gerade die Reihe traf, der brachte meist einen, auch zwei Freunde zur Gesellschaft mit. Mein Geist war durch Lektüre mehr ausgebildet wie derjenige Keimers, und wahrscheinlich aus diesem Grunde legten sie größeren Wert auf meine Unterhaltung. Sie nahmen mich mit nach Hause, führten mich bei ihren Freunden ein und behandelten mich mit höchster Artigkeit, während Keimer, trotz seiner Prinzipalschaft, sich etwas vernachlässigt sah. Er war in der That ein seltsamer Kunde, unbekannt mit dem gewöhnlichen Brauch des Lebens, geneigt, allgemein angenommenen Ansichten heftig zu widersprechen, schäbig bis zur äußersten Schmutzigkeit, in einigen Punkten der Religion Enthusiast, schlampig, und dabei ein etwas schuftiger Patron.

Wir blieben hier fast drei Monate, und nach Ablauf dieser Zeit standen auf dem Verzeichnisse meiner Freunde: der Richter Samuel Bustill, der Sekretär der Provinz, Isaac Pearson, Joseph Cooper, mehrere Smiths, sämtlich Mitglieder der Assembly, und Isaac Decow, Generalvermesser. Letzterer war ein scharfsichtiger, schlauer alter Mann; er erzählte mir, daß er in seiner Jugend, auf sich allein angewiesen, damit begonnen habe, den Ziegelbrennern Lehm zuzutragen, daß er erst im schon vorgerückten Alter schreiben gelernt, dann später Meßketten getragen bei einem Feldmesser, der ihn seine Kunst lehrte, worauf er durch Fleiß sich ein ansehnliches Vermögen erworben habe. „Ich sehe es voraus," sagte er eines Tages, „daß Sie in kurzem diesen Mann (er meinte Keimer) überflügeln und sich in Ihrem eigenen Geschäfte Geld in Philadelphia verdienen werden." Er wußte damals noch nichts von meinem Plane, mich dort oder sonstwo niederzulassen. Diese Freunde erwiesen sich mir in der Folge sehr gefällig, wie auch ich es gelegentlich gegen einige von ihnen that, und ohne Unterbrechung schenkten sie mir von da an ihre Achtung, so lange sie lebten.

Bevor ich auf meinen Eintritt in das öffentliche Geschäftsleben näher eingehe, möchte es passend sein, dir meinen damaligen Seelenzustand in Bezug auf sittliche Grundsätze zu schildern, damit du den Grad von Einfluß erkennen magst, welchen sie auf die nachfolgenden Ereignisse meines Lebens äußerten. Meine Eltern hatten mir frühzeitig religiöse Eindrücke beigebracht und mir von Jugend auf eine fromme Erziehung in den Grundsätzen der Lehre Calvins gegeben. Kaum aber war ich fünfzehn Jahre alt, als ich, nach vorangehenden Zweifeln bald an diesem bald an jenem Grundsatze, den ich gerade in den verschiedenen von mir gelesenen Büchern bekämpft fand, an der Offenbarung selbst zu zweifeln begann. Es fielen mir einige Bände gegen den Deismus in die Hände, welche den wesentlichen Teil der bei den geistlichen Vorträgen Boyle's gehaltenen Predigten enthalten sollten. Zufällig brachten sie aber bei mir gerade die entgegengesetzte Wirkung von dem, was die Verfasser beabsichtigten, hervor; denn die Beweisgründe der Deisten, welche darin zum Zweck der Widerlegung citiert waren, erschienen mir bei weitem gewichtiger, als eben die Widerlegung selbst. Mit einem Worte: ich wurde bald ein vollkommener Deist. Meine Gründe bekehrten noch manchen andern, namentlich Collins und Ralph; da sie aber beide, ohne die geringste Reue, mir großes Unrecht gethan hatten, und da ich an Keiths, eines anderen Freidenkers, Benehmen, sowie an mein eigenes Verfahren gegen Vernon und Miß Read, welches mich oft sehr quälte, dachte, so geriet ich auf die Vermutung, daß wenn diese Lehre auch wahr sein möchte, sie doch nicht sehr von Nutzen sei. Meine Londoner Flugschrift vom Jahre 1725, welcher als Motto die nachstehenden Zeilen Drydens vorstanden:

Was ist, ist auch recht; obschon der kurzsichtige Mensch
Nur einen Teil der Kette schauet: das nächste Glied

Sein Auge nicht hinauf zum Wagebalken reichet,
Der über ihm wägt alles,

und welche aus den Eigenschaften Gottes, seiner unendlichen Weisheit, Güte und Macht schloß, daß es kein sogenanntes Übel in der Welt geben könne, und daß Tugend und Laster nur leere Unterscheidungen seien, und es gar keine solchen Dinge gebe, – erschien mir nun nicht mehr als eine so geschickte Leistung wie früher, und ich war im Zweifel, ob sich nicht unmerklich ein Irrtum in mein Argument eingeschlichen habe, welcher alles darauf Folgende angesteckt habe, wie das wohl bei metaphysischen Erörterungen der Fall ist.

Ich überzeugte mich endlich, daß *Wahrheit*, *Ehrlichkeit* und *Aufrichtigkeit* im Verkehr zwischen Mensch und Mensch von höchster Wichtigkeit für unser Lebensglück seien, und entschloß mich von jenem Augenblick an und schrieb auch den Entschluß in mein Tagebuch, sie mein Leben lang zu üben. Die Offenbarung als solche hatte jedoch in der That kein Gewicht bei mir, sondern ich war der Meinung, daß, obschon gewisse Handlungen nicht schlecht, bloß *weil* die offenbarte Lehre sie verbietet, oder gut deshalb seien, *weil* sie selbige vorschreibt, doch – in Anbetracht aller Umstände – jene Handlungen uns wahrscheinlich nur, *weil* sie ihrer Natur nach schlecht sind, verboten, oder *weil* sie wohlthätig sind, uns anbefohlen worden seien. Diese Überzeugung nebst der göttlichen Vorsehung, oder einem schützenden Engel, oder vielleicht auch dem Zusammentreffen günstiger Lagen und Umstände, oder alle diese mit einander bewahrten mich während jener gefährlichen Jugendzeit, wo ich bisweilen in gewagten Lagen unter Fremden und dem Auge und Rate meines Vaters entrückt war, vor jeder Unsittlichkeit, jeder groben *absichtlichen* Ungerechtigkeit, welche bei meinem Mangel an Religion von mir zu erwarten gewesen wären. Ich betonte das Wort „absichtlich", weil die von mir angeführten Beispiele oft etwas *Zwingendes* an sich hatten, infolge meiner Jugend und Unerfahrenheit sowie der Schurkerei anderer. Ich hatte daher beim Beginn meiner Laufbahn schon einen leidlichen Charakter, schätzte diesen wie er es verdiente und suchte ihn mir zu bewahren.

Ich war noch nicht lange wieder nach Philadelphia zurückgekehrt, als unsere Druckereieinrichtung von London ankam. Wir rechneten mit Keimer ab und verließen ihn mit seiner Zustimmung, ehe er noch etwas davon erfahren hatte. Wir fanden ein Haus in der Nähe des Marktes, welches zu vermieten war, und nahmen es. Um uns den Mietzins zu erleichtern, der damals vierundzwanzig

Pfund fürs Jahr betrug (später stieg er, wie ich erfuhr, sogar auf siebzig), nahmen wir Thomas Godfrey, einen Glaser, mit seiner Familie mit hinein, der einen ansehnlichen Teil an unserem Mietzins bezahlte und bei dem wir unsere Kost nahmen. Wir hatten kaum unsere Schriften ausgepackt und die Presse aufgestellt, als ein Bekannter von mir, George House, uns einen Landsmann zuführte, den er auf der Straße getroffen hatte, wie er sich nach einem Buchdrucker erkundigte. Unser Geld war durch die Menge von Gegenständen, welche wir uns hatten anschaffen müssen, fast erschöpft, und die fünf Schillinge, welche wir von dem Landsmanns einnahmen – die erste Frucht unseres Verdienstes, die so rechtzeitig kam – machten mir mehr Freude, denn irgend eine andere größere Summe, welche ich seitdem einnahm. Die Erinnerung und der Dank gegen House machten mich oft geneigter, als ich es wohl sonst gewesen wäre, junge Anfänger in ihrem Geschäfte aufzumuntern.

In jedem Lande finden sich Unglückspropheten, welche beständig den Ruin desselben voraussehen. Ein solcher lebte auch in Philadelphia – ein angesehener älterer Mann von sehr weisem Aussehen und sehr ernster Sprechweise, Namens Samuel Mickle. Dieser Herr nun, den ich gar nicht kannte, hielt eines Tages vor meiner Thür und fragte mich, ob ich der junge Mann sei, der kürzlich eine Druckerei eröffnet habe. Auf mein Bejahen sagte er: er bedauere mich, da es ein kostspieliges Unternehmen sei und das hineingesteckte Geld verloren gehen werde, denn Philadelphia sei bereits dem Untergange nahe, alle Leute schon halb bankerott oder wenigstens nicht mehr weit davon; alle Anzeichen vom Gegenteil, z. B. die Neubauten und die steigenden Mietpreise, seien nach seinem besten Wissen und Gewissen trügerisch, denn sie würden, nebst anderen Dingen, zumeist zu unserem Ruin beitragen. Dabei erzählte er mir eine solche Reihe von wirklichen und gegenwärtigen oder doch demnächst zu befürchtenden Unfällen, daß er mich halb schwermütig machte. Hätte ich diesen Mann gekannt, ehe ich mein Geschäft anfing, so würde ich es wahrscheinlich nie errichtet haben. Indes blieb er doch in dieser Stadt des Verfalls, setzte seine alten Predigten fort und weigerte sich lange Jahre ein Haus zu kaufen, weil alles dem Verderben entgegen eile; endlich mußte er aber zu meiner Genugthuung ein Haus fünfmal teurer bezahlen, als er es in der früheren Zeit, wo er zuerst seine Jeremiaden anstimmte, hätte kaufen können.

Ich hätte zuvor erwähnen sollen, daß ich im Herbste des vorhergehenden Jahres die meisten meiner gebildeten Bekannten zu einem Klub unter dem Namen „Junto“ vereinigt hatte, dessen Zweck Erweiterung unserer Kenntnisse war. Wir kamen jeden Freitag Abend zusammen. Nach den von mir verfaßten Statuten mußte jedes Mitglied der Reihe nach einen oder mehrere Sätze über irgend einen Punkt der Moral, Politik oder Naturwissenschaften, aufstellen, welche dann von der Gesellschaft erörtert wurden, und alle drei Monate einen selbstverfaßten Vortrag über einen beliebigen Gegenstand halten. Die Debatten fanden unter der Leitung eines Vorsitzenden statt und wurden allein durch den aufrichtigen Wunsch nach Wahrheit, ohne Freude am Streit oder Erpichtheit auf den Sieg geleitet. Um jede Erhitzung zu verhüten, waren alle Ausdrücke hartnäckigen Festhaltens an Meinungen und direkten Widersprechens nach einiger Zeit für unpassend erklärt und bei kleinen Geldstrafen untersagt.

Die ersten Mitglieder des Klubs waren Josef Breintnal, ein Urkundenabschreiber für Notare, ein wackerer, freundlicher Mann in mittleren Jahren, großer Verehrer der Dichtkunst und Lektüre, der alles las, was ihm unter die Hände kam, eine ziemlich gewandte Feder führte, in Scherz, Witz und kleinen Spielereien viel Anstelligkeit und Erfindungsgabe zeigte und eine sehr anregende Unterhaltung zu führen wußte.

Thomas Godfrey, der von selbst Mathematik gelernt und es darin sehr weit gebracht hatte, später Erfinder des jetzt sogenannten Hadleyschen Quadranten; außer in seinem Fache wußte er indes wenig und war kein angenehmer Gesellschafter, da er, wie die meisten großen Mathematiker, welche ich kennen lernte, eine kleinliche Genauigkeit in allen Ausdrücken verlangte, immer widersprach oder zum Ruin aller Geselligkeit auf unbedeutenden Unterscheidungen herumritt. Er schied auch bald von uns.

Nicolas Scull, ein Feldmesser, der später Generalfeldmesser wurde. Er las außerordentlich gern und machte zuweilen auch einige Verse.

William Parsons, ein gelernter Schuster, welcher aber, mit vielem Sinne für Lektüre begabt, bald eine gründliche Kenntnis in der Mathematik erlangte, die er anfangs zum Zwecke der Astrologie betrieben hatte, worüber er aber später selbst lachte. Auch er wurde Generalfeldmesser. William Maugridge, ein Tischler, Meister in seinem Fach, überhaupt ein ehrenhafter und verständiger Mann. Hugh Meredith, Stephen Potts und George Webb, von denen ich bereits sprach. Robert Grace, ein junger reicher Mann, hochsinnig, lebhaft und witzig, ein großer Freund von Epigrammen, aber ein noch größerer seiner Freunde.

Zu guterletzt William Coleman, damals Handlungsdiener, ungefähr in meinem Alter, mit dem besonnensten klarsten Kopfe, dem besten Herzen und der gewissenhaftesten Sittlichkeit unter beinahe allen Menschen, denen ich jemals begegnete. Er wurde später ein sehr angesehener Kaufmann und einer unserer Provinzialrichter. Unsere Freundschaft dauerte ohne Unterbrechung länger als vierzig Jahre bis an seinen Tod, und fast eben so lange währte der Klub. Dieser war sicherlich die beste Schule für Philosophie, Moral und Politik, welche damals in der Provinz existierte; denn unsere Sätze wurden immer eine Woche, bevor wir sie besprachen, vorgelesen, und so fanden wir Veranlassung, aufmerksam Bücher über den fraglichen Gegenstand durchzunehmen, um desto umfassender darüber verhandeln zu können. Dadurch gewöhnten wir uns an eine passende Redeweise, indem jeder Gegenstand unseren Statuten gemäß und in einer Art besprochen wurde, die jeden gegenseitigen Verdruß verhütete. Diesem Umstande kann man das lange Bestehen des Klubs zuschreiben, dessen ich im Verlaufe noch häufiger werde gedenken müssen.

Ich erwähnte jedoch seiner gerade hier, da er eine Ursache war, welche den Fortgang meines Geschäfts außerordentlich förderte, indem jedes Mitglied sich bemühte, uns Arbeit zuzuwenden. Breintnal verschaffte uns unter anderem von den Quäkern den Druck von vierzig Bogen ihrer Geschichte, während Keimer den Rest liefern sollte. Dies war eine ausnehmend harte Arbeit, denn der Druckpreis war gering. Es war ein Folio, im Propatria-Format, der Satz aus grober Ciceroschrift mit Anmerkungen aus Korpusschrift. Ich setzte täglich einen Bogen, und Meredith druckte ihn. Oft ward es elf Uhr Abends, ja noch später, ehe ich mit Ablegen für den Satz des folgenden Tages fertig ward: denn die kleinen Accidenzarbeiten, welche unsere Freunde uns gelegentlich zukommen ließen, hielten uns bei diesem Werke auf. Ich war aber so fest entschlossen, täglich einen Bogen zu setzen, daß, als eines Abends, nachdem ich meine Formen ausgeschlossen hatte und mein Tagewerk für beendet hielt, eine der Formen durch einen Unfall ganz zusammenfiel und zu sogenannten Zwiebelfischen wurde, ich sofort ablegte und die beiden Folioseiten vor Schlafengehen noch einmal setzte. Dieser Fleiß, den unsere Nachbarn bemerkten, verschaffte uns bald Ruf und Kredit; namentlich erfuhr ich, daß unsere neue Druckerei in einem Klub von Kaufleuten, der jeden Abend zusammenkam, Gegenstand der Unterhaltung gewesen, und allgemein die Ansicht geäußert worden sei, daß sie keinen Fortgang haben würde, da schon zwei Druckereien, die von Keimer und Bradford in der Stadt seien, worauf Doktor Baird, den ich und du viele Jahre später in seinem Geburtsorte, St. Andrews in Schottland, sahen, seine entgegengesetzte Meinung dahin geäußert:

„Der Fleiß dieses Franklin übersteigt alles, was ich je in der Art gesehen habe. Ich sehe ihn oft noch bei der Arbeit, wenn ich Nachts aus dem Klub komme, und Morgens früh ist er schon längst wieder am Geschäft, ehe seine Nachbarn aus dem Bette steigen.“ Dies überraschte die anderen, und wir erhielten bald darauf von einem Mitglied jenes Klubs das Anerbieten, uns Schreibmaterialien auf Kredit zu liefern. Wir hielten aber damals die Zeit für Eröffnung eines Ladens noch nicht für gekommen.

Ich erwähne dieses Fleißes um so nachdrücklicher und freimütiger, obschon ich dabei in den Verdacht des Eigenlobs kommen könnte, damit diejenigen meiner Nachkommen, welche meine Aufzeichnungen lesen, den Wert dieser Tugend erkennen, wenn sie deren günstige Folgen für mich durch meine ganze Erzählung verfolgen können.

George Webb, der eine Freundin gefunden hatte, welche ihm das nötige Geld vorstreckte, um sich von Keimer loszukaufen, kam eines Tages zu uns und bot sich uns als Arbeiter an. Augenblicklich konnten wir ihn nicht gebrauchen; aber thörichterweise teilte ich ihm im Vertrauen mit, daß ich eine Zeitung zu unternehmen beabsichtigte und wir dann ihn beschäftigen könnten. Meine Hoffnungen auf Erfolg gründeten sich, wie ich ihm darlegte, auf den Umstand, daß das einzige damals in Philadelphia erscheinende und von Bradford gedruckte Blatt ein elender, erbärmlich redigierter, in keiner Weise unterhaltender Wisch war, aber dennoch sehr einträglich für ihn, woraus ich schloß, daß es einer guten Zeitung nicht an ermutigendem Erfolg fehlen werde. Ich hatte Webb um Verschwiegenheit gebeten, aber er verriet mein Geheimnis an Keimer, der, um mir zuvorzukommen, sofort den Prospektus zu einem von ihm selbst herauszugebenden Blatte bekannt machte, an welchem auch Webb mitarbeiten sollte. Ich wurde erbost über dieses Verfahren, und in der Absicht, ihm entgegen zu arbeiten, da ich in dem Augenblick mein Blatt noch nicht beginnen konnte, schrieb ich einige humoristische Aufsätze für Bradford's Zeitschrift, unter dem Titel „*Busy Body*“ (Neuigkeitskrämer), die Breintnal mehrere Monate hindurch fortsetzte. Dadurch lenkte ich die Aufmerksamkeit des Publikums auf Bradfords Blatt, und Keimers Prospekt, den wir lächerlich machten, fand keine Berücksichtigung. Dennoch fing er sein Blatt an, bot es mir aber, nachdem er sich dreiviertel Jahr mit kaum neunzig Abnehmern hingeschleppt hatte, endlich für eine Kleinigkeit zum Kauf an. Ich war auf einen solchen Antrag schon längst vorbereitet, ging also gleich darauf ein, und in wenigen Jahren zog ich großen Vorteil davon.

Ich bemerke, daß ich vorherrschend in der ersten Person rede, obschon unsere Societät fortbestand. Vielleicht liegt der Grund darin, daß eigentlich das ganze Geschäft auf mir ruhte. Meredith war kein Setzer, nur ein mittelmäßiger Drucker und selten nüchtern. Meine Freunde bedauerten meine Verbindung mit ihm; ich suchte aber der Sache die bestmöglichste Seite abzugewinnen.

Unsere ersten Nummern zeichneten sich vor jeder andern älteren Zeitung der Provinz durch bessere Schrift und bessern Druck aus; vor allem aber überraschten einige kecke und witzige Bemerkungen aus meiner Feder über den damaligen Streit zwischen dem Gouverneur Burnet und der Assembly von Massachusetts die angesehensten Leute, machten Blatt und Herausgeber zu ihrem Gesprächsstoff und führten sie uns alle nach einigen Wochen als Abonnenten zu. Andere folgten ihrem Bespiele, und unsere Subskribentenzahl wuchs beständig. Dies war eine der ersten nützlichen Folgen der Mühe, welche ich mir gegeben hatte, meine Gedanken zu Papier bringen zu lernen; weiter zog ich den Vorteil daraus, daß, als die leitenden Männer der Stadt eine Zeitung nun in den Händen eines ziemlich federgewandten Mannes sahen, sie es für passend erachteten, mich zu fördern und zu ermuntern. Bradford druckte noch immer die Wahlzettel, Beschlüsse, Gesetze, Verordnungen und andere öffentliche Arbeiten. Eine Adresse der Assembly an den Gouverneur war von ihm ganz erbärmlich und unkorrekt gedruckt worden; wir druckten sie sofort sauber und korrekt nach und übersandten jedem Mitgliede einen Abzug. Der Unterschied wurde bemerkt und dadurch der Einfluß unserer Freunde in der Assembly so verstärkt, daß wir für das nächste Jahr zu deren Buchdruckern ernannt wurden.

Unter diesen Freunden muß ich namentlich des von mir schon erwähnten Mr. Hamilton gedenken, der damals von England zurückgekehrt und in die Assembly gewählt worden war. Er legte bei dieser Gelegenheit ein warmes Interesse für mich an den Tag, wie er es auch später häufig that, und setzte sein Wohlwollen für mich bis an seinen Tod fort.

Um diese Zeit erinnerte mich Herr Vernon an die Summe, welche ich ihm schuldete, ohne mich indes gerade zu drängen. Ich schrieb ihm nun einen artigen Brief, worin ich ihn noch um einigen Aufschub bat, den er mir auch gewährte; und sobald ich nur imstande war, bezahlte ich ihm Kapital und Zinsen mit dem Ausdruck meines tiefsten Dankgefühls; so war dieser Druckfehler einigermaßen wieder gut gemacht.

Jetzt aber überkam mich eine andere Verlegenheit, die ich nicht im entferntesten ahnen konnte. Merediths Vater, der unserer Übereinkunft gemäß die ganzen Kosten unserer Druckereieinrichtung bezahlen sollte, war nur imstande gewesen, hundert Pfund baar anzuzahlen; weitere hundert Pfund schuldeten wir noch dem Kaufmann, welcher nicht länger warten wollte und uns alle verklagte; wir stellten Bürgschaft, sahen aber ein, daß, falls wir das Geld nicht zur bestimmten Zeit bezahlten, die Klage bis zur Exekution kommen, das Urteil vollzogen, all' unsere schöne Hoffnung vernichtet, und wir selbst ganz zu Grunde gerichtet werden würden, wenn Schriften und Presse vielleicht zum halben Preise verkauft werden mußten, um die Schuld zu tilgen.

In dieser traurigen Lage kamen zwei wahrhafte Freunde, deren Wohlwollen ich nie vergessen habe und nie vergessen werde, so lange mir nur die Erinnerung an irgend etwas bleibt, jeder einzeln, ohne daß einer des andern Vorhaben gekannt hätte, und ohne daß ich mich an einen von beiden gewandt hätte, zu mir. Jeder bot mir die Summe Geldes an, deren ich zur alleinigen Übernahme des Geschäftes bedürfen würde, wenn dies ausführbar, da ihnen die Fortdauer meiner Societät mit Meredith nicht gefiel, den, wie sie bemerkten, man häufig betrunken auf der Straße, und bei gemeinem Spiel in Bierhäusern sehe, was unserem Kredite sehr schade. Diese Freunde waren William Coleman und Robert Grace. Ich sagte ihnen, daß, so lange noch einige Wahrscheinlichkeit vorhanden sei, daß die Merediths ihres Teils die Übereinkunft erfüllen würden, ich keine Trennung vorschlagen könne, da ich mich denselben für das verpflichtet fühlte, was sie schon an mir gethan hätten und, so weit ihre Kräfte reichten, noch thun wollten; sollten sie aber am Ende ihre Verbindlichkeiten nicht erfüllen und unsere Societät sich auflösen, dann würde ich mich für vollkommen frei halten, von der Güte meiner Freunde Gebrauch zu machen.

So blieben die Sachen eine Zeitlang unverändert. Endlich sagte ich eines Tages zu meinem Teilhaber: „Ihr Vater ist vielleicht unzufrieden damit, daß Sie nur einen Teil am Geschäfte haben, und mag nicht für zwei thun, was er nur für Sie zu thun brauchte. Sagen Sie mir frei heraus, ob dies der Fall ist, so will ich Ihnen das Ganze abtreten und sehen, wie ich durchkomme." – „Nein," antwortete er, „mein Vater hat sich wirklich in seinen Erwartungen getäuscht: er ist außer Stande zu bezahlen, und ich möchte ihn nicht noch mehr in Verlegenheit setzen; ich sehe, daß ich durchaus nicht zum Buchdrucker passe; ich wurde als Landmann erzogen, und es war albern von mir, in einem Alter von dreißig Jahren noch auf ein neues Gewerbe hier in die Lehre zu gehen. Viele meiner Landsleute siedeln sich gerade jetzt in Nord-Carolina an, wo der Boden billig ist. Ich bin sehr geneigt, mich ihnen anzuschließen und zu meinem frühern Stande zurückzukehren. Sie werden ohne Zweifel Freunde finden, welche Ihnen unter die Arme greifen. Wenn Sie die Passiva der Gesellschaft übernehmen, meinem Vater die vorgeschossenen hundert Pfund zurückzahlen, meine kleinen Privatschulden berichtigen und außerdem mir dreißig Pfund und einen neuen Sattel geben wollten, so will ich meinen Geschäftsanteil an Sie abtreten und Ihnen das Ganze zuschreiben." Ohne Zögern nahm ich den Vorschlag an. Alles wurde zu Papier gebracht und sofort unterzeichnet und untersiegelt. Ich gab ihm das Geforderte, und er ging bald darauf nach Carolina, von wo er mir im nächsten Jahre zwei lange Schreiben übersandte, mit den für damals genauesten Nachrichten über das Land, in Bezug auf Klima, Boden, Ackerbau u. s. w., in welchen Dingen er ein scharfsichtiges Urteil hatte. Ich druckte sie in meinem Wochenblatt ab, und sie fanden eine sehr gute Aufnahme beim Publikum.

Sobald Meredith fort war, wandte ich mich an meine beiden Freunde, und da ich keinen von ihnen durch einen Vorzug verletzen wollte, so nahm ich von jedem die halbe mir angebotene Summe, die ich nötig hatte. Ich bezahlte die Gesellschaftsschulden und setzte das Geschäft für eigene Rechnung fort, indem ich nicht unterließ, durch eine Anzeige das Publikum von der Auflösung unserer Gesellschaft zu benachrichtigen. Wenn ich nicht irre, so geschah dies etwa um das Jahr 1729.

Etwa um dieselbe Zeit verlangte das Volk heftig eine abermalige Ausgabe von Papiergeld, da das in Höhe von nur 15 000 Pfund vorhandene und einzig in der Provinz kursierende, schon fast ausging. Die wohlhabenden Einwohner waren gegen jede Art Papiergeld eingenommen, aus Furcht vor der Entwertung, wie man sie in Neu-England zum großen Schaden der Inhaber erlebt hatte, und wiedersetzten sich aus allen Kräften dieser Maßregel. Wir hatten diese Angelegenheit in unserem Junto besprochen, wo ich für die abermalige Ausgabe mich erklärte, in der Überzeugung, daß die erste kleine, im Jahr 1723 ausgegebene Summe der Provinz durch Beförderung von Handel und Industrie sowie Zunahme der Bevölkerung manchen Nutzen gebracht habe, indem jetzt alle Häuser bewohnt seien und noch viele neue gebaut wurden; während ich mich gar wohl entsinne, wie ich damals, als ich, meine Semmel verspeisend, zum ersten Male durch die Straßen von Philadelphia spazierte, an den meisten Häusern in Walnut-Street zwischen Second- und Front-Street und an vielen in Chesnut-Street und anderen Gassen, Zettel mit der Aufschrift: „Zu vermiethen!"

wahrgenommen hatte, woraus ich damals geschlossen, daß die Bewohner einer nach dem andern aus der Stadt fortzögen.

Unsere Debatten weihten mich so tief in die Sache ein, daß ich anonym eine Flugschrift schrieb und herausgab, unter dem Titel: „Die Natur und Notwendigkeit des Papiergeldes“. Sie wurde von den unteren und mittleren Volksklassen außerordentlich gut aufgenommen, mißfiel aber den Wohlhabenden, indem dadurch das Verlangen nach mehr Geld nur noch stärker wurde. Da die letzteren indes keinen Federkundigen unter sich zählten, der meine Schrift hätte beantworten können, so verlief sich ihr Widerstand im Sande, und da in der Assembly die Majorität für die Maßregel war, so ging sie durch. Meine Freunde in der Versammlung waren überzeugt, daß ich dem Lande bei dieser Gelegenheit einen wesentlichen Dienst geleistet habe, und belohnten mir denselben durch Übertragung des Druckes der Noten. Dies war ein gewinnreiches Geschäft und für mich eine sehr merkliche Hilfe: wiederum ein Vorteil aus meiner mir erworbenen Fähigkeit in schriftlichen Abfassungen.

Zeit und Erfahrung thaten übrigens so deutlich den Nutzen des Papiergeldes dar, daß sich später nie ein eigentlicher, bedeutender Widerspruch dagegen erhob, und dessen Summe sich bald auf 550 00 Pfund und im Jahre 1739 auf 80 000 Pfund belief. Seitdem stieg die Summe während des letzten Krieges auf 350 000 Pfund, während Handel, Bauten und Bevölkerung fortdauernd im Steigen waren; ich habe aber jetzt die Überzeugung, daß es Grenzen giebt, über welche hinaus Papiergeld sehr verderblich werden kann.

Bald darauf verschaffte mir mein Gönner Hamilton den Druck des Papiergeldes von New-Castle, wiederum eine einträgliche Arbeit, wenigstens nach meiner damaligen Ansicht, indem kleine Dinge Leuten mit wenig Vermögen immer groß scheinen; mir aber brachte es, als eine große Aufmunterung für mich, wirklichen Vorteil. Er verschaffte mir auch den Druck der Gesetze und Beschlüsse jenes bedeutenden Regierungsbezirks, den ich so lange behielt, als ich mein Geschäft trieb.

Jetzt errichtete ich auch einen kleinen Buch- und Papierladen. Ich hielt mir Formulare aller Art, die korrektesten, welche bis dahin erschienen waren, da mich mein Freund Breintnal hierin unterstützte. Auch führte ich Papier, Pergament, Pappdeckel, Kontobücher u. dergl. mehr. Ein gewisser Whitemarth, ein ganz ausgezeichneter Setzer, den ich in London hatte kennen lernen, kam nun zu mir und arbeitete fortwährend und stets mit gleichem Fleiße bei mir, und ich nahm einen Lehrling an, den Sohn von Aquila Rose.

Ich begann nun die allmähliche Abzahlung der Schulden, welche auf meiner Druckerei lasteten. Um meinen Kredit und Ruf als Geschäftsmann zu sichern, führte ich nicht allein ein *wirklich* thätiges und mäßiges Leben, sondern hütete mich auch vor jedem Schein des Gegenteils. Ich kleidete mich einfach und wurde nie an einem öffentlichen Vergnügungsorte gesehen, fischte und jagte nicht. Höchstens hielt mich dann und wann ein Buch von der Arbeit ab, aber doch nur selten, und dann geschah es so heimlich, daß kein Anstoß dadurch erregt wurde. Und um zu zeigen, daß ich mich nicht über meinen Stand dünke, fuhr ich bisweilen das beim Kaufmann erhandelte Papier selbst in einem Schiebkarren nach Hause. So erhielt ich den Ruf eines fleißigen, strebsamen und in seinen Zahlungen sehr pünktlichen jungen Mannes. Die Kaufleute, welche Schreibmaterialien einführten, ersuchten mich um meine Kundschaft; andere erboten sich, mir Bücher zu liefern, und mein kleiner Handel gedieh recht glücklich. Inzwischen sanken Keimers Geschäft und Kredit mit jedem Tage, und zuletzt sah er sich genötigt, seine Druckerei zu verkaufen, um seine Gläubiger zu befriedigen, und ging nach Barbados, woselbst er einige Zeit in sehr ärmlichen Umständen lebte.

Sein Lehrling, David Harry, den ich, während ich bei Keimer arbeitete, zugelehrt hatte, kaufte dessen Geschäft und ließ sich in Philadelphia nieder. Ich fürchtete zuerst in Harry einen mächtigen Nebenbuhler zu finden, da er einer reichen und angesehenen Familie angehörte. Ich schlug ihm deshalb vor, sich mit mir zu associieren, was er indes, und zwar zu meinem Glück, mit Geringschätzung ablehnte. Er war sehr stolz, kleidete sich wie ein vornehmer Herr, lebte ausschweifend und hing den Vergnügungen so sehr nach, daß er kaum zu Hause anzutreffen war, versank in Schulden, vernachlässigte sein Geschäft und büßte bald alle Aufträge ein. Da er bald für sich nichts mehr zu thun fand, so folgt er Keimer nach Barbados und nahm seine Druckerei mit. Dort beschäftigte der Lehrling seinen früheren Prinzipal als Gehilfen. Sie zankten sich oft, und da es mit Harry auch dort immer rückwärts ging, so mußte er endlich Schrift und Presse verkaufen und wieder zu seiner alten Beschäftigung, dem Landbau in Pennsylvanien, greifen. Der Käufer der Druckerei übertrug Keimer deren Leitung; dieser starb aber einige Jahre später.

Jetzt hatte ich in Philadelphia außer Bradford keinen Nebenbuhler; dieser aber, da er reich und bequem war, hatte nur wenig zu thun und kümmerte sich auch nicht mehr viel ums Geschäft. Da er aber die Post besorgte, so stand er im Rufe einer bessern Gelegenheit zum Empfang von Neuigkeiten, und man hielt sein Blatt für geeigneter zur Verbreitung von Inseraten, und er bekam deren mehr, was ihm sehr zu statten kam und mir manchen Nachteil brachte. Wenn ich auch Zeitungen mit der Post erhielt und versandte, so war das Publikum doch anderer Meinung, denn was ich verschickte, konnte nur mittelst Bestechung der reitenden Boten geschehen, welche meine Zeitungen heimlich mitnahmen, da Bradford so unfreundlich gewesen war, es ihnen zu verbieten. Ich dachte deshalb so gering von ihm, daß ich mich wohl hütete, ihm nachzuahmen, als ich später in seine Stellung einrückte.

Bisher hatte ich mich von Godfrey beköstigen lassen, der mit Frau und Kindern einen Teil meines Hauses bewohnte und auch meinen halben Laden zu seinem Geschäfte benutzte, mit welchem er sich indes wenig abgab, da er meist Mathematik trieb. Frau Godfrey beabsichtigte, mich mit der Tochter eines ihrer Verwandten zu verheiraten, und suchte uns bei mehrfachen Gelegenheiten zusammenzubringen, bis sie mich ernstlich gefesselt sah, da das Mädchen selbst sehr begehrenswert war. Die Eltern ermutigten meine Bewerbung durch häufige Einladungen zum Abendessen und ließen uns allein, bis es endlich Zeit zu einer Erklärung war. Frau Godfrey übernahm die erforderliche Unterhandlung. Ich gab ihr zu verstehen, daß ich mit der jungen Dame eine Mitgift von so viel Geld erwarte, um mindestens den Rest meiner Schuld für meine Druckerei bezahlen zu können, welcher sich damals auf hundert Pfund belaufen mochte. Ich erhielt zur Antwort, daß sie eine solche Summe nicht beschaffen könnten, worauf ich bemerkte, daß selbige leicht als Hypothek auf ihr Haus zu erhalten sein würde. Hierauf empfing ich nach Verlauf einiger Tage die Antwort, daß sie die Heirat nicht billigten: sie hätten Bradford um Rat gefragt und gehört, daß das Geschäft eines Buchdruckers durchaus nicht einträglich sei, daß meine Schriften bald abgenutzt und neue nötig sein würden, daß Keimer und Harry nach einander falliert hätten, und es mir wahrscheinlich ebenso gehen würde. Sie verboten mir also ihr Haus und sperrten das junge Mädchen ein.

Ich weiß nicht, ob sie wirklich ihren Sinn geändert hatten, oder ob das Ganze nur eine List war, in der Voraussetzung, daß unsere Neigung zu weit gediehen sei, als daß wir von einander würden lassen können, wo dann, im Falle einer heimlichen Heirat, sie volle Freiheit gehabt hätten, uns nach Belieben etwas zu geben oder nicht. Ich argwöhnte das letztere, ärgerte mich darüber und ging nie wieder hin. Einige Zeit nachher brachte mir Frau Godfrey mehrmals Kunde, daß die Eltern mir nunmehr gewogen seien und die Verbindung mit mir wieder anzuknüpfen wünschten; ich aber erklärte mich entschieden dahin, nichts wieder mit der Familie zu schaffen haben zu wollen. Hierüber ließen die Godfreys einigen Ärger blicken, And da wir uns nicht länger vertragen konnten, so zogen sie aus und ließen mir das Haus allein; ich beschloß keine Mietbewohner mehr anzunehmen.

Da dieser Vorfall jedoch meine Gedanken aufs Heiraten gebracht hatte, so sah ich mich um und machte an mehreren Stellen Anträge, aber bald merkte ich, daß man das Gewerbe eines Buchdruckers nur für ein kümmerliches ansehe, und daß ich daher wohl kaum auf eine Frau mit Geld rechnen dürfe, wenigstens nicht, wenn sie auch noch andere Reize besitzen solle. Mittlerweile trieb jene schwer zu zügelnde Leidenschaft der Jugend mich häufig zu Beziehungen mit gemeinen Weibsbildern, die mir in den Weg kamen. Allein dies war immer mit einigen Unkosten und vielen Unbequemlichkeiten verknüpft, außer der fortwährenden Gefahr für meine Gesundheit von seiten eines Übels, das ich vor allen Dingen fürchtete, obschon ich ihm mit großem Glück entging. Als Nachbar und alter Bekannter war ich inzwischen immer im freundlichen Vernehmen mit der Familie der Miß Read geblieben. Ihre Eltern hatten noch von der Zeit her, wo ich bei ihnen gewohnt, Zuneigung für mich bewahrt. Oft luden sie mich ein, fragten mich in ihren Angelegenheiten um Rat, und mehrere Mal hatte ich ihnen Gefälligkeiten erwiesen. Mich dauerte die unglückliche Lage ihrer Tochter, die fast immer ihrem Trübsinne nachhing, selten heiter war und allem Umgang auswich. Ich betrachtete meinen Unbestand und meine Untreue während meines Aufenthalts in London für die Hauptursache ihres Unglücks, obschon ihre Mutter so aufrichtig war, die Schuld dafür mehr sich selbst als mir beizumessen, weil sie, nach Verhinderung unserer Heirat vor meiner Abreise, ihre Tochter zur Ehe mit einem andern während meiner Abwesenheit beredet habe. Unsere gegenseitige Neigung erwachte wieder; unserer Vereinigung standen aber große Hindernisse im Wege. Zwar wurde ihre Ehe wirklich als ungiltig betrachtet, da ihr Mann, wie es hieß, schon eine Frau in England habe; aber es war wegen der großen Entfernung schwer, den Beweis hiervon zu erhalten. Obschon das Gerücht von seinem Tode ging, so hatten wir doch keine Gewißheit hiervon; war es aber begründet, so hatte er wiederum tüchtige Schulden hinterlassen, wegen deren Bezahlung man seinen Nachfolger belangen konnte. Wir wagten es indes trotz aller dieser Schwierigkeiten, und am 1. September 1730 heiratete ich sie. Keiner der gefürchteten Unfälle traf uns. Sie war mir eine gute und treue Gefährtin, half mir auch durch Besorgung des Ladens bedeutend vorwärts; wir gediehen sichtlich und waren gegenseitig bemüht, einander zu beglücken. So machte ich nach Kräften jenen großen Irrtum meiner Jugend wieder gut.

Unser Klub befand sich damals nicht in einem Wirtshause. Wir hielten unsere Zusammenkünfte in der Wohnung des Herrn Grace, der uns zu diesem Zweck ein Zimmer einräumte. Eines Tages bemerkte ein Mitglied, daß wir oft im Laufe unserer Besprechungen unsere Bücher nötig hätten, und es daher bequem wäre, wenn wir sie in unserem Versammlungszimmer aufstellen und sie dann erforderlichenfalls zu Rate ziehen könnten, wie denn auch durch das Zusammenstellen unserer Bücher in eine gemeinsame Bibliothek jeder von uns den Vorteil haben würde, daß er die Bücher aller übrigen Mitglieder benutzen könne, was beinahe dasselbe sei, wie wenn er sie selbst besäße. Der Vorschlag fand Beifall und ward verwirklicht; wir stellten an dem einen Ende unseres Klubzimmers alle diejenigen Bücher auf, die wir am besten entbehren konnten. Ihre Zahl war indes nicht so groß, wie wir erwartet hatten, und obschon sie uns sehr von Nutzen waren, so kamen doch durch den Mangel an Aufsicht einige Übelstände vor, so daß nach einem Jahre die Sammlung wieder aufgelöst wurde und jeder seine Bücher wieder nach Hause nahm.

Und nun setzte ich mein erstes Projekt zu einer öffentlichen Schöpfung, nämlich zur Gründung einer Leihbibliothek durch Subskription ins Werk. Ich entwarf den Prospekt, ließ ihn durch unsern Notar Brockden in die geeignete Form bringen, trieb mit Hilfe des Junto fünfzig Subskribenten auf, mit je vierzig Schillingen zum Anfang und mit einem jährlichen Beitrag von zehn Schillingen auf fünfzig Jahre – den Termin, während dessen unsere Gesellschaft fortbestehen sollte. – Später erhielten wir einen Freibrief, da die Gesellschaft bis auf hundert Mitglieder angewachsen war. Dieselbe war die Mutter aller nordamerikanischen Leihbibliotheks-Gesellschaften, welche nun so zahlreich sind. Sie selbst ist in fortwährender Entwicklung und Vermehrung begriffen und wird täglich eine bedeutendere Anstalt. Diese Bibliotheken haben den allgemeinen Konversationston der Amerikaner gehoben, die gewöhnlichen Handwerker und Landleute so intelligent gemacht, als die meisten gebildeten Leute in anderen Ländern, und vielleicht wesentlich zu der Stellung beigetragen, welche die Kolonien in Verteidigung ihrer Rechte so allgemein einnahmen.

*

So weit ward Vorstehendes in der Eingangs erwähnten Absicht geschrieben und enthält daher mehrere kleine Familienanekdoten, welche für andere ziemlich bedeutungslos sind. Das Weitere ward viele Jahre später dem in diesen Briefen enthaltenen Rate gemäß geschrieben und daher für die Öffentlichkeit bestimmt. Die Ereignisse der Revolution waren die Ursache der Verzögerung.

Brief von Herrn Abel Jams, mit Notizen über mein Leben

(in Paris empfangen)

„Mein lieber und geehrter Freund! Ich habe schon oft an dich schreiben wollen, bin aber stets vor dem Gedanken zurückgescheut, der Brief möchte in die Hände der Engländer fallen, und es dürfte dann irgend ein Buchdrucker oder Unberufener einen Teil seines Inhalts veröffentlichen und unserm Freunde Verdrießlichkeiten, mir selbst Tadel aber zuziehen.

„Vor einiger Zeit kamen mir zu meiner großen Freude etwa dreiundzwanzig Blätter in deiner eigenen Handschrift zu Gesicht, welche eine an deinen Sohn gerichtete Schilderung deiner Herkunft und deines Lebens bis zum Jahre 1730 enthalten, wobei noch andere Notizen, ebenfalls von deiner Handschrift, lagen. Ich lege eine Abschrift davon bei, in der Hoffnung, sie möge, falls du sie bis zu einem späteren Zeitpunkt fortgesetzt hättest, dazu dienen, daß der erste und der spätere Teil an einander passen; wenn sie aber noch nicht fortgesetzt worden ist, so hoffe ich, du werdest dieselbe nicht aufschieben. Das Leben ist ungewiß, wie der Prediger uns lehrt; und was wird die Welt sagen, wenn der gütige, menschenfreundliche und wohlwollende Benjamin Franklin seine Freunde und die Welt eines solch angenehmen und gemeinnützigen Werkes verlustig gehen lassen würde, – eines Werkes, das nicht etwa nur für einige Wenige, sondern für Millionen nützlich und unterhaltend sein würde? Der Einfluß derartiger Schriften auf die Gemüter der Jugend ist sehr groß und ist mir nirgends so augenfällig entgegen getreten, als in den Tagesschriften unsers öffentlichen Freundes. Er stößt der Jugend beinahe unmerklich den Entschluß ein, sich zu bestreben, daß sie ebenfalls so gut und bedeutend werde wie der Schreiber. Sollten deine Aufzeichnungen z. B., wenn im Druck erschienen (was meines Bedünkens nicht ausbleiben wird), die Jugend veranlassen, dir an dem Fleiß und der Mäßigkeit deiner frühen Jugend zu gleichen, welch ein Segen würde ein solches Werk für jene Klasse sein! Ich kenne keinen Charakter unter den jetzt

Lebenden und nicht viele unter den Menschen überhaupt, welcher in gleichem Maße wie du imstande wäre, unter der amerikanischen Jugend einen größeren Geist des Fleißes und der frühen Aufmerksamkeit aufs Geschäft, der Genügsamkeit und Mäßigkeit zu fördern. Nicht als ob ich glaubte, das Werk würde keinen andern Nutzen und Verdienst in der Welt haben – weit entfernt davon; allein das erste ist von solch ungeheurer Wichtigkeit, daß ich nichts ihm Gleichkommendes kenne."

Als ich den vorstehenden Brief und die dabei liegenden Notizen einem Freunde zeigte, erhielt ich von ihm was folgt:

Brief von Herrn Benjamin Vaughan

Paris, 31. Januar 1783.

„Hochverehrter Herr! Als ich Ihre Blätter mit den flüchtigen Aufzeichnungen der Hauptbegebenheiten Ihres Lebens, welche Ihr Freund, der Quäker, Ihnen wieder entlockt, durchlesen hatte, versprach ich Ihnen, in einem Briefe die Gründe darzulegen, warum ich es für nützlich erachten würde, daß dieselben in der Weise vollendet und veröffentlicht würden, wie er es wünschte. Verschiedene Geschäfte haben mich geraume Zeit an der Abfassung dieses Briefes verhindert, und ich weiß nicht, ob derselbe überhaupt zu Erwartungen berechtigte. Da ich jedoch gegenwärtig gerade Muße habe, so will ich wenigstens mich selbst durch das Schreiben bethätigen und belehren. Weil aber die Ausdrücke, deren ich mich zu bedienen geneigt bin, möglicherweise einen Mann von Ihren Gewohnheiten verletzen könnten, so werde ich zu Ihnen nur so sprechen, wie wenn ich mich an irgend eine andere Person wenden würde, welche so gut und so groß, aber weniger mißtrauisch wäre als Sie. Ich würde zu einem solchen Manne sagen: ›Geehrter Herr! Ich ersuche dringend um Ihre Lebensgeschichte, u. z. aus den folgenden Beweggründen: Ihre Geschichte ist so merkwürdig, daß, wenn Sie dieselbe nicht geben, gewiß irgend ein anderer sie bringen wird, und vielleicht so, daß er beinahe ebenso viel Schaden anrichtet, als Ihre eigene Behandlung der Sache Gutes stiften. könnte. Dieselbe wird überdem ein Gemälde der inneren Verhältnisse Ihres Vaterlandes darstellen, welches sehr dazu beitragen wird, Ansiedler von tugendhaftem und mannhaftem Geiste dorthin einzuladen. Auch kenne ich in Anbetracht der

Begierde, womit eine derartige Belehrung von jenen aufgesucht wird, und der Ausdehnung Ihres guten Rufes keine wirksamere Ankündigung, als Ihre Lebensgeschichte abgeben würde. Alles, was Ihnen selbst begegnete, ist wiederum mit den Einzelheiten der Sitten und Lage eines emporkommenden Volkes innig verbunden. Nach meiner Ansicht können in dieser Beziehung die Schriften von Cäsar und Tacitus für einen ernsthaften Beurteiler menschlicher Natur und Gesellschaft nicht interessanter sein. Dies alles aber, geehrter Herr, sind, wie ich glaube, nur unbedeutende Gründe im Vergleich mit der Gelegenheit, welche Ihre Lebensgeschichte für die Heranbildung künftiger großer Männer, und in Verbindung mit Ihrer „Kunst der Tugend“ (welche Sie herauszugeben beabsichtigen) für die Verbesserung der Züge des Privatcharakters und daher auch für die Förderung alles Glücks, öffentlichen und häuslichen, abgeben wird. Die beiden von mir bezeichneten Werke werden ganz besonders eine edle Anleitung und ein Vorbild zur Selbsterziehung geben. Schul- und sonstige Erziehung gehen beständig von falschen Grundsätzen aus und zeichnen einen schwerfälligen, auf ein falsches Ziel hingerichteten Apparat; allein Ihr Apparat ist einfach und das Ziel ein richtiges. – Während Eltern und junge Leute anderer zweckmäßiger Mittel zur Würdigung eines vernünftigen Lebensweges und zur Vorbereitung auf einen solchen entbehren müssen, wird Ihre Entdeckung, daß dieses Ziel in der eigenen Hand so manches Menschen liegt, eine unschätzbare sein! Ein in reiferen Jahren geltend gemachter Einfluß auf den Privatcharakter ist nicht allein ein später, sondern auch ein schwacher Einfluß. In der Jugend pflanzen wir unsere wichtigsten Gewohnheiten und Vorurteile; in der Jugend fassen wir unsern Entschluß in Bezug auf Beruf, Bestrebungen und Ehe. In der Jugend wird daher unserm Leben seine eigentümliche Richtung gegeben; in der Jugend bildet sich auch die Erziehung der nächsten Generation; in der Jugend wird der öffentliche und private Charakter bestimmt. Da nun der Lebenstermin sich nur von der Jugend bis zum Alter erstreckt, so muß das Leben füglich von der Jugend aus beginnen, und namentlich bevor wir unsern Beschluß in Betreff unserer hauptsächlichsten Ziele fassen. Aber Ihre Lebensgeschichte wird nicht bloß die Selbsterziehung, sondern auch die Erziehung zu einem weisen Manne lehren; und der weiseste Mann wird Licht empfangen und sich im eigenen Fortschreiten fördern, wenn er das Verfahren eines andern weisen Mannes eingehend geschildert sieht. Und warum sollen schwächere Menschen derartiger Unterstützungen beraubt werden, wenn wir doch sehen, daß unser Geschlecht seit unvordenklichen Zeiten beinahe ohne einen Führer in dieser Richtung im Dunklen tappte und überall anstieß? Zeigen

Sie also den Söhnen und den Vätern, mein Herr, wie viel zu thun ist, und laden Sie alle weisen Männer ein, zu werden wie Sie sind, und andere Männer, weise zu werden. Wenn wir sehen, wie grausam Staatsmänner und Krieger gegen das Menschengeschlecht, und wie abgeschmackt ausgezeichnete Männer gegen ihre Bekannten sein können, so wird es lehrreich sein, zu beobachten, wie die Beispiele von friedlichen, nachgiebigen Sitten sich vermehren, und zu finden, wie trefflich es sich mit einander verträgt, groß und doch häuslich, beneidenswert und doch wohlwollend zu sein.

›Die kleinen eigenen Erlebnisse, welche Sie ebenfalls zu erzählen haben werden, dürften von erheblichem Nutzen sein, da wir vor allen Dingen Klugheitsregeln in gewöhnlichen Angelegenheiten nötig haben, und es wird interessant sein zu sehen, wie Sie unter denselben Umständen gehandelt haben. Es wird in so weit eine Art Schlüssel zum Leben werden und viele Dinge erklären, welche allen Menschen einmal erläutert werden sollten, um denselben eine Möglichkeit zu geben, durch Vorsicht weise zu werden. Das, was der Selbsterfahrung am nächsten kommt, ist, daß wir die Angelegenheiten anderer uns in einer anregenden Gestalt vorgeführt sehen; dies dürfen wir mit Zuversicht aus Ihrer Feder erwarten; unsere Angelegenheiten und deren Führung werden ein Aussehen von Einfachheit oder Wichtigkeit haben, welches in die Augen fallen muß. Ich bin überzeugt, Sie haben dieselben mit ebenso viel Originalität geführt, als wenn Sie Erörterungen in Politik oder Philosophie geführt hätten; und was verdient, wenn man seine unbestreitbare Wichtigkeit und seine möglichen Fehler in Betracht zieht, mehr, durch Versuche erforscht und in ein System gebracht zu werden, als das menschliche Leben?

›Manche Menschen sind blindlings tugendhaft, andere phantastisch spekulativ, und wieder andere zu schlechten Zwecken klug und schlau gewesen; von Ihnen aber, mein Herr, bin ich überzeugt, daß Sie aus Ihrer Feder nur das bieten werden, was zu gleicher Zeit weise, praktisch und gut ist. Ihre Selbstschilderung (denn mutmaßlich wird die Parallele, welche ich für *Dr.* Franklin ziehe, sich nicht nur hinsichtlich des Charakters, sondern auch bezüglich der Privatgeschichte bewähren) wird zeigen, daß sie sich nicht Ihrer geringen Herkunft schämen – ein um so wichtigerer Umstand, als Sie beweisen, wie unwesentlich alle Abkunft für Glück, Tugend und Größe ist. Da gleicherweise kein Ziel ohne Mittel und Wege erreicht wird, so werden wir finden, daß selbst Sie, mein Herr, sich einen Plan machten, durch den Sie bedeutend wurden; gleichzeitig dürften wir aber auch einsehen, daß, wenn auch der Erfolg schmeichelhaft, doch die Mittel dazu so einfach sind, als nur Weisheit sie machen konnte, nämlich abhängig von Natur, Tugend, Denkungsart und Gewohnheit. Eine andere hieraus zu ziehende Lehre wird sein, daß jeder Mann seine Zeit abwarten muß, um auf der Bühne der Welt zu erscheinen. Da aber unsere Eindrücke sehr stark vom Augenblick bestimmt sind, so sind wir sehr geneigt zu vergessen, daß dem ersten Augenblick noch weitere folgen werden, und daß jeder Mensch deswegen sein Betragen so einrichten sollte, daß es zu dem Ganzen eines Lebens passe. Was Sie empfehlen, scheint in Ihrem Leben praktische Anwendung gefunden zu haben, und die vorübergehenden Momente desselben sind von Befriedigung und Genuß belebt und nicht mit thörichter Ungeduld und Bedauern gepeinigt worden. Eine solche Lebensführung ist leicht für diejenigen, welche die Tugend und sich selbst zu Ehren bringen durch Beispiele von anderen großen Männern, deren hervorragendster Charakterzug so oft die Geduld ist. Ihr Korrespondent, der Quäker, mein Herr (denn hier will ich abermals annehmen, der Gegenstand meines Briefes gleiche dem *Dr*. Franklin) lobte Ihre Genügsamkeit, Ihren Fleiß und Ihre Mäßigkeit, die er als Vorbild für alle jungen Leute betrachtete; allein eigentümlicherweise scheint er Ihre Bescheidenheit und Uneigennützigkeit vergessen zu haben, ohne welche Sie niemals auf Ihr Vorwärtskommen hätten warten und Ihre Lage inzwischen doch behaglich finden können. Dieses ist eine eindringliche Lehre, um die Armseligkeit des Ruhms und die Wichtigkeit der Regelung unsers Gemüts zu beweisen. Wenn dieser Korrespondent die Natur Ihres Rufes so genau gekannt hätte, wie ich, so würde er gesagt haben: Ihre früheren Schriften und Thaten würden Ihrer „Lebensgeschichte" und Ihrer „Kunst der Tugend" Beachtung sichern; und Ihre Lebensgeschichte und Kunst der Tugend würden wiederum die Aufmerksamkeit auf jene lenken. Dies ist ein Vorzug, welcher einem vielseitigen Charakter eigen ist und alles, was zu ihm gehört, zu höherer Geltung bringt; und er ist um so nützlicher, als vielleicht mehr Personen eher die Mittel zur Verbesserung ihres Gemüts und Charakters, als die Zeit oder die Neigung dafür entbehren. Allein noch eine andere schließliche Erwägung, mein Herr, wird den Nutzen Ihrer Lebensgeschichte als das Beispiel einer guten Biographie darthun. Diese Art der Schriftstellerei scheint einigermaßen aus der Mode gekommen zu sein, und doch ist sie eine sehr gemeinnützige. Ihr Vorbild und Beispiel darin mag besonders zweckdienlich sein, da es einen Gegenstand der Begleichung mit den Lebensgeschichten verschiedener öffentlichen Kehlabschneider und Ränkeschmiede und mit thörichten mönchischen Selbstpeinigern oder eitlen litterarischen Tändlern abgeben wird. Wenn Ihre

Lebensbeschreibung noch mehr Schriften von der Art der Ihrigen hervorruft und noch mehr Männer veranlaßt, ein Leben zu führen, welches beschrieben zu werden geeignet ist, so wird es sämtliche Lebensbeschreibungen Plutarchs aufwiegen."

„Da ich es jedoch müde bin, mir selbst einen Charakter zu vergegenwärtigen, wovon jeder Zug nur auf einen einzigen Mann in der Welt paßt, ohne ihm die verdiente Anerkennung hierfür zu zollen, so werde ich, mein lieber Doktor Franklin, meinen Brief mit einer persönlichen Bitte an Sie selbst schließen. Ich hege also den ernstlichen Wunsch, sehr verehrter Herr, Sie möchten die Welt mit den Zügen Ihres wahren Charakters bekannt machen, weil sonst bürgerliche Streitigkeiten denselben zu verstellen oder zu verketzern streben könnten. In Anbetracht Ihres hohen Alters, der Vorsicht Ihres Charakters und Ihrer eigentümlichen Denkungsart kann wahrscheinlich kein Mensch außer Ihnen die Thatsachen Ihres Lebens oder die An- und Absichten Ihres Geistes genugsam kennen oder beherrschen. Außer diesem allem wird die gewaltige Umwälzung des gegenwärtigen Zeitabschnitts notgedrungen unsere Aufmerksamkeit auf den Urheber derselben lenken, und wenn in derselben tugendhafte Grundsätze geltend gemacht worden sind, so wird es hochwichtig sein, nachzuweisen, daß dieselben wirklich eingewirkt haben. Da Ihr eigener Charakter der vornehmlichste sein wird, an welchem eine strenge Prüfung und Kritik geübt werden dürfte, so ist es schicklich (schon wegen seiner Wirkungen auf Ihr eigenes ausgedehntes und rasch emporgekommenes Vaterland, sowie auf England und ganz Europa), daß derselbe achtbar und dauernd dastehe. Ich habe immer behauptet, es sei zur Förderung menschlichen Glückes notwendig zu beweisen, daß der Mensch selbst heutzutage kein lasterhaftes und verächtliches Tier sei, und noch weit unerläßlicher, zu beweisen, daß gutes Benehmen ihn wesentlich bessern kann, und namentlich aus eben diesem Grunde wünschte ich dringend die Ansicht festgestellt zu sehen, daß es noch wackere Charaktere unter den Individuen der Rasse giebt, denn von dem Augenblick an, wo alle Menschen ohne Ausnahme als aufgegeben betrachtet werden würden, werden gute Menschen in ihren, für hoffnungslos erachteten Bestrebungen innehalten und vielleicht daran denken, sich ebenfalls ihren Anteil in der Balgerei des Lebens zu verschaffen, oder zum mindesten vorzugsweise sich selbst das Leben behaglich zu machen. Nehmen Sie also, mein lieber Herr, dieses Werk baldmöglichst in Angriff; zeigen Sie sich selbst so gut, so gemäßigt wie Sie sind, und erweisen Sie sich vor allen Dingen als einen Mann, welcher von Jugend auf

Gerechtigkeit, Freiheit und Eintracht in einer Weise geliebt hat, welche es für ihn zur Natur und Konsequenz machte, so gehandelt zu haben, wie wir Sie in den jüngstvergangenen siebzehn Jahren Ihres Lebens handeln sahen. Machen Sie, daß die Engländer Sie nicht allein achten, sondern Sie auch lieben. Wenn dieselben gut von einzelnen in Ihrer Heimat denken, so werden sie allmählich dazu kommen, auch von Ihrem Vaterland selbst gut zu denken; und wenn Ihre Landsleute sich selbst von den Engländern besser geachtet sehen, so werden sie leichter dazu kommen, wohlwollend von England zu denken. Dehnen Sie vielmehr Ihre Absichten noch weiter aus: Begnügen Sie sich nicht mit denjenigen, welche die englische Sprache reden, sondern denken Sie daran, das ganze Menschengeschlecht zu verbessern, nachdem Sie so viele Punkte in Natur und Politik in Ordnung gebracht haben. Da ich keinen Teil des in Rede stehenden Lebens gelesen habe, sondern nur den Charakter kenne, der es gelebt hat, so schreibe ich einigermaßen aufs Geratewohl. Ich bin jedoch überzeugt, daß die Lebensbeschreibung und der von mir angedeutete Aufsatz (über die Kunst der Tugend) unfehlbar meine Erwartungen in der Hauptsache erfüllen werden, und zwar um so mehr, wenn Sie Vorkehrung treffen, diese Leistungen den oben berührten verschiedenen Gesichtspunkten anzupassen. Sollten sich dieselben sogar erfolglos in allem dem erweisen, was einer Ihrer sanguinischen Bewunderer von ihnen hofft, so werden Sie wenigstens Bilder geschaffen haben, welche dem menschlichen Herzen Teilnahme abgewinnen; und wer nur immer dem Menschen das Gefühl eines unschuldigen Vergnügens verschafft, der hat zu der freundlichen Seite eines sonst durch Angst allzusehr verdunkelten und durch Schmerz allzusehr gepeinigten Lebens sehr viel beigetragen. In der Hoffnung also, daß Sie die in diesem Briefe Ihnen vorgetragene Bitte erhören werden, erlaube ich mir, mein teuerster Herr, mich zu nennen u. s. w.

Gez.: *Benjamin Vaughan.*“

Fortsetzung der Schilderung meines Lebens

(Begonnen in Passy bei Paris 1784.)

Es ist schon geraume Zeit her, daß ich die obigen Briefe erhalten habe; ich bin jedoch bisher zu sehr beschäftigt gewesen, um an die Erfüllung der darin ausgesprochenen Bitte zu denken. Auch möchte es besser von statten gegangen sein, wenn ich zu Hause unter meinen Papieren gewesen wäre, welche mein

Gedächtnis unterstützen und mir die Daten genau ermitteln helfen würden. Da aber meine Rückkehr noch ungewiß ist und ich gerade jetzt einige Muße habe, will ich mir Mühe geben, mich auf das zu besinnen, was ich kann, und dasselbe niederzuschreiben. Wenn ich es noch erlebe, meine Heimat wiederzusehen, so mag es dort verbessert und ausgefüllt werden.

Da ich keine Abschrift von dem früher Niedergeschriebenen hier habe, so weiß ich nicht mehr, ob ich schon eine Schilderung von den Mitteln gegeben habe, die ich anwandte, um die öffentliche Bibliothek in Philadelphia zu gründen, welche, von kleinen Anfängen aus, nun so bedeutend geworden ist, obschon ich mich entsinne, daß ich bis auf die Zeit jenes Unternehmens (1730) gediehen bin. Ich will deshalb hier mit einer Schilderung desselben beginnen, welche ausgestrichen werden kann, wenn es sich ergiebt, daß ich sie schon gemacht habe.

Zu der Zeit, wo ich mich in Pennsylvanien niederließ, gab es noch keine gute Buchhandlung in irgend einer der Kolonien südwärts von Boston. In New-York und Philadelphia waren die Buchdrucker und -Händler eigentlich mehr Papierhändler; sie verkauften Papier und Schreibmaterialien, Kalender, Balladen und nur wenige gewöhnliche Schulbücher. Wer ein Freund des Bücherlesens war, mußte sich seine Bücher aus England kommen lassen; die Mitglieder des Junto besaßen jeder deren einige. Wir hatten das Bierhaus verlassen, wo wir anfangs zusammen gekommen waren, und mieteten ein Zimmer, um unsern Klub darin zu halten. Ich machte den Vorschlag, wir alle sollten unsere Bücher nach diesem Zimmer schaffen, wo wir sie nicht nur zum Nachschlagen während unserer Versammlung zur Hand haben, sondern wo dieselben eine gemeinsame Wohlthat sein würden, da sie jedem von uns Gelegenheit böte, diejenigen zu entlehnen, welche er zu Hause zu lesen wünschte. Dies geschah denn auch und genügte uns für einige Zeit.

Als wir den Vorteil dieser kleinen Sammlung kennen lernten, schlug ich vor, die aus den Büchern hervorgehende Wohlthat noch allgemeiner zu machen, indem wir eine öffentliche Leihbibliothek auf Subskription errichteten. Ich setzte die Skizze des Plans und der erforderlichen Statuten auf und bewog einen erfahrenen Gerichtsschreiber, Herrn Charles Brockden, das Ganze in die Gestalt zu unterschreibender Vertragsartikel zu fassen, mittelst deren jeder Unterzeichner sich verpflichtete, eine gewisse Summe als Anzahlung für den ersten Ankauf von Büchern, und einen jährlichen Beitrag zur Vermehrung derselben zu erlegen. Der Leselustigen waren damals in Philadelphia so wenige und die Mehrzahl von uns so arm, daß ich trotz aller Mühe nicht imstande war, mehr als fünfzig Personen, meist junge Handwerker, zusammen zu bringen, welche geneigt waren, für diesen Zweck je vierzig Schillinge und einen Jahresbeitrag von zehn Schillingen zu erlegen. Mit diesem kleinen Grundstock begannen wir. Die Bücher wurden aus England eingeführt. Die Bibliothek war einen Tag in der Woche geöffnet, um Bücher an die Subskribenten auszuleihen gegen die schriftliche Verpflichtung, den doppelten Wert eines Buches, falls es nicht ordnungsmäßig zurückgegeben würde, zu bezahlen. Dieses Institut bewährte seinen Nutzen bald so sehr, daß es von anderen Städten und in anderen Provinzen nachgeahmt wurde. Die Bibliotheken wurden durch Schenkungen vergrößert, das Bücherlesen kam in die Mode, und da unser Volk keine öffentlichen Vergnügungen hatte, welche seine Aufmerksamkeit vom Studium ablenkten, so wurde es genauer mit den Büchern bekannt, und binnen weniger Jahre wurde es den Fremden bemerkbar, daß wir besser unterrichtet und einsichtsvoller waren, als gewöhnlich Leute von demselben Stande in anderen Ländern sind.

Als wir im Begriff waren, die oben erwähnten Artikel zu unterzeichnen, welche uns, unsere Erben u. s. w. auf fünfzig Jahre verpflichten sollten, sagte Herr Brockden, der Schreiber, zu uns: „Ihr seid junge Männer, aber es ist kaum wahrscheinlich, daß einer von euch den Ablauf des in der Urkunde festgestellten Termins erleben wird.“ Eine Anzahl von uns ist indes doch noch am Leben; allein die Urkunde ward nach einigen Jahren aufgehoben durch eine Verordnung, welche die Gesellschaft zu einer Körperschaft machte und für die Dauer begründete.

Die Einwendungen und das Widerstreben, denen ich beim Beitreiben der Unterzeichnungen begegnete, ließen mich bald inne werden, wie übel angebracht es sei, wenn jemand sich selbst als den Anreger irgend eines gemeinnützigen Planes darstellt, welcher mutmaßlich das Ansehen des Betreffenden auch nur im geringsten Grade über dasjenige der Nachbarn erheben kann, wenn man der Unterstützung derselben zur Vollführung jenes Vorschlags bedarf. Ich rückte mich daher soviel wie möglich aus den Augen und gab es für ein Unternehmen einer „Anzahl von Freunden“ aus, welche mich gebeten hätten, herumzugehen und es denjenigen Leuten vorzuschlagen, welche sie für Freunde des Lesens hielten. Auf diese Weise ging mein Geschäft glatter von statten, und ich bediente mich dieses Verfahrens hernach immer bei derartigen Gelegenheiten und kann es nach meinen häufigen Erfolgen aufrichtig empfehlen. Das augenblickliche kleine Opfer der Eigenliebe, welches man dabei bringt, wird später reichlich vergolten werden. Wenn es eine Zeitlang unbekannt bleibt, wem das eigentliche Verdienst gebührt, wird irgend jemand, der eitler als der betreffende ist, ermutigt werden, das Verdienst zu beanspruchen, und dann wird der Neid selbst geneigt sein, dem erstern Gerechtigkeit widerfahren zu lassen, indem er jene angemaßten Federn ausreißt und sie ihrem rechtmäßigen Eigentümer zurückgiebt.

Diese Bibliothek lieferte mir die Mittel, mich durch anhaltendes Studium fortzubilden, für welches ich mir täglich eine oder zwei Stunden freihielt, und so ersetzte ich einigermaßen den Verlust der gelehrten Erziehung, welche mir mein Vater zu geben einst beabsichtigt hatte. Lesen war das einzige Vergnügen, welches ich mir erlaubte. Ich vergeudete keine Zeit in Schenken oder mit Spielen und Lustbarkeiten irgend einer Art, und mein Fleiß in meinem Geschäft war ebenso unermüdlich als er notwendig war. Ich hatte noch Schulden auf meiner Druckerei, hatte eine heranwachsende junge Familie zu erhalten und in meinem Geschäfte gegen zwei ältere Buchdrucker anzukämpfen, welche sich schon vor mir am Orte niedergelassen hatten. Meine Verhältnisse wurden jedoch täglich besser. Ich setzte meine ursprünglichen genügsamen Gewohnheiten fort. Da mein Vater unter den Lehren, welche er mir in meinen Knabenjahren gegeben, mir häufig den Spruch Salomonis wiederholt hatte: „Siehest du einen Mann redlich in seinem Beruf, so soll er vor Königen stehen; er soll nicht vor gemeinen Leuten stehen,“ so betrachtete ich infolge davon den Fleiß als ein Mittel, Reichtum und Auszeichnung zu erlangen, was mich sehr ermutigte – obschon ich mir nicht träumen ließ, daß ich jemals buchstäblich „vor Königen stehen“ sollte, was doch seitdem geschehen ist, denn ich stand seither vor *fünfen* und hatte sogar die Ehre, mit einem, dem König von Dänemark, zu Tische zu sitzen.

Wir haben ein englisches Sprichwort, welches lautet: „Wer vorwärts kommen will, der muß sein Weib befragen.“ Ich war so glücklich, ein Weib zu besitzen, welches ebenso sehr zu Fleiß und Nüchternheit geneigt war wie ich selbst. Sie unterstützte mich willig in meinem Geschäfte, falzte und heftete Broschüren, besorgte den Laden, kaufte alte leinene Lumpen für die Papiermacher ein u. s. w. Wir hielten keine müßigen Dienstboten, begnügten uns mit der einfachsten Kost und mit den wohlfeilsten Möbeln. Mein Frühstück z. B. bestand lange Zeit nur aus Milch und Brot (nicht aus Thee), und ich verzehrte es aus einem irdenen Näpfchen für zwei Pfennige mit einem zinnernen Löffel. Allein man merke wohl, wie der Luxus in Familien einschleicht und um sich greift, trotz aller Grundsätze!

Als ich eines Morgens zum Frühstück gerufen wurde, fand ich dasselbe in einer Steingutschüssel mit einem silbernen Löffel! Meine Frau hatte sie ohne mein Wissen für mich gekauft; sie hatte dafür die ungeheure Summe von dreiundzwanzig Schillingen bezahlt, wofür sie keine andere Entschuldigung oder Verteidigung zu machen wußte, als daß sie geglaubt habe, *ihr* Mann verdiene einen silbernen Löffel und eine Tasse von Steingut ebenso gut als irgend einer seiner Nachbarn. Das war das erste Erscheinen von Silbergeschirr und Porzellan in unserm Hause; es vermehrte sich aber im Lauf der Jahre und mit unserm zunehmenden Wohlstand allmählich auf einen Wert von mehreren hundert Pfunden.

Ich war gewissenhaft und fromm als Presbyterianer erzogen worden, und obgleich einige Dogmen jener Sekte, wie die ewigen Ratschlüsse Gottes, die Gnadenwahl, die Verwerfung ec. mir unverständlich, sowie andere zweifelhaft erschienen, und ich häufig von den öffentlichen Versammlungen der Sekte wegblieb, weil der Sonntag der Tag meiner Studien war, so war ich doch niemals ohne einige religiöse Grundsätze. Ich bezweifelte z. B. niemals das Dasein Gottes, bezweifelte nie, daß er die Welt geschaffen habe und durch seine Vorsehung leite; daß der passendste Gottesdienst darin bestehe, den Menschen Gutes zu erweisen; daß unsere Seelen unsterblich seien, und daß jedes Verbrechen seine Strafe und die Tugend ihren Lohn fände, entweder hienieden oder jenseits. Diese hielt ich für die wesentlichen Teile jeder Religion, und da sie in all den Religionen zu finden waren, welche wir in unserm Lande hatten, so achtete ich diese alle, wenn auch mit verschiedenen Graden von Hochachtung, da ich dieselben mehr oder weniger mit anderen Glaubensartikeln gemischt fand, welche – ohne irgend ein Bestreben, Sittlichkeit einzuflößen, zu fördern oder zu befestigen – hauptsächlich dazu dienen, uns von einander zu trennen und gegen einander unfreundlich zu machen. Diese Achtung für alle, samt der Ansicht, daß selbst die schlimmste Religion noch einige gute Wirkungen habe, veranlaßte mich, allen Gesprächen auszuweichen, welche dazu beitragen konnten, die gute Meinung zu mindern, welche ein Anderer von seiner Religion haben mochte; und da nun unsere Provinz an Bevölkerung zunahm und fortwährend neue Gotteshäuser notwendig wurden, die gewöhnlich aus freiwilligen Beiträgen erbaut wurden, so verweigerte ich niemals mein Scherflein für einen derartigen Zweck, was für einer Sekte derselbe auch zu gute kommen mochte.

Obwohl ich selten einem öffentlichen Gottesdienste beiwohnte, hatte ich doch noch immer eine günstige Meinung von seiner Schicklichkeit und Nützlichkeit, wenn derselbe richtig geleitet wurde, und ich bezahlte regelmäßig meinen jährlichen Beitrag für die Unterhaltung des einzigen presbyterianischen Betsaals und Geistlichen, den wir in Philadelphia hatten. Der letztere pflegte mir zuweilen einen freundschaftlichen Besuch zu machen und mich zu ermahnen, daß ich auch seine Abendmahlsfeiern besuche, und ich ließ mich hie und da bewegen, dies zu thun – einmal sogar fünf Sonntage hinter einander. Wäre er nach meiner Ansicht ein guter Prediger gewesen, so hätte ich meinen Besuch des Gottesdienstes vielleicht fortgesetzt trotz der fördernden Gelegenheit, welche mir meine Sonntagsmuße in meinem Studienlauf gewährte; allein seine Predigten waren vorzugsweise entweder polemische Argumente oder Erklärungen der eigentümlichen Lehren unsrer Sekte und für mich insgesamt sehr trocken, uninteressant und unerbaulich, weil dadurch nicht ein einziger sittlicher Grundsatz eingeprägt und geltend gemacht wurde, und sie eher darauf abzielten, uns zu Presbyterianern als zu guten Bürgern zu machen.

Endlich wählte er zu seinem Text jenen achten Vers aus dem vierten Kapitel der Epistel an die Philipper: „Weiter, lieben Brüder, was wahrhaftig ist, was ehrbar, was gerecht, was keusch, was lieblich, was wohl lautet, ist etwa ein Lob, ist etwa eine Tugend, dem denket nach,“ und ich bildete mir ein, in einer Predigt über einen solchen Text müßten wir unzweifelhaft irgend etwas von Sittenlehre zu hören bekommen. Allein er beschränkte sich nur auf fünf Punkte, welche der Apostel gemeint habe, nämlich: 1. den Sabbath heilig zu halten; 2. die heilige Schrift fleißig zu lesen; 3. den Gottesdienst gehörig zu besuchen; 4. am Sakramente teilzunehmen; 5. den Dienern Gottes die schuldige Achtung zu bezeugen. Dies mochten lauter gute Dinge sein; da sie aber nicht diejenige Art von guten Dingen waren, welche ich von jenem Texte erwartete, so verzweifelte ich denselben jemals auf Grund eines andern Textes zu begegnen, ward angewidert und besuchte seine Predigten niemals wieder. Ich hatte einige Jahre zuvor eine kleine Liturgie oder Gebetsform für meinen eigenen Gebrauch zusammengestellt (nämlich 1728), unter dem Titel: „*Glaubensartikel und Religions-Übungen*“. Ich kehrte zu deren Benützung zurück und ging nie wieder in öffentliche Versammlungen. Mein Benehmen mag tadelnswert sein, allein ich gebe es preis, ohne irgend welchen weitern Versuch, es zu entschuldigen, denn meine gegenwärtige Absicht geht dahin, Thatsachen zu erzählen, und nicht Verteidigungen für dieselben vorzubringen.

Ungefähr um diese Zeit faßte ich den kühnen und ernsten Vorsatz, nach sittlicher Vervollkommnung zu streben. Ich wünschte leben zu können, ohne irgend einen Fehler zu irgend einer Zeit zu begehen; ich wünschte, alles zu überwinden, wozu entweder natürliche Neigung, Gewohnheit oder Gesellschaft mich veranlassen könnte. Da ich wußte oder zu wissen glaubte, was recht und unrecht sei, so sah ich nicht ein, weshalb ich nicht immer das eine sollte thun und das andere lassen können. Ich fand jedoch bald, daß ich mir eine weit schwierigere Aufgabe gestellt, als ich mir eingebildet hatte. Während ich alle Sorgfalt aufbot, um mich vor dem einen Fehler zu hüten, ward ich häufig von einem andern überrascht; die Gewohnheit gewann die Übermacht über die Unachtsamkeit, und die Neigung war zuweilen stärker als die Vernunft. Ich kam zuletzt zu dem Schlusse, die bloße theoretische Überzeugung, daß es in unserm Interesse liege, vollkommen tugendhaft zu sein, reiche nicht hin, um uns vor dem Straucheln zu bewahren, und die gegenteiligen Gewohnheiten müssen gebrochen, gute dafür erworben und befestigt werden, ehe wir irgend ein Vertrauen auf eine stetige gleichförmige Rechtschaffenheit des Wandels haben können. Zu diesem Zweck erfand ich mir daher nachfolgende Methode:

In den verschiedenen Aufzählungen der Tugenden und sittlichen Vorzüge, welchen ich bei meiner Lektüre begegnet hatte, fand ich deren Verzeichnis mehr oder weniger zahlreich, je nachdem die betreffenden Schriftsteller mehr oder weniger Begriffe unter demselben Namen zusammengefaßt hatten. Die Mäßigkeit z. B. wurde von dem Einen auf Essen und Trinken beschränkt, während sie von anderen so weit ausgedehnt wurde, daß sie die Mäßigung jedes andern Vergnügens, Verlangens, Gelüstes, jeder Neigung oder Leidenschaft, körperlicher wie geistiger bedeute und sich sogar auf unsern Geiz und Ehrgeiz erstrecke. Ich nahm mir nun vor, behufs größerer Deutlichkeit lieber mehr Namen anzuwenden und weniger Ideen mit jedem zu verknüpfen, als wenige Namen mit vielen Ideen. So faßte ich denn unter dreizehn Namen von Tugenden alles das zusammen, was mir zu jener Zeit als notwendig oder wünschenswert einfiel, und verband mit jedem einen kurzen Lehrsatz, welcher die volle Ausdehnung ausdrückte, die ich seiner Bedeutung gab.

Die Namen der Tugenden samt ihren Vorschriften waren:

1. *Mäßigkeit.* – Iß nicht bis zum Stumpfsinn, trink nicht bis zur Berauschung.

2. *Schweigen.* –Sprich nur, was anderen oder dir selbst nützen kann; vermeide unbedeutende Unterhaltung.
3. *Ordnung.* – Laß jedes Ding seine Stelle haben und jeden Teil deines Geschäfts seine Zeit haben.
4. *Entschlossenheit.* – Nimm dir vor, durchzuführen, was du mußt; vollführe unfehlbar, was du dir vornimmst.
5. *Genügsamkeit.* – Mache keine Ausgabe, als um anderen oder dir selbst Gutes zu thun; d. h. vergeude nichts.
6. *Fleiß.* – Verliere keine Zeit; sei immer mit etwas Nützlichem beschäftigt; entsage aller unnützigen Thätigkeit.
7. *Aufrichtigkeit.* – Bediene dich keiner schädlichen Täuschung; denke unschuldig und gerecht, und wenn du sprichst, so sprich darnach.
8. *Gerechtigkeit.* – Schade niemandem, indem du ihm Unrecht thust oder die Wohlthaten unterlässest, welche deine Pflicht sind.
9. *Mäßigung.* – Vermeide Extreme; hüte dich, Beleidigungen so tief zu empfinden, oder so übel aufzunehmen, als sie es nach deinem Dafürhalten verdienen.
10. *Reinlichkeit.* – Dulde keine Unreinlichkeit am Körper, an Kleidern oder in der Wohnung.
11. *11. Gemütsruhe.* – Beunruhige dich nicht über Kleinigkeiten oder über gewöhnliche oder unvermeidliche Unglücksfälle.
12. *Keuschheit.* – Übe geschlechtlichen Umgang selten, nur um der Gesundheit oder der Nachkommenschaft willen, niemals bis zur Stumpfheit und Schwäche oder zur Schädigung deines eigenen oder fremden Seelenfriedens oder guten Rufes.
13. *Demut.* – Ahme Jesus und Sokrates nach.

Da es meine Absicht war, mir die Gewohnheit aller dieser Tugenden anzueignen, so hielt ich es für angemessen, meine Aufmerksamkeit nicht zu zersplittern, indem ich alles auf einmal versuchte, sondern mein Augenmerk immer nur auf eine von ihnen zu bestimmter Zeit richtete, und dann erst, wenn ich mich zum Herrn derselben gemacht, zu einer andern fortzuschreiten, und so fort, bis ich alle dreizehn durchgemacht haben würde. Da aber die vorherige Erwerbung einiger von diesen Tugenden auch die Erwerbung gewisser anderen erleichtern dürfte, so ordnete ich sie mit dieser Absicht in der Reihenfolge an, wie sie oben stehen. Die *Mäßigkeit* an der Spitze, da sie dazu dient, jene Kühle und Klarheit des Kopfes zu verschaffen, welche durchaus unerläßlich ist, wo man beständige Wachsamkeit beobachten und auf der Hut sein muß gegen die unermüdliche Anziehungskraft alter Gewohnheiten und die Gewalt beständiger Versuchungen. Ist die Mäßigkeit erworben und befestigt, so wird das Stillschweigen leichter sein. Nun ging aber mein Wunsch dahin, gleichzeitig mit der Zunahme an Tugend auch Kenntnisse zu erwerben, und weil ich mir klar machte, daß diese Kenntnisse im Gespräch leichter durch den Gebrauch des Ohrs als der Zunge erworben werden, und daher mit einer Gewohnheit zu brechen wünschte, welche ich angenommen hatte: nämlich zu schwatzen, zu witzeln und zu scherzen, was mich nur für unbedeutende Gesellschaft annehmbar machte, so räumte ich dem *Stillschweigen* die zweite Stelle ein. Ich erwartete, diese Tugend und die nächste, die *Ordnung*, würden mir mehr Zeit gestatten, um meinen Zielen und meinen Studien nachzugehen. Die *Entschlossenheit*, einmal zur Gewohnheit geworden, würde mich fest erhalten in meinen Bemühungen, alle die weiter folgenden Tugenden zu erringen; *Genügsamkeit* und *Fleiß* sollten mich von dem Reste meiner Schulden befreien, mir Wohlstand und Unabhängigkeit sichern und mir die Ausübung der *Wahrhaftigkeit* und *Gerechtigkeit* ec. um so leichter machen. In der Annahme, daß, dem Rate des Pythagoras in seinen „Goldenen Versen“ gemäß, eine tägliche Prüfung notwendig sein würde, erfand ich nachstehende Methode, um diese Prüfung durchzuführen:

Ich machte mir ein kleines Buch, worin ich jeder der Tugenden eine Seite anwies, liniierte jede Seite mit roter Tinte, so daß sie sieben Felder hatte, für jeden Tag der Woche eines, und bezeichnete jedes Feld mit dem Anfangsbuchstaben des Tages. Diese Felder kreuzte ich mit dreizehn roten Querlinien und setzte an den Anfang jeder Linie die Anfangsbuchstaben von einer der Tugenden, um auf dieser Linie und in dem betreffenden Felde durch ein schwarzes Kreuzchen jeden Fehler vorzumerken, welchen ich mir, nach genauer Prüfung meinerseits, an jenem Tag hinsichtlich der betreffenden Tugend hatte zu Schulden kommen lassen.

Form der Seiten

Mäßigkeit

Iß nicht bis zum Stumpfsinn
Trink' nicht bis zur Berauschung

	S.	M.	D.	M.	D.	F.	S.
Mäßigkeit							
Schweig.	+	+		+		+	
Ordn.	++	+	+		+	+	+
Entschl.			+			+	
Sparsamk.		+			+		
Fleiß.			+				
Wahrhaftigk.							
Gerechtigk.							
Mäßigung							
Reinlichk.							
Gemütsr.							
Keuschh.							
Demut.							

Ich nahm mir vor, auf jede dieser Tugenden der Reihe nach eine Woche lang genau Acht zu geben. So ging in der ersten Woche mein hauptsächliches Augenmerk dahin, jeden auch noch so geringen Verstoß gegen die *Mäßigkeit* zu vermeiden, die anderen Tugenden ihrem gewöhnlichen Schicksal zu überlassen und nur jeden Abend die Fehltritte des Tages zu verzeichnen. Wenn ich daher auf diese Weise in der ersten Woche meine erste, mit „Mäßigk.“ bezeichnete Linie frei von schwarzen Punkten zu halten vermochte, so nahm ich an, die gewohnheitsmäßige Ausübung dieser Tugend sei so sehr gestärkt und ihr

Gegenpart so sehr geschwächt, daß ich wagen konnte, mein Augenmerk auf die Mitbeachtung der nächsten auszudehnen und für die folgende Woche beide Linien frei von Kreuzen zu erhalten. Wenn ich auf diese Weise bis zur letzten fortschritt, konnte ich in dreizehn Wochen einen vollständigen Kurs und in einem Jahre vier Kurse durchmachen. Und wie derjenige, welcher das Unkraut in einem Garten zu beseitigen hat, keinen Versuch macht, alle die schlechten Gewächse auf einmal zu entfernen, was über seine Kraft und die Möglichkeit hinausgehen würde, sondern immer nur an einem der Beete auf einmal arbeitet, und erst nachdem er damit fertig geworden ist, ein zweites in Angriff nimmt, so hoffte ich das ermunternde Vergnügen zu haben, auf meinen Seiten den Fortschritt, den ich in der Tugend machte, dadurch ermitteln zu können, daß ich nach und nach meine Linien von ihren schwarzen Punkten befreite, bis ich am Ende nach einer Anzahl Kursen so glücklich sein würde, bei einer täglichen Selbstprüfung von dreizehn Wochen ein reines Buch zu überblicken.

Dieses mein Büchlein hatte zum Motto folgende Zeilen aus Addisons „Cato“:

„Das halt' ich fest: Giebt's droben eine Macht
(Und daß dem so ist, kündet laut Natur
In ihren Werken all'), so freut sie sich
Der Tugend – und der Mensch, dran sie sich freut,
Muß glücklich sein –“

sowie ein anderes Motto aus Cicero:

*„O vitae Philosophia dux! O virtutum indagatrix
expultrixque vitiorum! Unus dies, bene et ex praeceptis
tuis actus, peccanti immortalitati est anteponendus.“*

Und endlich ein drittes aus den Sprüchen Salomonis (Kap. 3, V. 16, 17), wo von der Weisheit oder der Tugend die Rede ist:

„Langes Leben ist zu ihrer rechten Hand, in ihrer Linken ist
Reichtum und Ehre. Ihre Wege sind liebliche Wege und alle ihre
Pfade Friede.“

Und da ich Gott als die Quelle der Weisheit auffaßte, erachtete ich es für gerecht und notwendig, ihn um seinen Beistand zur Erlangung derselben dringend zu bitten; zu diesem Behuf verfaßte ich folgendes kleine Gebet, welches meinen Prüfungstabellen für den täglichen Gebrauch vorangestellt war:

„O allmächtige Güte, mildthätiger Vater, barmherziger Führer! Vermehre in mir jene Weisheit, welche meinen wahren Vorteil erkennt) Stärke meine Entschlüsse, das zu vollbringen, was jene Weisheit vorschreibt! Nimm meine freundlichen Dienste gegen deine übrigen Kinder als die einzige in meinen Kräften stehende Erwiderung für deine unaufhörlichen Gnaden gegen mich an!"

Zuweilen benutzte ich auch ein kleines Gebet, welches ich aus Thomsons Gedichten nahm, nämlich:

Des Lichts und Lebens Vater, höchstes Gut!
O lehre mich was gut ist, lehr' mich *dich*!
Vor Thorheit, Eitelkeit, vor Laster rette mich
Und jedem niedern Trieb; erfülle meine Seele
Mit Kenntnis, Seelenfrieden, reiner Tugend,
Mit hehrem, vollem Segen, nie erlöschendem!"

Da die Vorschrift der *Ordnung* verlangte, *daß jeder Teil meines Geschäfts seine zugewiesene Zeit habe*, so enthielt eine Seite in meinem Büchlein folgenden Stundenplan für die Verwendung der vierundzwanzig Stunden eines natürlichen Tages:

Der Morgen: *Frage:* Was werde ich heute Gutes thun?	5 6 7	Steh' auf, wasche dich, bete zum Allmächtigen! Richte dir das Geschäft des Tages ein und fasse deine Entschlüsse für denselben, setze das jeweilige Studium fort und frühstücke.
	8 9 10 11	Arbeite.
Der Mittag:	12 1	Lies oder überlies deine Geschäftsbücher, iß zu Mittag.

	2 3 4 5	Arbeite.
Der Abend:	6 7 8 9	Bring' alle Dings wieder an ihre Stelle. Nimm das Abendbrot ein. Unterhalte dich mit Musik, Lesen, Gespräch und Zerstreuung. Prüfe den verlebten Tag
Die Nacht:	10 11 12 1 2 3 4	Schlafe.

Ich machte mich an die Ausführung dieses Planes zur Selbstprüfung und fetzte ihn längere Zeit fort. Zu meiner Überraschung fand ich, daß ich unendlich mehr Fehler besaß, als ich mir eingebildet; allein ich hatte die Genugthuung, sie abnehmen zu sehen. Um die Mühe zu ersparen, daß ich von Zeit zu Zeit mein Büchlein erneuern mußte, welches durch Ausradieren der schwarzen Punkte für die alten Fehler, um auf dem Papier Raum für die neuen in einem neuen Kurs zu schaffen, voll von Löchern wurde, übertrug ich meine Linien und Lehrsätze auf die Elfenbeinplättchen meines Notizbuches, zog die Linien mit roter Tinte ein, welche dauernd haften blieb, bezeichnete meine Fehler mit Bleistift und konnte nun die schwarzen Punkte mittelst eines feuchten Schwammes leicht auswischen. Nach einiger Zeit machte ich nur ein einziges Mal im Jahre und später sogar nur einmal in mehreren Jahren einen derartigen Kurs durch, und unterließ dieselben endlich ganz, weil mich meine Reisen und auswärtigen Geschäfte und die verschiedensten anderweitigen Störungen und Hemmnisse daran verhinderten. Mein kleines Buch aber führte ich immer bei mir.

Die Rubrik für die *Ordnung* machte mir am meisten zu schaffen. Ich fand, daß sie zwar durchführbar sein mochte, wo der Beruf eines Menschen derartig ist, daß er ihm die freie Verfügung über seine Zeit läßt, wie z. B. bei einem Buchdruckergehilfen, daß sie aber unmöglich genau befolgt werden konnte von einem Geschäftsbesitzer, welcher mit der Welt verkehren und oft Geschäftsfreunde zu den ihnen genehmen Stunden empfangen mußte. Auch fand ich es außerordentlich schwer, hinsichtlich der Örtlichkeiten für allerhand Dinge, Papiere u. s. w. Ordnung zu erlangen und zu bewahren. Ich war nicht von Jugend auf daran gewöhnt gewesen, hatte ein ausnehmend gutes Gedächtnis und war daher nicht so empfindlich gegen die Unbehaglichkeit, welche mit dem Mangel an Methode verbunden ist. Dieser Artikel kostete mich daher sehr viele peinliche Aufmerksamkeit. Meine Verstöße dagegen ärgerten mich so sehr, und ich machte in der Verbesserung meiner Fehler hierin so geringe Fortschritte und hatte solch' häufige Rückfälle, daß ich beinahe entschlossen war, den Versuch ganz aufzugeben und mich mit einem in dieser Hinsicht fehlerhaften Charakter zu begnügen, gleich jenem Manne, welcher von seinem Nachbar einem Schmied, eine Axt kaufte und deren ganze Oberfläche so glänzend zu haben verlangte, wie die Schneide. Der Schmied willigte auch ein, sie ihm blank zu schleifen, falls er ihm das Rad drehen wolle, und der Käufer drehte die Kurbel, während der Schmied die breite Fläche der Art hart und schwer auf den Schleifstein drückte, was das Drehen desselben sehr ermüdend machte. Der Käufer kam hie und da von der Kurbel her, um zu sehen, wie die Arbeit von statten ging, und wollte endlich seine Axt nehmen, wie sie war, ohne weiteres Schleifen. „Nein," sagte der Schmied, „dreht den Schleifstein nur immer weiter; wir werden sie schon nach und nach blank bekommen; vorerst ist sie nur gefleckt." – „Allerdings," versetzte der Mann; „ *aber ich glaube, eine gefleckte Axt gefällt mir doch besser*." Und dies mag meines Bedünkens auch der Fall sein, mit vielen, welche in Ermangelung derartiger Mittel, wie ich sie anwandte, die Schwierigkeit erprobten, gute Gewohnheiten auf anderen Gebieten der Tugend und des Lasters anzunehmen und mit schlimmen Gewohnheiten zu brechen, darum den Kampf aufgaben und zu dem Schlüsse gelangten, „eine gefleckte Axt gefalle ihnen doch besser." Denn so ein Ding, das sich für Vernunft ausgab, versuchte mir hie und da den Gedanken beizubringen, daß eine solch' gewissenhafte Genauigkeit, wie ich sie von mir selber verlangte, eine Art Ziererei in sittlichen Dingen sein dürfte, die mich, wenn sie bekannt würde, lächerlich machen möchte; daß ein vollkommener Charakter die unbehagliche Folge haben möchte, einen beneidet und gehaßt zu machen; und daß ein wohlwollender Mann auch sich selbst einige Fehler gestatten solle, um seine Freunde zu ermutigen.

Hinsichtlich der Ordnung erfand ich mich in der That unverbesserlich, und nun ich alt und von schwachem Gedächtnis geworden bin, fühle ich den Mangel daran sehr deutlich. Wenn ich aber auch im Ganzen niemals zu jener Vollkommenheit gelangte, nach welcher ich mit solchem Ehrgeiz gestrebt hatte, sondern weit hinter derselben zurückblieb, so war ich doch durch mein *Streben* ein besserer und glücklicherer Mensch, als ich sonst und ohne derartigen Versuch gewesen wäre; wie jene, welche durch Nachahmung der in Kupfer gestochenen Vorlageblätter sich im Schreiben vervollkommnen wollen, zwar niemals die erstrebte Vortrefflichkeit jener Vorlageblätter erreichen, aber durch den Versuch doch ihre Handschrift verbessern, welche doch wenigstens leidlich wird und hübsch und leserlich bleibt.

Es mag ersprießlich sein, meine Nachkommen wissen zu lassen, daß ihr Ahnherr nächst dem Segen Gottes diesem kleinen Kunstgriff das dauernde Glück seines Lebens bis zu seinem 79. Jahr, worin dies geschrieben wurde, verdankt. Welche widrigen Schicksale noch den Rest desselben treffen mögen, das liegt in der Vorsehung Hand; allein wenn solche kommen, muß das Nachdenken über das genossene vergangene Glück dazu helfen, daß er sie mit größerer Ergebung trage. Der Mäßigkeit mißt er seine lange andauernde Gesundheit und den ihm noch verbliebenen Rest von guter Leibesbeschaffenheit bei; dem Fleiß und der Genügsamkeit verdankt er die frühzeitige Behaglichkeit feiner Verhältnisse und die Erwerbung seines Vermögens, samt all jener Kenntnis, welche ihn in den Stand setzte, ein nützlicher Bürger zu sein, und die ihm einen gewissen Grad von Ansehen unter den Gelehrten verschaffte; der Wahrhaftigkeit und Gerechtigkeit verdankt er das Zutrauen seines Landes und die Ehrenämter, die ihm dasselbe übertrug; und dem vereinigten Einfluß der ganzen Zahl der Tugenden, sogar in dem unvollkommenen Zustande, in welchem er sie sich anzueignen vermochte, den vollen Gleichmut und die Ruhe seines Wesens und jene Heiterkeit in der Unterhaltung, um deren willen sein Umgang noch immer gesucht und sogar für seine jüngeren Bekannten angenehm ist. Ich hoffe daher, daß einige meiner Nachkommen dieses Beispiel befolgen und die Wohlthat desselben ernten mögen.

Es wird bemerkt werden, daß, wenn auch mein System nicht ganz ohne Religion war, doch darin keine Spur von irgend einem der unterscheidenden Lehrsätze irgend einer besondern Sekte vorkommt. Ich hatte sie absichtlich vermieden, denn ich bin vollkommen von der Nützlichkeit und den Vorzügen meiner Methode und von deren Zweckmäßigkeit für Leute aus allen Religionen überzeugt, und beabsichtige, über kurz oder lang sie im Druck herauszugeben, weshalb ich nichts darin haben möchte, was irgend jemandem aus irgend einer Sekte ein Vorurteil dagegen beibringen könnte. Ich nahm mir vor, eine kleine Abhandlung über jede Tugend zu schreiben, worin ich die Vorteile des Besitzes derselben und die Nachteile der Dienstbarkeit gegen das ihr entgegenstehende Laster nachgewiesen haben würde, und ich würde mein Buch „*Die Kunst der Tugend*“betitelt haben, weil es die Mittel und die Art und Weise, um Tugend zu erlangen, dargelegt hätte, wodurch es sich unterschieden hätte von der bloßen Ermahnung, gut zu sein, welche nicht belehrt und nicht die Mittel angiebt, sondern dem Manne gleicht, von welchem der Apostel (Jakobi 2, Vers 15-16) spricht, daß er die Nächstenliebe nur im Munde führe und nur ermahnt, die Nackten zu kleiden und die Hungernden zu speisen, ohne denselben zu zeigen, wo sie Kleider und Lebensmittel bekommen könnten.

Allein es fügte sich so, daß meine Absicht, jene Auslegung zu schreiben und erscheinen zu lassen, niemals verwirklicht wurde. Ich schrieb allerdings von Zeit zu Zeit kurze Winke über die Ansichten, Beweisführungen u. s. w. nieder, deren ich mich darin bedienen wollte, und einige derselben habe ich noch bei mir; allein in meinen früheren Lebensjahren bin ich durch die notgedrungene gewissenhafte Aufmerksamkeit auf mein eigenes Berufsgeschäft, und seither durch öffentliche Geschäfte veranlaßt worden, es hinauszuschieben, denn da es in meinem Geiste mit einem *großen und ausgedehnten Plane* zusammenhing, dessen Ausführung den ganzen Mann erforderte und dem mich zu widmen ich durch eine unvorhergesehene Reihe von Geschäften verhindert wurde, so ist es bis jetzt unvollendet geblieben.

Es war meine Absicht, in diesem Aufsatze die Lehre zu erörtern und einzuschärfen, daß lasterhafte Handlungen nicht schädlich, weil sie verboten sind, sondern daß sie verboten sind, weil sie schädlich, wenn man das Wesen des Menschen an sich betrachtet; daß es also im Interesse eines Jeden, welcher schon in dieser Welt glücklich zu sein wünscht, liegt, tugendhaft zu sein; und ich würde mich schon aus diesem Grunde (weil es immer in dieser Welt eine Anzahl reicher Kaufleute, Edelleute, Staaten und Fürsten giebt, welche rechtschaffener Werkzeuge für die Führung ihrer Geschäfte bedürfen, und weil derartige Menschen so selten sind) bemüht haben, junge Leute zu überzeugen, daß keinerlei Eigenschaften so geeignet seien, eines armen Mannes Glück zu machen als diejenigen der Rechtschaffenheit und Biederkeit.

Meine Liste der Tugenden enthielt anfangs nur zwölf; als mir aber ein befreundeter Quäker den wohlwollenden Wink gegeben hatte, daß man mich allgemein für stolz halte, daß mein Stolz sich häufig in der Unterhaltung äußere; daß ich mich bei der Erörterung irgend eines Punktes nicht damit begnüge, Recht zu behalten, sondern übermütig und sogar verletzend sei, wovon er mich durch Anführung mehrerer Beispiele überzeugte – so beschloß ich, mir Mühe zu geben, mich womöglich von dieser Untugend oder Thorheit wie von den übrigen zu heilen, und ich nahm die *Demut* auch noch auf meine Liste, indem ich diesem Worte eine ausgedehnte Bedeutung gab.

Ich kann mich zwar keines großen Erfolges in Erwerbung des *Wesens* dieser Tugend rühmen, dagegen gelang es mir wohl, mir den *Anschein* derselben zu geben. Ich machte es mir zur Regel, allen direkten Widerspruch gegen die Ansichten anderer und alle positive Geltendmachung meiner eigenen zu vermeiden. Den alten Gesetzen unseres Junto gemäß enthielt ich mich des Gebrauchs jedes Worts oder Ausdrucks, welcher eine feste Ansicht bedeutete, wie z. B. „gewiß", „unzweifelhaft" u.s.w., und bediente mich statt derselben der Ausdrücke: „mich dünkt", „ich fürchte", „ich stelle mir vor", daß eine Sache so oder so sei; oder: „mir erscheint es vorerst so". Wenn ein anderer irgend etwas behauptete, was ich für einen Irrtum hielt, so versagte ich mir das Vergnügen, ihm schroff zu widersprechen und ihm unmittelbar irgend eine Ungereimtheit in seiner Behauptung nachzuweisen. In meiner Antwort begann ich dann mit der Bemerkung, daß in gewissen Fällen oder Umständen seine Ansicht richtig sein würde, daß aber im vorliegenden Falle mir die Sache etwas anders zu liegen *scheine* oder *dünke* u.s.w. Ich erkannte bald den Vorteil dieser meiner veränderten Handlungsweise. Die Unterhaltungen, auf welche ich mich einließ, verliefen angenehmer. Die bescheidene Weise, in welcher ich meine Ansichten geltend machte, verschaffte denselben eine bereitwilligere Aufnahme und weniger Widerspruch; ich hatte weniger Demütigung, wenn sich ergab, daß ich im Unrecht war, und ich bewog andere leichter, ihre Irrtümer aufzugeben und mir beizupflichten, wenn ich zufällig Recht hatte.

Dieses Verfahren, mit welchem ich anfangs der natürlichen Neigung einige Gewalt anthat, wurde mir endlich so leicht und so zur Gewohnheit, daß vielleicht in den jüngsten fünfzig Jahren niemand mich jemals auf einem „dogmatischen Ausdruck" betroffen hat. Dieser Gewohnheit verdanke ich auch meines Bedünkens (nächst meinem makellosen Rufe) es hauptsächlich, daß ich schon frühe so viel Gewicht bei meinen Mitbürgern hatte, wenn ich neue

Einrichtungen, oder Änderungen in den alten vorschlug, und daß ich einen solchen Einfluß in öffentlichen Ratsversammlungen bekam, als ich Mitglied derselben wurde; denn ich war nur ein schlechter Redner, niemals wortgewandt, immer einem Zaudern in meiner Wahl der Worte unterworfen, selten korrekt im Ausdruck, und doch setzte ich im allgemeinen meine Vorschläge durch.

In Wirklichkeit ist vielleicht keine unserer natürlichen Leidenschaften so schwer zu überwinden als der *Stolz*. Verhülle ihn, kämpfe mit ihm, schlage ihn nieder, ersticke ihn, demütige ihn so viel als du willst – er ist immer thätig und wird immer hie und da hervorbrechen und sich fühlbar machen. Ihr werdet es vielleicht oft in dieser Geschichte sehen, denn sogar wenn ich annehmen könnte, ich hätte ihn vollständig überwunden, würde ich wahrscheinlich auf eben diese meine Demut stolz sein. –

(Bis Hieher geschrieben in Passy, i. I. 1784.)

*

Da ich eines *großen und umfassenden Planes*, mit dem ich mich getragen, erwähnt habe, so erscheint es mir passend, hier eine kurze Schilderung von jenem Plan und seinem Zwecke zu geben. Sein erstes Auftauchen zeigt sich in der nachfolgenden kurzen Notiz, welche zufällig erhalten geblieben ist, nämlich:

Bemerkungen bei der Lektüre von Geschichtswerken, am 19. Mai 1731.

„Die großen Welthändel, die Kriege, Revolutionen u.s.w. werden von Parteien herbei- und ausgeführt.

„Der Gesichtspunkt dieser Parteien ist ihr zeitweiliger allgemeiner Vorteil, oder das, was sie dafür halten.

„Die verschiedenen Gesichtspunkte dieser verschiedenen Parteien veranlassen alle Verwirrung.

„Während eine Partei einen allgemeinen Plan durchführt, hat jeder einzelne sein besonderes Interesse im Auge.

„Sobald eine Partei ihren allgemeinen Zweck erreicht hat, wird jedes Mitglied auf seinen besondern Vorteil erpicht, welcher dann mit den Zwecken anderer sich kreuzt, in der Partei Spaltungen hervorruft und noch mehr Verwirrung veranlaßt.

„In öffentlichen Angelegenheiten handeln nur wenige aus bloßer Rücksicht auf das Wohl ihres Landes, was sie auch immer vorschützen mögen, und wenn ihre

Handlungen auch wirklich dem Lande zum Nutzen gereichen, haben die Menschen doch ursprünglich erwogen, daß ihr eigener Vorteil und derjenige des Landes eins seien; Wohlwollen war also nicht die Triebfeder ihrer Handlungsweise.

„Noch wenigere handeln in öffentlichen Angelegenheiten mit Hinblick auf das Wohl des Menschengeschlechts.

„Es scheint mir gegenwärtig eine herrliche Gelegenheit vorzuliegen, eine vereinigte Tugendpartei ins Leben zu rufen, indem man die tugendhaften und guten Menschen aller Nationen in eine geregelte Körperschaft zusammenfaßt, mit angemessenen guten und weisen Vorschriften, und diese guten und weisen Männer würden wahrscheinlich einmütiger in ihrem Gehorsam gegen allgemeine Gesetze, als gemeine Leute sein.

„Ich bin dermalen der Ansicht, daß, wer auch immer dies richtig versucht und hiefür geeignet ist, unzweifelhaft Gott gefallen und Erfolg haben wird.B. F."

Während ich mich im Geiste mit diesem Projekt beschäftigte, um es später zu verwirklichen, wenn meine Verhältnisse mir die erforderliche Muße dazu gewähren sollten, brachte ich von Zeit zu Zeit solche Gedanken, welche sich mir in Betreff desselben aufdrängten, zu Papier. Die meisten derselben sind verloren gegangen; aber ich finde noch eine solche Aufzeichnung, welche darauf abzielt, der Kern eines beabsichtigten Glaubensbekenntnisses zu sein, indem sie, wie ich dachte, die wesentlichen Sätze jeder bekannten Religion enthält und frei von allem ist, was die Bekenner irgend einer Religion verletzen könnte. Dies ist in folgenden Worten ausgedrückt:

„Es giebt einen Gott, welcher alle Dinge geschaffen hat. „Er regiert die Welt durch seine Vorsehung.

„Er muß durch Andacht, Gebet und Danksagung verehrt werden.

„Der passendste Gottesdienst aber ist, den Menschen Gutes zu thun.

„Die Seele ist unsterblich.

„Gott wird gewiß die Tugend belohnen und das Laster bestrafen, entweder Hienieden oder jenseits."

Es war meine Absicht zu jener Zeit, daß die von mir geplante Sekte ihren Anfang und ihre Ausbreitung zunächst nur unter jungen und ledigen Männern finden sollte; daß jeder Aufzunehmende nicht allein seine Zustimmung zu diesem Glauben erklären, sondern sich auch mit der dreizehnwöchigen Prüfung und Ausübung der Tugenden, wie in dem oben angeführten Muster, eingeübt haben sollte; daß die Existenz der Gesellschaft geheim gehalten werden sollte, bis sie bedeutend genug geworden wäre, um Aufnahmegesuche von seiten ungeeigneter Personen zu verhindern, daß aber jedes Mitglied derselben unter seinen Bekannten nach einsichtsvollen jungen Männern von angenehmen Manieren sich umthun müßte, denen man mit gehöriger Vorsicht das System allmitteilen könnte; daß die Mitglieder sich verpflichten sollten, einander gegenseitig ihren Rat, Beistand und Unterstützung zu leihen, um sich wechselsweise in den Interessen, im Geschäft und Vorwärtskommen zu fördern; daß der Verein sich zur Unterscheidung die *Society of the Free and Easy* (die Gesellschaft der Freien und Ungebundenen) nennen sollte, da sie durch die allgemeine gewohnheitsmäßige praktische Ausübung der Tugenden von der Herrschaft des Lasters frei, und namentlich durch die Ausübung von Fleiß und Genügsamkeit frei von Schulden sei, welche einen Menschen der Gebundenheit und eine Art Sklaverei gegenüber seinen Gläubigern aussetzen.

Dies ist so ziemlich alles von jenem Projekt, worauf ich mich noch besinnen kann, ausgenommen, daß ich es teilweise zwei jungen Männern mitteilte, welche es mit ziemlicher Begeisterung aufnahmen. Allein meine damaligen beschränkten Verhältnisse und die mir obliegende Notwendigkeit, mich tüchtig um mein Geschäft zu kümmern, veranlaßten mich, die weitere Verfolgung meines Planes zu jener Zeit zu vertagen; und meine vielfachen öffentlichen und privaten Beschäftigungen bewogen mich, ihn immer weiter hinauszuschieben, so daß ich ihn habe liegen lassen, bis mir schließlich nicht mehr die erforderliche Kraft und Rührigkeit für ein derartiges Unternehmen geblieben ist. Doch bin ich immer noch der Ansicht, daß es ein ausführbares System war und sehr nutzbringend gewesen sein würde, weil es eine große Anzahl guter Bürger gebildet hätte. Auch ward ich nicht entmutigt durch die scheinbare Größe der Unternehmung, da ich immer geglaubt habe, ein Mann von leidlichen Fähigkeiten könne unter der Menschheit große Veränderungen zustande bringen und große Dinge ausführen, wenn er erst einen guten Plan entwirft, dann alle Vergnügungen und sonstigen Beschäftigungen vermeidet, die seine Aufmerksamkeit ablenken können, und die Ausführung dieses Planes zu seinem ausschließlichen Studium und Geschäft macht.

Im Jahre 1732 veröffentlichte ich zum erstenmal meinen Kalender unter dem Namen *Richard Saunders*; er wurde von mir ungefähr dreiundzwanzig Jahre lang fortgesetzt und hieß gemeinhin der „Kalender des armen Richard“. Ich gab mir Mühe, ihn sowohl unterhaltend als gemeinnützig zu machen, und erlangte daher eine solche Nachfrage, daß er mir einen erheblichen Gewinn eintrug, denn ich verkaufte jährlich gegen zehntausend Exemplare. Da ich bemerkte, daß er allgemein gelesen wurde und kaum eine Niederlassung in der Provinz ohne denselben war, so betrachtete ich ihn als das geeignete Mittel zur Verbreitung von Belehrung unter dem gemeinen Volk, das kaum irgend welche andere Bücher kaufte. Ich füllte daher alle Zwischenräume, welche zwischen den merkwürdigen Tagen in dem Kalender vorkamen, mit Sprichwörtern und kurzen Sätzen aus, namentlich mit solchen, welche Fleiß und Genügsamkeit einprägten, als die Mittel, um zum Wohlstand zu gelangen und dadurch Tugend zu sichern. Es ist nämlich für einen Menschen in der Not weit schwieriger rechtschaffen zu handeln, denn – um hier gleich eines jener Sprichwörter anzuwenden – „für einen leeren Sack ist es schwer, aufrecht zu stehen.“

Diese Sprichwörter, welche die Weisheit vieler Zeitalter und Nationen enthielten, sammelte ich und verschmolz sie in eine, dem Kalender von 1757 vorgedruckte Abhandlung, als die Anrede eines weisen Mannes an Leute, welche einer Versteigerung beiwohnen. Die Vereinigung aller dieser zersplitterten Ratschläge in einem solchen gemeinsamen Brennpunkt setzte dieselben in den Stand, einen größern Eindruck zu machen. Der Aufsatz fand allgemeinen Beifall, ward in alle Zeitungen des nordamerikanischen Festlandes aufgenommen, in Großbritannien auf einen Bogen in Plakatformat gedruckt, um in den Häusern aufgehängt zu werden; er wurde auch zweimal ins Französische übersetzt und in großer Menge von der Geistlichkeit und dem Adel gekauft, um unentgeltlich unter ihre armen Pächter und Pfarrkinder verteilt zu werden. Und da der Aufsatz vor unnötigen Ausgaben für überflüssige, ausländische Dinge warnte, so waren viele der Ansicht, er habe in Pennsylvanien wesentlich zum Zustandebringen jenes wachsenden Geldreichtums beigetragen, welcher mehrere Jahre lang nach seinem Erscheinen bemerkbar war.

Ebenso betrachtete ich meine *Zeitung* als ein weiteres Mittel zur Verbreitung von Belehrung, druckte in dieser Absicht darin häufig Auszüge aus dem „Spektator“ und anderen moralischen Schriften ab und veröffentlichte bisweilen auch einige von meinen eigenen Aufsätzen, welche ursprünglich zum Vorlesen in unserem Junto niedergeschrieben worden waren. Unter diesen ist ein Sokratisches Zwiegespräch, welches zu beweisen strebt, daß ein lasterhafter Mann, was auch immer seine Rollen und seine Fähigkeit sein mögen, niemals eigentlich ein verständiger Mann genannt werden kann; und eine Abhandlung über Selbstverleugnung, welche darthut, daß die Tugend nicht eher sicher sei, als bis ihre Ausübung eine Gewohnheit geworden und bis sie frei sei von dem Widerstand entgegengesetzter Neigungen. Man kann dieselben in den zu Anfang des Jahres 1735 veröffentlichten Nummern finden. In der Führung meiner Zeitung schloß ich sorgfältig alle Verunglimpfung und persönlichen Beleidigungen aus, welche in den letzten Jahren unserm Lande so viel Schmach gebracht haben. So oft man mir anlag, irgend etwas Derartiges aufzunehmen und die Schreiber sich, wie meist geschah, auf die Preßfreiheit beriefen und meinten, eine Zeitung sei wie eine Postkutsche, worin jeder für sein Geld ein Anrecht auf einen Platz habe, erwiderte ich, ich wolle das Schriftstück auf Verlangen besonders drucken. Der Verfasser könne beliebig viele Abdrücke zu eigener Verteilung bekommen; aber ich werde mich nicht dazu hergeben, seinen herabwürdigenden Ausfall zu verbreiten; denn ich habe mit meinen Abonnenten den Vertrag eingegangen, ihnen nur Gemeinnütziges oder Unterhaltendes zu liefern und könne ihre Zeitung nun nicht mit Privatzänkereien, woran sie gar keinen Anteil nähmen, füllen, ohne ihnen offenkundiges Unrecht zuzufügen. Viele unserer Buchdrucker machen sich nun gar kein Gewissen daraus, die Bosheit einzelner durch falsche Anschuldigungen der ehrenwertesten Charaktere unter uns zu befriedigen und die Feindseligkeit bis zum Hervorrufen von Duellen zu steigern, und sind überdem so unbesonnen, hämische oder spöttische Reflexionen über die Regierung der benachbarten Staaten und sogar über das Benehmen unserer besten nationalen Verbündeten abzudrucken, – ein Verfahren, welches die schädlichsten Folgen nach sich ziehen kann. Ich erwähne diese Dinge als eine Warnung für junge Buchdrucker, und um sie zu ermutigen, daß sie durch solch' schändliches Treiben nicht ihre Pressen entweihen und ihr Gewerbe verunehren, sondern sich beharrlich dagegen sträuben sollen, denn sie können an meinem Beispiele sehen, daß eine solche Handlungsweise im ganzen ihre Interessen nicht schädigen wird.

Im Jahr 1733 sandte ich einen meiner Gehilfen nach Charleston in Süd-Carolina, wo es an einem Buchdrucker fehlte. Ich versah ihn mit einer Presse und Lettern nach einem Gesellschaftsvertrag, kraft dessen ich ein Drittel vom Geschäftsgewinn erhalten und dafür ein drittel der Auslagen tragen sollte. Der Mann war wohlunterrichtet und ehrlich, aber im Rechnungswesen unerfahren; er schickte mir von Zeit zu Zeit Geldbeträge, aber ich konnte, so lang er lebte, nie eine Abrechnung, noch eine genügende Übersicht über den Stand unserer

Verbindung von ihm erhalten. Nach seinem Tode ward das Geschäft von seiner Witwe fortgesetzt, welche in Holland geboren war, wo, wie ich mir habe sagen lassen, die Kenntnis der Buchführung und des Rechnungswesens einen Teil der weiblichen Erziehung bildet. Sie schickte mir nicht nur eine so deutliche Aufstellung über die Geschäfte der Vergangenheit ein, als sie nur zu ermitteln vermochte, sondern fuhr auch fort, mir später jedes Vierteljahr mit der größten Regelmäßigkeit und Genauigkeit Rechenschaft abzulegen, und führte das Geschäft mit solchem Erfolg, daß sie nicht allein eine Familie von sechs Kindern ehrenhaft erzog, sondern nach Ablauf der Associationszeit imstande war, mir die Buchdruckerei abzukaufen und dieselbe ihrem Sohn zu übergeben.

Ich erwähne diesen Umstand hauptsächlich nur in der Absicht, diesen Zweig der Erziehung für unsere jungen Mädchen anzuempfehlen, weil derselbe vermutlich, im Falle dereinstiger Witwenschaft, für sie und ihre Kinder von weit größerem Nutzen ist, als Musik und Tanzen; denn er setzt sie in den Stand, vor Verlusten durch die Übervorteilung von seiten hinterlistiger Menschen bewahrt zu werden und ein nutzbringendes Handelsgeschäft mit einer festen Kundschaft so lange fortzuführen, bis ein Sohn herangewachsen und tüchtig genug ist, um es zu übernehmen und zum bleibenden Nutzen und zur Bereicherung der Familie fortzusetzen.

Ungefähr ums Jahr 1734 kam aus Irland ein junger presbyterianischer Prediger Namens Hemphill zu uns, welcher mit einem guten Organ und anscheinend aus dem Stegreif ganz vortreffliche Predigten vortrug, die eine bedeutende Anzahl von Zuhörern aus verschiedenen Sekten heranlockten und zu förmlicher Bewunderung hinrissen. Auch ich wurde sein beständiger Zuhörer, denn seine Predigten gefielen mir, weil sie wenig von der dogmatischen Art hatten, sondern streng die Ausübung der Tugend oder, wie man es im religiösen Stile nennt, der guten Werke einschärften. Diejenigen von unsrer Kongregation jedoch, welche sich als orthodoxe Presbyterianer betrachteten, mißbilligten seine Lehre und wurden unterstützt von der alten Geistlichkeit, welche ihn unter der Anklage der Ketzerei vor die Synode stellte, um ihm Schweigen aufzuerlegen. Ich wurde sein eifriger Verteidiger und trug mein Möglichstes dazu bei, eine Partei zu seinen Gunsten zu gründen. So stritten wir eine Zeit lang für ihn mit einiger Hoffnung auf Erfolg. Es ward bei dieser Gelegenheit viel für und wider geschrieben, und als ich fand, daß er zwar ein gewandter Prediger, aber nur ein unbeholfener Schriftsteller war, lieh ich ihm meine Feder und schrieb für ihn zwei oder drei Streitschriften und einen Aufsatz in der Zeitung vom April 1735. Diese

Broschüren fanden, wie dies allgemein bei Streitschriften der Fall ist, zwar zu ihrer Zeit einen eifrigen Leserkreis, kamen jedoch bald aus der Mode, und ich möchte bezweifeln, ob auch nur noch ein einziges Exemplar derselben vorhanden ist.

Während des Streits schadete ein unglücklicher Vorfall der Sache Hemphills ausnehmend. Einer unserer Gegner hatte ihn eine Predigt halten hören, welche sehr bewundert wurde, und glaubte, er habe die Predigt schon irgendwo vorher ganz oder wenigstens teilweise gelesen. Bei genauem Nachsuchen fand er jenen citierten Teil ausführlich in einer Predigt von *Dr.* Foster in einer der britischen Revuen. Diese Entdeckung erregte bei vielen von unsrer Partei Ärgernis, so daß sie von seiner Sache abfielen, und veranlaßte unsere noch schleunigere Niederlage in der Synode. Ich hielt jedoch zu ihm, da es mir lieber war, daß er uns gute, von anderen geschriebene Predigten gab, als schlechte von seiner eigenen Mache, obschon das letztere bei unseren gewöhnlicheren Predigern üblich war. Er gestand mir später, daß keine der von ihm gehaltenen Predigten von ihm selbst gewesen sei, und fügte hinzu, sein Gedächtnis sei so gut, daß es ihn in den Stand setze, jede Predigt nach nur einmaligem Überlesen zu behalten und zu wiederholen. Nach unsrer Niederlage verließ er uns und versuchte anderwärts sein Heil; ich aber trat aus der Kongregation aus und schloß mich ihr später nie wieder an, obwohl ich noch viele Jahre hindurch meinen Beitrag zum Unterhalt ihrer Geistlichen entrichtete.

Ich hatte im Jahre 1733 Sprachstudien begonnen und machte mich bald so sehr zum Herrn des Französischen, daß ich imstande war, ohne Mühe Bücher in dieser Sprache zu lesen. Hierauf begab ich mich an das Italienische. Ein Bekannter, welcher dasselbe lernte, pflegte mich oft aufzufordern, mit ihm Schach zu spielen. Da ich aber fand, daß mir dies zu viel von der Zeit wegnahm, die ich für das Studieren zu erübrigen hatte, weigerte ich mich zuletzt, weiter zu spielen, außer unter der Bedingung, daß der Sieger in jedem Spiel das Recht haben sollte, eine Aufgabe zu verhängen, die entweder in auswendig zu lernenden Teilen der Grammatik oder in Übersetzungen etc. bestand, welche Aufgaben der Besiegte auf Ehrenwort vor unserm nächsten Zusammentreffen auszuführen hatte. Da wir ziemlich gleich spielten, schlugen wir einander in jene Sprache hinein. Ich erwarb mir später, indem ich mir einige Mühe gab, so viel Kenntnis des Spanischen, daß ich auch Bücher in dieser Sprache lesen konnte.

Ich habe bereits erwähnt, daß ich nur ein Jahr lang den Unterricht in einer lateinischen Schule genossen, und zwar als ich noch sehr jung war, worauf ich diese Sprache ganz vernachlässigt hatte. Nachdem ich mir aber einige Vertrautheit mit dem Französischen, dem Italienischen und Spanischen erworben hatte, fand ich zu meiner Überraschung beim Lesen eines lateinischen Testaments, daß ich weit mehr von jener Sprache verstand, als ich gedacht hatte; dies ermutigte mich, wieder auf das Studium derselben zu gehn, und ich hatte einen um so größeren Erfolg, als mir die vorangegangenen Sprachen den Weg bedeutend geebnet hatten.

Aus diesen Umständen habe ich geschlossen, daß in unsrer gewöhnlichen Art des Sprachunterrichts einige Inkonsequenz liegt. Man erklärt es uns für ratsam, zuerst mit dem Lateinischen zu beginnen, weil es, wenn wir uns dieses zu eigen gemacht, leichter sein werde, diejenigen neueren Sprachen zu erlernen, welche von demselben abstammen; und doch beginnen wir nicht mit dem Griechischen, um uns desto leichter das Lateinische anzueignen. Allerdings, wenn du klettern und so auf die Spitze einer Leiter gelangen kannst, ohne dich der Stufen zu bedienen, so wirst du die letzteren beim Herabsteigen noch leichter überwinden; allein wenn du mit der untern Stufe beginnst, wirst du sicher viel bequemer zu dem obern Ende hinansteigen. Ich möchte es daher der Erwägung derjenigen, welche die Erziehung unserer Jugend überwachen, anheimgeben – weil viele von denen, welche mit dem Lateinischen beginnen, dasselbe wieder aufgeben, nachdem sie einige Jahre ohne sonderliche Erfolge darauf verwandt haben und das, was sie lernten, ihnen beinahe unnütz geworden ist, so daß sie ihre Zeit vergeudet haben – ob es nicht besser gewesen wäre, wenn sie mit dem Französischen begonnen hätten, dann zum Italienischen fortgeschritten wären u. s. w., denn wenn sie dann auch, nach demselben Zeitaufwand, das Sprachstudium wieder aufgeben und niemals an das Lateinische gelangen würden, so hätten sie sich doch mit einer oder zwei Sprachen vertraut gemacht, die heutzutage im Gebrauch sind und ihnen im Alltagsleben gute Dienste leisten dürften.

Nach zehnjähriger Abwesenheit von Boston, und nachdem ich inzwischen in behagliche Verhältnisse gekommen war, machte ich eine Reise dorthin, um meine Verwandten zu besuchen, was mir früher nicht wohl möglich gewesen war. Auf dem Rückwege hielt ich in Newport und besuchte meinen Bruder, welcher mit seiner Buchdruckerei noch immer dort angesessen war. Unsere früheren Streitigkeiten waren vergessen, und unsre Begegnung war eine sehr herzliche und liebevolle. Es ging mit seiner Gesundheit stark zur Neige, und er bat mich dringend, im Falle seines Todes, welcher nach seinen Befürchtungen ihm nahe bevorstand, seinen damals erst zehnjährigen Sohn zu mir nach Hause zu nehmen, damit er bei mir die Buchdruckerkunst erlerne. Dies that ich denn auch und sandte den Knaben noch einige Jahre in die Schule, bevor ich ihn in die Druckerei nahm. Seine Mutter führte das Geschäft fort, bis er erwachsen war, wo ich ihm dann mit einer Auswahl neuer Typen aushalf, da die von seinem Vater herrührenden stark abgenützt waren. Auf diese Weise suchte ich meinem Bruder reichlich den Dienst zu vergüten, dessen ich ihn durch mein frühes Davonlaufen aus der Lehre beraubt hatte.

Im Jahr 1736 verlor ich einen meiner Söhne, einen hübschen vierjährigen Knaben, an den Pocken, die er auf die gewöhnliche Weise bekommen hatte. Ich bereute lange Zeit und bereue noch heute bitterlich, daß ich den Knaben nicht hatte impfen lassen. Ich erwähne dies um solcher Eltern willen, die diese Operation unterlassen in der Annahme, sie würden es sich niemals verzeihen, wenn ihnen ein Kind dadurch stürbe. Mein Beispiel beweist, daß die Reue in beiden Fällen dieselbe sein kann, und daß man daher den sicheren Weg wählen sollte.

Unser Klub, der Junto, erwies sich so nützlich und bereitete den Mitgliedern solche Befriedigung, daß mehrere den Wunsch hegten, auch ihre Freunde einzuführen, was nicht wohl geschehen konnte, ohne diejenige Zahl zu überschreiten, welche wir als eine angemessene vereinbart hatten, nämlich zwölf. Wir hatten es uns von Anfang an zur Regel gemacht, unsre Gesellschaft geheim zu halten, was ziemlich gewissenhaft beobachtet wurde; unsere Absicht dabei war, der Bewerbung um Aufnahme von seiten ungeeigneter Personen auszuweichen, von denen vielleicht manche nur mit Mühe abzuweisen gewesen wären. Ich gehörte zu denjenigen, welche gegen jede Vermehrung unserer Zahl waren, aber ich brachte statt dessen einen schriftlichen Vorschlag ein, dahin gehend, daß jedes Mitglied für sich einen Zweigklub zu bilden sich bemühen sollte, mit denselben Regeln hinsichtlich der Erkundigungen u. s. w., und ohne seine neuen Genossen von seiner Verbindung mit dem Junto in Kenntnis zu setzen. Die beantragten Vorteile waren: die Ausbildung so vieler weiteren jungen Bürger durch die Benützung unserer Einrichtungen; unsere genauere Bekanntschaft mit den allgemeinen Ansichten der Bevölkerung bei jeder Gelegenheit, da die Mitglieder des Junto die von uns gewünschten Fragen und Erkundigungen vorschlagen konnten und dem Junto wieder berichten sollten, was in dem besondern Klub eines jeden vorging; die Förderung unserer besonderen Interessen im Geschäft durch ausgedehntere Empfehlung, die

Zunahme unseres Einflusses in öffentlichen Angelegenheiten, und die uns gegebene Möglichkeit, Gutes zu stiften, indem wir die Ansichten des Junto mittelst der einzelnen Klubs verbreiteten.

Der Vorschlag fand Beifall, und jedes Mitglied machte sich daran, seinen Klub zu gründen, aber es gelang nicht allen. Nur fünf oder sechs kamen zustande und gaben sich verschiedene Namen, wie z. B. der Weinstock, die Union, das Band u. s. w. Sie waren sich selbst nützlich, lieferten uns eine Menge Unterhaltung, Belehrung und Auskunft und entsprachen überdem in einem ziemlich bedeutenden Grade unseren Absichten, die öffentliche Meinung bei gewissen besonderen Gelegenheiten zu beeinflussen, von denen ich einige Beispiele an den betreffenden Zeitpunkten erwähnen werde.

Meine erste Beförderung war die Erwählung zum Schriftführer der Generalversammlung im Jahre 1736. Die Wahl fand in jenem Jahre ohne Widerstand statt; als ich jedoch im folgenden Jahre wieder vorgeschlagen wurde (die Wahl galt, wie diejenige der Mitglieder, nur für ein Jahr), so hielt ein neues Mitglied eine lange Rede gegen mich, um irgend einen andern Kandidaten zu empfehlen. Ich wurde jedoch wieder gewählt, was für mich um so vorteilhafter war, als die Stelle, außer der Bezahlung für den unmittelbaren Dienst als Schreiber, mir eine bessere Gelegenheit gab, unter den Mitgliedern ein Interesse für mich aufrecht zu erhalten, welches mir die Besorgung des Drucks der Wahlzettel, der Gesetze, des Papiergelds und anderer gelegentlichen Lohnarbeiten für das Publikum sicherte, die im ganzen sehr gewinnbringend waren.

Die Opposition dieses neuen Mitglieds, eines Mannes von Vermögen, Erziehung und solchen Talenten, welche geeignet waren, ihm mit der Zeit großen Einfluß im Hause zu verleihen, was in der That auch später geschah, war mir nicht sehr angenehm. Es lag jedoch nicht in meiner Absicht, seine Gunst durch irgend welche Kriecherei gegen ihn zu erwerben, sondern ich schlug nach einiger Zeit folgenden andern Weg ein. Da ich gehört hatte, er besitze in seiner Bibliothek ein gewisses sehr seltenes und merkwürdiges Buch, drückte ich ihm in einer Zuschrift meinen Wunsch aus, jenes Buch zu lesen, und bat ihn um die Gefälligkeit, es mir auf einige Tage zu leihen. Er überschickte es mir sogleich, und ich gab es etwa in einer Woche mit einer zweiten Zuschrift zurück, worin ich seine Gefälligkeit mit warmem Danke anerkannte. Als wir uns das nächste Mal im Hause trafen, sprach er mit mir (was er zuvor niemals gethan hatte), und zwar mit ungemeiner Höflichkeit; und späterhin bethätigte er immer seine

Bereitwilligkeit, mir bei allen Gelegenheiten gefällig zu sein, so daß wir große Freunde wurden, und unsere Freundschaft bis zu seinem Tode fortbestand. Dies ist ein zweites Beispiel von der Wahrheit eines Grundsatzes, den ich gelernt hatte und welcher besagt: „*Derjenige, welcher dir einmal eine Gefälligkeit gethan hat, wird weit bereitwilliger sein, dir eine zweite zu thun, als derjenige, welchen du selbst dir verpflichtet hast.*" Und es beweist, um wie viel nutzbringender es ist, feindseliges Gebahren klugerweise zu beseitigen, als dasselbe übel aufzunehmen, zu erwidern und fortzusetzen.

Als im Jahre 1737 Oberst Spotswood, der frühere Gouverneur von Virginien und damalige Generalpostmeister, mit der Führung seines Stellvertreters in Philadelphia wegen einiger Fahrlässigkeit in der Ablieferung und der Ungenauigkeit seiner Abrechnungen unzufrieden war, nahm er demselben die Stelle ab und bot sie mir an. Ich nahm sie bereitwillig an und fand sie sehr vorteilhaft, denn wenn das Gehalt auch klein war, so erleichterte sie mir doch die Korrespondenz, welche meine Zeitung gehaltvoller machte, sowie den Absatz der Nummern und die Zahl der einzurückenden Ankündigungen vermehrte, so daß sie mir im Lauf der Zeit ein bedeutendes Einkommen abwarf. Die Zeitung meines alten Konkurrenten nahm im selben Verhältnis ab, und ich erhielt so meine Genugthuung, ohne daß ich ihm, wie er als Postmeister früher gethan hatte, seine Weigerung, meine Zeitungen durch seine Postreiter befördern zu lassen, mit gleicher Münze vergalt. So hatte er seine Fahrlässigkeit in genauer Buchführung schwer zu büßen, und ich führe dies an als Lehre für alle jene jungen Leute, welche in der Führung von Geschäften für andere verwendet werden möchten, damit sie immer mit großer Klarheit und Pünktlichkeit ihre Rechnungen stellen und ihre Zahlungen machen. Der Ruf einer derartigen Geschäftsführung ist die gewichtigste von allen Empfehlungen zu neuen Anstellungen und zur Vermehrung des Geschäfts.

Ich begann nun meine Gedanken einigermaßen den öffentlichen Angelegenheiten zuzuwenden, jedoch Anfangs nur in kleinen Sachen. Die Stadtwache war eines der ersten Dinge, welche nach meinem Dafürhalten einer Regelung bedurfte. Sie wurde abwechselnd von den Konstablern der verschiedenen Stadtbezirke gehandhabt, indem der Konstabler eine Anzahl Hausväter aufbot, ihn für die Nacht zu begleiten. Wer vorzog, einen solchen Dienst niemals zu leisten, der bezahlte ihm jährlich sechs Schillinge für seine Befreiung; diese Summe war angeblich zur Stellung von Ersatzmännern bestimmt – in Wirklichkeit weit mehr, als für diesen Zweck erforderlich war –

und machte so das Amt eines Konstablers zu einem sehr einträglichen. Der Konstabler sammelte oft gegen eine kleine Bewirtung ein solches Gesindel als Scharwacht um sich, daß achtbare Hausväter sich nicht unter dieselben mischen wollten. Auch der Rundgang und das Streifen der Wachen wurden oft vernachlässigt und die meisten Nächte mit Zechen verbracht. Ich schrieb daher einen Aufsatz, um ihn im Junto vorzulesen, setzte diese Unregelmäßigkeiten auseinander, hob aber noch ausdrücklich die Ungleichheit jener Steuer von sechs Schillingen für den Konstabler gegenüber den Verhältnissen derjenigen hervor, welche sie bezahlen mußten, weil eine hausbesitzende arme Witwe, deren gesamtes, durch die Scharwacht zu bewachendes Vermögen vielleicht nicht den Wert von fünfzig Pfund überschritt, gerade so viel bezahlte wie der wohlhabendste Kaufmann, welcher tausende von Pfunden in Waren auf seinen Speichern hatte.

Im Ganzen schlug ich als eine wirksamere Wache das Dingen geeigneter Männer vor, welche dieses Geschäft beständig versehen sollten, und als einen billigern Weg zur Aufbringung der Kosten hierfür die Erhebung einer Steuer, welche im Verhältnis zu dem Besitze stehen sollte. Da dieser Vorschlag den Beifall des Junto fand, wurde er den anderen Klubs mitgeteilt, aber so als ob er in jedem von ihnen zuerst auftauchte, und obschon der Plan nicht unmittelbar ins Werk gesetzt wurde, bereitete er doch die öffentliche Meinung auf diese Änderung vor und bahnte den Weg für das Gesetz, welches einige Jahre später durchging, als die Mitglieder unsers Klubs zu größerem Erfolg gelangt waren.

Ungefähr um dieselbe Zeit schrieb ich einen Aufsatz (er sollte erst im Junto vorgelesen werden, wurde aber später im Druck herausgegeben) über die verschiedenen Unfälle und Fahrlässigkeiten, durch welche Häuser in Brand gerieten, und fügte Warnungen und Vorsichtsmaßregeln dagegen und Vorschläge und Mittel zur Vermeidung derselben hinzu. Dieser Aufsatz wurde als sehr gemeinnützig vielfach besprochen und rief einen bald darauf erfolgenden Plan hervor, eine Gesellschaft zur raschern Löschung der Feuersbrünste und zu gegenseitigem Beistand bei der Rettung und Bergung von gefährdeter Habe zu bilden. Es fanden sich alsdann Verbündete für dieses Vorhaben in der Zahl von dreißig. Die Artikel unsrer Satzung verpflichteten jedes Mitglied, beständig eine Anzahl lederner Eimer sowie starker Säcke und Körbe (zum Einpacken und Wegtragen der Waren) in guter Ordnung und zur Benützung bereit zu halten, welche zu jeder Feuersbrunst mitgebracht werden sollten, und wir kamen überein, uns monatlich einmal zu versammeln und einen geselligen Abend mit einander zu verbringen, wobei solche Ansichten, welche in Betreff der Feuersbrünste in uns auftauchten oder welche für unser Benehmen bei derartigen Gelegenheiten von Nutzen sein möchten, zur Erörterung und Mitteilung kommen sollten.

Die Gemeinnützigkeit dieser Einrichtung machte sich bald geltend. Da nun noch viel mehr Personen, als wir für eine einzige Gesellschaft ersprießlich erachteten, sich zur Aufnahme meldeten, so gaben wir ihnen den Rat, einen andern Verein zu bilden, was demgemäß auch geschah. Dieses ging so fort, indem ein neuer Verein um den andern sich bildete, bis dieselben so zahlreich wurden, daß sie die meisten Besitzer von Liegenschaften unter der Einwohnerschaft umfaßten, und noch heute, wo ich dies schreibe, besteht der von mir zuerst gegründete Verein, die sogenannte Unions-Feuergesellschaft noch und gedeiht, obwohl seit ihrer Gründung fünfzig Jahre vergangen und die ersten Mitglieder alle gestorben sind, bis auf mich und noch einen, der um ein Jahr älter ist als ich. Die kleinen Geldbußen, welche die Mitglieder für ihr Ausbleiben bei den monatlichen Versammlungen bezahlen mußten, sind zum Ankauf von Feuerspritzen, Leitern, Feuerhaken und anderen Gerätschaften für jeden Verein verwendet worden, so daß ich fragen darf, ob irgend eine Stadt der Welt besser versehen ist mit den Mitteln, um ausbrechenden Feuersbrünsten Einhalt zu thun. In der That hat die Stadt seit dem Bestehen dieser Einrichtungen niemals durch Brände mehr als ein oder zwei Häuser auf einmal verloren, und die Flammen sind meistens gelöscht worden, bevor das Haus, worin der Brand ausbrach, halb verzehrt worden war.

Im Jahre 1739 erschien unter uns aus Irland Se. Hochwürden der Herr Whitefield, welcher sich als Reiseprediger dort einen Ruf gemacht hatte. Zuerst durfte er in einigen unserer Kirchen predigen, allein die Geistlichkeit faßte einen Widerwillen gegen ihn, verweigerte ihm bald ihre Kanzeln und nötigte ihn, unter freiem Himmel zu predigen. Ungeheure Menschenmengen aus allen Sekten und Bekenntnissen wohnten seinen Predigten bei, und es war für mich, der ich ebenfalls zu dieser Zahl gehörte, ein Gegenstand der eifrigen Betrachtung, den außerordentlichen Einfluß seiner Beredsamkeit auf seine Zuhörer zu beobachten und zu sehen, wie sie ihn bewunderten und verehrten, obwohl er sie gewöhnlich tüchtig ausschimpfte und versicherte, sie seien von Natur aus *halbe Bestien und halbe Teufel*. Es war wunderbar, die Veränderung zu sehen, welche er bald in den Sitten unserer Bevölkerung hervorrief. Waren sie früher leichtsinnig oder gleichgültig in religiösen Dingen gewesen, so schien jetzt die ganze Welt gottselig zu werden, so daß man am Abend nicht durch die Stadt gehen konnte, ohne in verschiedenen Familien jeder Straße Psalmen singen zu hören.

Da es nun sowohl unbequem als unpassend gefunden wurde, sich, aller Unbill der Witterung ausgesetzt, unter freiem Himmel zu versammeln, so dachte man an die Erbauung eines Hauses für solche Versammlungen. Kaum hatte man aber diesen Vorschlag gemacht und Personen zum Empfang von Beiträgen aufgestellt, so gingen so zahlreiche Summen ein, daß man die Baustelle kaufen und das Gebäude errichten konnte, welches einhundert Fuß lang und siebzig Fuß breit war und etwa die Größe von Westminster-Hall hatte. Die Arbeit selbst ward mit solchem Eifer betrieben, daß sie in weit kürzerer Zeit vollendet ward, als man hätte erwarten können. Sowohl Haus als Grundstück wurden der Verwaltung von Kuratoren überwiesen, ausdrücklich zum Gebrauch eines jeden Predigers von irgend einer religiösen Konfession, welcher zu der Bevölkerung von Philadelphia zu sprechen wünschen würde, denn der Zweck bei der Erbauung war nicht der, daß es irgend einer besonderen Sekte, sondern der Einwohnerschaft im allgemeinen zu gute kommen sollte, so daß selbst wenn es etwa dem Mufti von Konstantinopel eingefallen wäre, einen Missionär herüberzuschicken, um uns den Mohamedanismus zu predigen, derselbe eine Kanzel zu seiner Verfügung gefunden haben würde.

Als Herr Whitefield uns verließ, predigte er auf dem ganzen Wege durch die Kolonien bis hinunter nach Georgien. Die Besiedelung dieser Provinz hatte erst neuerdings begonnen. Anstatt sich jedoch aus kühnen und an Arbeit gewöhnten fleißigen Landbebauern zusammen zu setzen, als den einzigen Leuten, welche einem solchen Unternehmen gewachsen waren, bestanden die Ansiedler aus Familien von bankerotten Krämern und anderen zahlungsunfähigen Schuldnern; viele waren von trägen und faulen Gewohnheiten und geradeswegs aus den Gefängnissen genommen. Wenn diese sich nun in den Wäldern niederließen, waren sie für die Urbarmachung des Bodens ganz ungeeignet und außer Stande, die Mühseligkeiten einer neuen Niederlassung zu ertragen, gingen in Menge zu Grunde und hinterließen viele hilflose Kinder ohne Versorgung. Der Anblick ihrer armseligen Lage brachte das wohlwollende Herz des Herrn Whitefield auf den Gedanken, dort ein Waisenhaus zu erbauen, um sie darin zu verpflegen und zu erziehen. Bei seiner Rückkehr in den Norden empfahl er in seinen Predigten dieses gute Werk und veranstaltete große Sammlungen, denn seine Beredsamkeit hatte eine wunderbare Gewalt über die Herzen und Börsen seiner Zuhörer, wovon ich selbst ein Beispiel abgab.

Ich mißbilligte das Vorhaben nicht. Da es jedoch damals in Georgien an Baumaterial und Arbeitern fehlte und man damit umging, dieselben mit großen Kosten von Philadelphia aus dorthin zu schicken, so glaubte ich, es wäre besser gewesen, das Haus *hier* zu bauen und die Kinder hierher zu bringen. Ich riet hierzu, allein er beharrte auf seinem ersten Plan und verwarf meinen Rat, und ich verweigerte deshalb meine Beisteuer. Zufälligerweise wohnte ich bald darauf einer seiner Predigten bei und bemerkte im Verlauf derselben seine Absicht, sie mit einer Sammlung zu beschließen; ich nahm mir daher im Stillen vor, er solle nichts von mir bekommen. Ich hatte eine Handvoll Kupfergeld, drei oder vier Silberthaler und fünf Pistolen in Gold in der Tasche. Als er weiter predigte, begann ich weich zu werden und beschloß, ihm das Kupfer zu geben. Ein weiteres Meisterstück seiner Redekunst machte, daß ich mich meines Entschlusses schämte und ihm das Silber zu geben beschloß; sein Schluß aber war so prächtig, daß ich meine ganze Tasche mit Gold und allem auf des Sammlers Tisch leerte. Derselben Predigt wohnte auch ein Mitglied unseres Klubs bei, welcher meine Ansichten hinsichtlich des Hauses in Georgien teilte und in dem Argwohn, es möchte vielleicht eine Sammlung beabsichtigt werden, aus Vorsicht seine Taschen geleert hatte, ehe er von Hause hinwegging. Gegen den Schluß der Predigt fühlte er aber ein lebhaftes Verlangen, zu geben, wandte sich an einen neben ihm stehenden Nachbar und wollte von demselben einiges Geld zu diesem Zweck borgen. Das Anliegen ward unglücklicherweise an den vielleicht einzigen Mann in der Versammlung gerichtet, welcher die Festigkeit hatte, sich nicht von dem Redner rühren zu lassen. Er antwortete daher: „Zu jeder andern Zeit würde ich dir gern Geld leihen, Freund Hopkinson, nur nicht jetzt, denn du scheinst nicht recht bei Sinnen zu sein.“

Mehrere von Herrn Whitefields Feinden gaben sich das Ansehen, als argwöhnten sie, er würde die gesammelten Gelder zu seinem eigenen Privatnutzen verwenden; allein ich war genau mit ihm bekannt (da ich den Druck seiner Reden und Tagebücher u. s. w. besorgte) und hegte darum nicht den mindesten Verdacht gegen seine Rechtschaffenheit, sondern bin noch bis auf den heutigen Tag entschieden der Ansicht, daß er in seinem ganzen Betragen ein vollkommen *ehrlicher Mann* war. Mein Zeugnis zu seinen Gunsten muß meines Erachtens um so mehr Gewicht haben, als wir in keiner religiösen Verbindung zu einander standen. Er pflegte zwar bisweilen für meine Bekehrung zu beten, hatte aber niemals die Genugthuung, glauben zu dürfen, daß seine Gebete erhört seien. Unsere Freundschaft war eine keineswegs intime, aber beiderseits aufrichtige, und währte bis zu seinem Tode.

Folgendes Beispiel mag einigermaßen darthun, auf welchem Fuße ich mit ihm stand. Als er wieder einmal von England nach Boston zurückgekehrt war, schrieb er mir, er werde bald nach Philadelphia kommen, wisse aber noch nicht, wo er während seines dortigen Aufenthalts wohnen solle, da er gehört, daß sein alter Freund und Wirt, Herr Benezet, nach Germantown übersiedelt sei. Ich schrieb ihm als Antwort: „Sie kennen mein Haus; wenn Sie sich mit seinen dürftigen Bequemlichkeiten behelfen wollen, sollen Sie herzlich willkommen sein." Er erwiderte: wenn ich ihm dieses freundliche Anerbieten um Christi willen mache, werde mir der Lohn dafür nicht ausbleiben. Ich entgegnete darauf: *"Ich wünsche nicht mißverstanden zu werden: es geschah nicht um Christi willen, sondern um Ihretwillen."* Einer unserer gemeinsamen Bekannten bemerkte scherzweise, ich müsse wissen, daß es bei den Heiligen Gebrauch sei, wenn man ihnen irgend eine Gefälligkeit erwiesen habe, die Last der Verpflichtung dafür von ihren eigenen Schultern abzuwälzen und dem Himmel zuzuwenden – weswegen ich mich wohl bemüht hätte, sie der Erde aufzuerlegen.

Meine letzte Begegnung mit Herr Whitefield war in London, wo er mich wegen der Angelegenheit seines Waisenhauses und seines Vorhabens zu Rate zog, damit die Errichtung einer höhern Lehranstalt zu verbinden.

Er hatte eine laute klare Stimme und sprach seine Worte und Sätze so ungemein deutlich aus, daß er in einer großen Entfernung gehört und verstanden werden konnte, namentlich da seine Zuhörer trotz ihrer Menge das peinlichste Stillschweigen beobachteten. Er predigte eines Abends von der Vortreppe des Gerichtshauses aus, das in der Mitte von Market-Street und auf der Westseite von Second-Street steht, welche die erstere unter einem rechten Winkel kreuzt. Beide Straßen waren bis zu einer bedeutenden Entfernung hin mit seinen Zuhörern angefüllt. Da ich unter den Hintersten in Market-Street stand, war ich neugierig zu erfahren, bis zu welcher Entfernung er gehört werden konnte. Ich zog mich also rückwärts die Straße hinunter gegen den Fluß hinab und fand seine Stimme noch deutlich vernehmbar, bis ich in die Nähe von Front-Street kam, wo irgend ein Lärm in dieser Straße sie dämpfte. Wenn ich mir nur einen Halbkreis, dessen Radius meine Entfernung von ihm sein würde, vergegenwärtigte und mir denselben mit Zuhörern angefüllt dachte, für deren jeden ich zwei Quadratfuß, so berechnete ich, daß er leicht von mehr als dreißigtausend Personen gehört werden konnte. Dies söhnte mich mit den Schilderungen der Zeitungen aus, daß er vor fünfundzwanzigtausend Menschen im Freien gepredigt habe, und mit den alten Geschichten von Feldherren, welche ganze Heere anredeten – woran ich bisweilen gezweifelt hatte.

Dadurch, daß ich ihn oft hörte, gelangte ich dahin, leicht zwischen neu verfaßten Predigten und solchen zu unterscheiden, die er im Verlauf seiner Reisen öfters gehalten hatte. Sein Vortrag der letzteren war durch häufige Wiederholungen so vervollkommnet, daß jeder Accent, jeder Nachdruck, jede Modulation der Stimme so vortrefflich ausgebildet und wohl angebracht war, daß man, selbst ohne sich für den Gegenstand zu interessieren, unwillkürlich Gefallen an der Predigt finden mußte, – ein Vergnügen von ungefähr derselben Art, wie wir es von einem ausgezeichneten Musikstück empfangen. Dies ist ein Vorteil, welchen Wanderprediger vor seßhaften voraushaben, weil die letzteren ihren Vortrag einer Predigt nicht wohl durch so viele Proben vervollkommnen können.

Seine ungedruckten und gedruckten Schriften lieferten von Zeit zu Zeit seinen Feinden einen großen Vorteil über ihn. Übereilte Ausdrücke und selbst irrige, im mündlichen Kanzelvortrag ausgesprochene Ansichten, hätten später durch Anführung anderer damit im Zusammenhang stehender erläutert und gemildert, oder sie hätten ganz in Abrede gestellt werden können; aber *litera scripta manet* – der geschriebene Buchstabe bleibt. Kritiker griffen seine Schriften so heftig und mit so vielem Anschein von Berechtigung an, daß die Zahl seiner Anhänger abnahm und sich nicht wieder mehren konnte. Ich bin daher der Ansicht, wenn er nie etwas geschrieben hätte, würde er eine weit zahlreichere und bedeutendere Sekte hinterlassen, und sein Ruf würde sich in diesem Falle selbst nach seinem Tode noch erhöht haben, weil nichts von seinen Schriften vorhanden war, worauf sich ein Tadel gründen und was ihm einen geringern Ruf geben konnte. So würde es seinen Anhängern freigestanden haben, ihm eine so große Mannigfaltigkeit von Vorzügen anzudichten, als sie in ihrer begeisterten Bewunderung nur wünschen konnten, daß er wirklich besessen habe. –

Mein Geschäft vergrößerte sich nun zusehends und meine Verhältnisse gestalteten sich täglich angenehmer, da meine Zeitung sehr einträglich geworden war und eine Zeitlang beinahe die einzige in unsrer Provinz und den benachbarten blieb. Ich erprobte also ebenfalls die Wahrheit der Beobachtung: *hat man einmal die ersten hundert Pfund vor sich gebracht, so ist es weit leichter, das zweite Hundert zu verdienen*, weil das Geld selbst von fruchtbarer Natur ist.

Da meine Teilhaberschaft in Karolina gelungen war, so wurde ich ermutigt, mich auf andere einzulassen und mehreren meiner Arbeiter, die sich gut aufgeführt hatten, vorwärts zu helfen, indem ich sie mit Druckereien in verschiedenen Kolonien unter denselben Bedingungen etablierte, wie jene in Karolina. Die meisten von ihnen fanden ihr Fortkommen und waren beim Ablauf unsrer Vertragszeit, nach sechs Jahren, imstande, mir das Geschäft abzukaufen und es auf eigene Rechnung fortzusetzen, wodurch mehrere Familien gegründet und erhalten wurden. Assoziationen endigen oft in Händeln; allein ich war darin glücklich, daß die meinigen alle freundlich fortgeführt wurden und endeten, was ich großenteils der Vorsicht beimessen zu dürfen glaube, daß ich in unseren Verträgen ganz deutlich alles festsetzte, was von jedem Teilhaber zu leisten oder zu erwarten war, so daß über nichts gestritten werden konnte, – eine Vorsicht, die ich deshalb allen denen anempfehlen möchte, welche in eine Teilhaberschaft eintreten. Denn welche Achtung und welches Vertrauen die Geschäftsteilhaber beim Beginn der Vertragszeit auch für einander haben mögen, es können immer kleine Eifersüchteleien und Ärgernisse, sowie Ansichten über Ungleichheit in der Besorgung und der Last des Geschäfts *u. s. w.* entstehen, welche oft den Bruch der Freundschaft und der Verbindung, vielleicht sogar Prozesse und andere unangenehme Folgen nach sich ziehen.

Ich hatte im Ganzen überreiche Ursache, damit zufrieden zu sein, daß ich mich in Pennsylvanien niedergelassen hatte. Nur zwei Dinge vermißte ich noch: daß es weder Vorkehrungen für Landesverteidigung noch für eine vollständige Erziehung der Jugend, d. h. keine Miliz und keine höheren Lehranstalten gab. Ich entwarf daher im Jahre 1743 einen Vorschlag zur Errichtung einer Akademie. Da ich damals den Hochwürdigen Herrn Peters, welcher eben ohne Anstellung war, zur Leitung einer derartigen Anstalt für geeignet erachtete, so teilte ich ihm meinen Plan mit. Er hatte jedoch gewinnreichere Aussichten im Dienste der Eigentümer, welche sich auch später bewährten, und lehnte daher mein Unternehmen ab. Ich kannte jedoch keine andere, für einen derartigen Vertrauensposten geeignete Persönlichkeit, und ließ deshalb den Plan eine Zeitlang ruhen. Im folgenden Jahr 1744 hatte ich bessern Erfolg mit dem Vorschlage und der Errichtung einer Philosophischen Gesellschaft. Der Artikel, welchen ich zu diesem Zwecke schrieb, wird unter meinen Schriften gefunden werden, wenn sie einst gesammelt sind.

Hinsichtlich der Landesverteidigung ging ich folgendermaßen zu Werke. Spanien war schon seit mehreren Jahren mit Großbritannien im Kriege und hatte sich endlich mit Frankreich verbündet, was uns in große Gefahr versetzte. Da nun die eifrigen und lange fortgesetzten Bemühungen unsers Gouverneurs Thomas sich erfolglos erwiesen und unsre Quäker-Assembly zum Erlaß eines Milizgesetzes und anderer Maßregeln für die Sicherheit der Provinz bewegen konnten, so beschloß ich, einen Versuch zu machen, was durch eine freiwillige Verbindung des Volkes zu machen fei. Zur Förderung dieses Zweckes schrieb und veröffentlichte ich zuerst eine Broschüre unter dem Titel: „Schlichte Wahrheit", worin ich unsre wehrlose Lage in hellem Lichte darstellte, die Notwendigkeit einer Einheit und Mannszucht für unsre Verteidigung nachwies und versprach, in einigen Tagen eine Verbindung vorzuschlagen, um sie zu diesem Zwecke allgemein unterzeichnen zu lassen. Diese Schrift hatte eine plötzliche und überraschende Wirkung. Man verlangte von mir, ich solle den Assoziationsvertrag aufsetzen. Nachdem ich also den Entwurf desselben mit einigen Freunden verfaßt hatte, lud ich zu einer Bürgerversammlung in dem schon mehr erwähnten Gebäude ein. Das Haus war ziemlich voll. Ich hatte eine Anzahl gedruckter Exemplare der Erklärung vorbereitet und dafür gesorgt, daß Tinte und Federn im ganzen Saal verteilt waren. Ich hielt eine kurze Anrede über den Gegenstand, las den Entwurf vor, erläuterte ihn und verteilte dann die gedruckten Exemplare, welche begierig unterzeichnet wurden, ohne daß sich die geringste Einwendung erhob.

Als die Versammlung auseinander ging und die Formulare gesammelt wurden, fanden wir über zwölfhundert Unterschriften, und da noch andere Exemplare auf dem platten Lande verteilt wurden, so belief sich die Zahl der Unterzeichner zuletzt auf zehntausend. Diese versahen sich alle so rasch wie möglich mit Waffen, ordneten sich in Compagnien und Regimenter, wählten ihre eigenen Offiziere und traten jede Woche zusammen, um sich in Handhabung der Waffen und anderen Teilen des militärischen Exercitiums unterrichten zu lassen. Die Frauen veranstalteten Sammlungen unter sich und sorgten für seidene Fahnen, welche sie den Compagnien verehrten; die verschiedenen Sinnbilder und Wahlsprüche, welche auf die Fahnen gemalt wurden, lieferte ich.

Als die Offiziere der Compagnien, welche das Philadelphia-Regiment bildeten, zusammentraten, erwählten sie mich zu ihrem Oberst. Da ich mich selbst jedoch hierzu für ungeeignet erachtete, lehnte ich diese Stelle ab und empfahl Herrn Lawrence, einen stattlichen Mann von Einfluß und Ansehen, der denn auch gewählt wurde. Ich schlug nun die Veranstaltung einer Lotterie vor, um die Kosten der Errichtung einer Batterie unterhalb der Stadt und der Ausrüstung derselben mit Kanonen aufzubringen. Das Unternehmen glückte, und die Batterie ward bald errichtet, wobei die Schartenzeiler aus Klötzen verfertigt und mit Erde ausgefüllt wurden. Wir kauften einige alte Geschütze von Boston. Da dieselben aber nicht hinreichten, so schrieben wir um weitere nach England und baten gleichzeitig unsere Eigentümer um einige Unterstützung, wiewohl ohne sonderliches Vertrauen auf den Erfolg.

Mittlerweile wurden Oberst Lawrence, William Allen, Abraham Taylor und ich von den Verbündeten nach New-York mit dem Auftrag geschickt, einige Kanonen vom Gouverneur Clinton zu entlehnen. Er verweigerte sie uns Anfangs peremtorisch; allein bei einer Mahlzeit mit seinem Rate, wobei nach damaliger Sitte tüchtig Madeirawein getrunken wurde, ließ er sich allmählich erweichen und versprach uns sechs Kanonen zu leihen. Nach einigen weiteren Gläsern ging er bis zu zehn und endlich gestattete er uns wohlwollend deren achtzehn. Es waren sehr schöne Geschütze, Achtzehnpfünder, samt den Laffetten, welche wir bald nach Philadelphia schafften und in unserer Batterie aufpflanzten, wo die verbündete Miliz während der ganzen Dauer des Kriegs Nachts die Wache bezog und ich unter den übrigen ebenfalls regelmäßig meine Wache als gemeiner Soldat that.

Meine Rührigkeit bei diesen Vorgängen gefiel dem Gouverneur und dem Rate; sie zogen mich ins Vertrauen und befragten mich um meine Ansicht bei jeder Maßregel, bei der ihre Mitwirkung für die Verbindung nützlich erachtet wurde. Ich machte ihnen den Vorschlag, die Religion zu Hilfe zu nehmen und ein Fasten auszuschreiben, um die Sinnesänderung zu fördern und den Segen des Himmels auf unser Unternehmen herabzuflehen. Sie nahmen den Vorschlag an. Da es aber das erste Fasten war, von welchem jemals in der Provinz die Rede gewesen war, hatte der Sekretär kein Präcedens, nach welchem er den Erlaß entwerfen konnte. Hier kam mir meine Erziehung in Neu-England, wo jedes Jahr ein Fastenbrief erlassen wird, einigermaßen zu gute: ich entwarf das Ausschreiben in dem hergebrachten Stile. Es wurde ins Deutsche übersetzt, in beiden Sprachen gedruckt und durch die ganze Provinz verbreitet. Dies gab der Geistlichkeit der verschiedenen Sekten eine willkommene Gelegenheit, ihre Gemeinden zu bereden, daß sie dem Milizverbande beitraten, und dieser würde wahrscheinlich unter allen bis auf die Quäker allgemein geworden sein, wenn nicht der Friede bald dazwischen gekommen wäre.

Einige meiner Freunde waren der Ansicht, ich würde durch meine Thätigkeit in diesen Angelegenheiten jene Sekte beleidigen und hierdurch meinen Anhang in der Gesetzgebung der Provinz verlieren, in welcher die Quäker eine große Majorität bildeten. Ein junger Mann, welcher ebenfalls einige Freunde im Hause hatte und gern mein Nachfolger als Schreiber desselben werden wollte, ließ mich wissen, daß er entschlossen sei, mich bei der nächsten Wahl zu verdrängen, weshalb er mir riet, gutwillig meine Stelle aufzugeben, weil dies meiner Ehre zuträglicher sein würde, als wenn man mich beseitigte. Ich erwiderte ihm, ich habe von einem Manne in öffentlicher Stellung gehört oder gelesen, welcher es sich zur Regel gemacht habe, sich niemals um ein Amt zu bewerben, aber auch niemals eines auszuschlagen, wenn es ihm angeboten wurde. „Ich pflichte dieser Regel bei und werde sie, nur mit einem kleinen Zusätze, befolgen," sagte ich; „ich werde mich nie um ein Amt *bewerben*, nie eins *ablehnen*, aber auch nie eins *aufgeben*. Wenn man über mein Amt als Schreiber zu Gunsten eines andern verfügen will, so soll man es mir abnehmen. Ich will durch den Verzicht auf dasselbe mich nicht meines Rechts begeben, zu dieser oder jener Zeit Repressalien gegen meine Gegner auszuüben." Ich hörte übrigens nichts mehr von diesem Konkurrenten und wurde bei der nächsten Wahl wieder wie gewöhnlich einstimmig gewählt. Vielleicht mißbilligte man meine seitherige vertraute Bekanntschaft mit den Mitgliedern des Rats, welche sich dem Gouverneur in all den Zänkereien wegen der militärischen Vorbereitungen angeschlossen hatten, womit das Haus so lange gequält worden war, und man hätte es vielleicht lieber gesehen, wenn ich mich freiwillig von ihnen losgesagt hätte; allein sie wollten mich nicht gerade bloß wegen meines Eifers für den Wehrverband meiner Stelle berauben, und sie vermochten nicht wohl, eine andere Veranlassung anzugeben.

Ich hatte in der That einigen Grund zu der Annahme, daß die Landesverteidigung keinem von ihnen unangenehm war, vorausgesetzt, daß man von ihnen keine Beteiligung an derselben forderte. Und ich fand, daß eine weit größere Anzahl von ihnen, als ich mir hatte träumen lassen, zwar gegen einen Offensivkrieg, aber offenbar für die Defensive war. Es erschienen mehrere Flugschriften für und wider über diesen Gegenstand und einige von guten Quäkern zu Gunsten der Verteidigung, welche nach meinem Dafürhalten die meisten von ihren jungen Männern überzeugten.

Eine Verhandlung in unserm Feuerlöschverein verschaffte mir einen Einblick in die darin vorwaltenden Ansichten. Es war beantragt worden, wir sollten den

Plan der Erbauung einer Batterie dadurch unterstützen, daß wir den dermaligen Kassenbestand, ungefähr sechzig Pfund, zum Ankauf von Loosen der betreffenden Lotterie verwendeten. Nach unseren Statuten konnte über kein Geld eher verfügt werden, als in der nächsten Zusammenkunft nach dem betreffenden Vorschlage. Der Verein bestand aus dreißig Mitgliedern, von welchen zweiundzwanzig Quäker waren und nur acht zu anderen Konfessionen gehörten. Wir acht besuchten pünktlich die Versammlung und glaubten zwar, es würden sich einige von den Quäkern uns anschließen, waren jedoch keineswegs einer Majorität sicher. Nur ein einziger Quäker, Herr James Morris, schien gegen die Maßregel zu sein. Er äußerte sein Bedauern, daß der Vorschlag überhaupt gemacht worden sei, da nach seiner Ansicht die „Freunde“ sämtlich dagegen seien und derselbe solche Zwietracht hervorrufen würde, daß er zur Auflösung des Vereins führen dürfte. Wir erklärten ihm, daß wir hiefür keinen Grund sähen; wir seien die Minderheit, und wenn die „Freunde“ gegen die Maßregel wären und uns überstimmten, so müßten und würden wir uns, dem Brauche aller Vereine gemäß, unterwerfen. Als die Stunde für die Sache herankam, ward beantragt, zur Abstimmung zu schreiten. Er räumte ein, wir dürften es den Statuten gemäß nun thun; da er uns jedoch versichern könne, daß eine Anzahl von Mitgliedern anwesend zu sein beabsichtige, um sich dem Vorschlag zu widersetzen, so würde es nur billig sein, ihnen zu ihrem Erscheinen noch einige Zeit zu lassen.

Während wir uns noch darüber besprachen, kam ein Aufwärter und meldete mir, es seien zwei Herren unten, welche mich zu sprechen wünschten. Ich ging hinunter und fand, daß es zwei Quäker, Mitglieder unsers Vereins, waren. Sie teilten mir mit, sie seien ihrer acht in einem benachbarten Wirtshause versammelt und entschlossen, nötigenfalls zu kommen und mit uns zu stimmen, hofften jedoch, dies werde nicht nötig werden. Sie wünschten, daß wir sie nicht zur Unterstützung aufbieten möchten, wenn wir sie entbehren könnten, da ihre Abstimmung zu Gunsten einer derartigen Maßregel sie mit ihren Ältermännern und Freunden überwerfen könnte. Da wir auf diese Weise einer Mehrheit sicher waren, so ging ich wieder hinauf und willigte nach einigem anscheinenden Zaudern in einen Aufschub von einer Stunde. Herr Morris gab zu, daß dies höchst billig und redlich sei. Keiner seiner opponierenden Freunde erschien jedoch, worüber er großes Erstaunen ausdrückte, und nach Ablauf der Stunde nahmen wir den Vorschlag mit acht Stimmen gegen eine an. Da nun von den zweiundzwanzig Quäkern acht mit uns zu stimmen bereit waren und dreizehn durch ihr Ausbleiben kundgaben, daß sie nicht geneigt waren, sich der Maßregel zu widersetzen, so schätzte ich später das Verhältnis der aufrichtig gegen die Verteidigung gestimmten Quäker als nur einer gegen einundzwanzig, denn diese waren lauter regelmäßige Mitglieder jenes Vereins und in gutem Ansehen in demselben, sowie genau von demjenigen unterrichtet, was in jener Versammlung vorgeschlagen wurde.

Der ehrenwerte und gelehrte Herr Logan, welcher stets jener Sekte angehört hatte, schrieb unter anderm eine Ansprache an sie, worin er seine Billigung des Verteidigungskriegs erklärte und seine Ansicht mit vielen starken Beweisgründen unterstützte. Er händigte mir sechzig Pfund ein, um sie in Lotterieloosen für die Batterie anzulegen, und wies mich an, die etwa auf diese Loose fallenden Preise ganz zu diesem Zwecke zu verwenden. Er erzählte mir folgende Anekdote von seinem frühern Gebieter William Penn über die Verteidigung. Er kam, noch ein junger Mann, mit jenem Eigentümer und als dessen Sekretär aus England herüber. Es war Kriegszeit, und ihr Schiff wurde von einem bewaffneten Fahrzeug verfolgt, das man für ein feindliches ansah. Ihr Kapitän machte sich zur Verteidigung fertig, äußerte aber gegen William Penn und feine Gesellschaft von Quäkern, daß er nicht auf ihre Unterstützung rechne und daß sie sich in die Kajüte zurückziehen möchten, was sie denn alle thaten, bis auf James Logan, welcher auf dem Deck bleiben wollte und zur Bedienung einer Kanone kommandiert wurde. Es ergab sich, daß der vermeintliche Feind ein Freund war, so daß es nicht zum Gefecht kam. Allein als der Sekretär hinunter ging, um diese Kunde mitzuteilen, tadelte ihn William Penn streng darüber, daß er, den Grundsätzen der „Freunde“ zuwider, auf dem Verdeck geblieben sei und sich zur Mithilfe bei der Verteidigung des Schiffes hergegeben habe, zumal da dies nicht von dem Kapitän verlangt worden war. Dieser vor der ganzen Gesellschaft erteilte Verweis ärgerte den Sekretär, und er erwiderte: „Da ich dein Diener bin, warum hast du mir nicht befohlen, unter Deck zu gehen? Aber du warst ganz damit einverstanden, daß ich droben bleiben und das Schiff verteidigen helfen sollte, als du glaubtest, daß Gefahr vorhanden war.“

Da ich lange Jahre Mitglied der Gesetzgebenden Versammlung gewesen war, welche der Mehrheit nach fortwährend aus Quäkern bestand, so hatte ich häufig Gelegenheit, die Verlegenheit mit anzusehen, in welche ihre grundsätzliche Abneigung gegen den Krieg sie jedesmal brachte, wenn sie auf Befehl der Krone angegangen wurden, Unterstützungen für militärische Zwecke zu gewähren. Einerseits wollten sie die Regierung nicht durch eine direkte Verweigerung, und andrerseits ihre Freunde, die Gemeinschaft der Quäker, nicht durch eine Gewährung beleidigen, welche ihren Grundsätzen zuwider lief. Hieraus entsprang eine Mannigfaltigkeit von Ausflüchten, um der Verwilligung auszuweichen, oder von Kunstgriffen, um die Bewilligung zu vermummen, wenn dieselbe unvermeidlich war. Der gewöhnliche Modus war endlich, das Geld zu verwilligen unter der Phrase, daß es „für den Gebrauch des Königs“ bestimmt sei, und niemals zu fragen, wie es verwendet wurde.

Wenn jedoch das Verlangen nicht direkt von der Krone kam, wurde jene Phrase nicht für so geeignet gehalten, und es mußte irgend eine andere erdacht werden. So z.B., als es einmal an Pulver fehlte, (ich glaube, es war für die Garnison in Louisburg) und die Regierung von Neu-England Pennsylvanien anging, einiges zu bewilligen, was dem Hause vom Gouverneur Thomas dringend angesonnen wurde, vermochten sie kein Geld zum Ankauf von Pulver zu gewähren, weil dies ein Kriegsbedarf war. Sie bewilligten jedoch Neu-England eine Unterstützung von dreitausend Pfund, welche dem Gouverneur eingehändigt werden sollten, und bestimmten sie für den Ankauf von Brot, Mehl, Weizen und *anderm Korn*. Einige Mitglieder des Rats wollten dem Hause noch weitere Verlegenheiten bereiten und rieten dem Gouverneur, keinen Proviant anzunehmen, weil derselbe nicht das vom Hause Begehrte sei; allein er erwiderte: „Ich werde das Geld annehmen, denn ich verstehe sehr gut, wie sie es meinen; anderes Korn ist *Schießpulver*.“ Er kaufte dieses demgemäß, und sie erhoben nie Einsprache dagegen.

Auf diese Thatsache spielte ich an, als wir in unserm Feuerlöschverein für den Erfolg unseres Vorschlags zu Gunsten der Lotterie fürchteten, und ich gegen eins unserer Mitglieder, meinen Freund Herrn Syng, äußerte: „Wenn wir mit unserm Vorschlage durchfallen, so laßt uns den Ankauf einer Feuerspritze mit dem Gelde beantragen; die Quäker können keinen Einwand dagegen erheben; und wenn dann Ihr mich und ich Euch zum Ausschuß für diesen Zweck ernennt, so wollen wir eine große Kanone kaufen, welche doch gewiß auch eine *Feuerspritze* ist!“ worauf er mir erwiderte: „Ich sehe, Sie haben sich durch den langen Aufenthalt in der Assembly sehr vervollkommnet; Ihr zweideutiger Vorschlag würde just ein Seitenstück zu Ihrem *Weizen oder anderm Korn* sein!“

Diese Verlegenheiten, welche die Quäker erfuhren, weil sie es als einen ihrer Grundsätze aufgestellt und öffentlich verkündigt hatten, daß keine Art von Krieg recht und gesetzmäßig sei – einen Grundsatz, welchen sie, nachdem er einmal verkündigt war, später nicht gut wieder aufgeben konnten, auch wenn sie auf andere Ansichten gekommen sein mochten, – erinnern mich an das nach meiner Ansicht klügere Benehmen einer Sekte unter uns, nämlich der *Tunker*. Ich machte die Bekanntschaft eines ihrer Gründer, Michael Welfare, bald nach dem Auftreten derselben. Er beklagte sich gegen mich, da sie von den Zeloten anderer Glaubensrichtungen schändlich verleumdet und ganz abscheulicher Grundsätze und Bräuche bezüchtigt würden, denen sie ganz fremd seien. Ich machte ihm bemerklich, dies sei stets mit neuen Sekten der Fall gewesen, und um einem derartigen Mißbrauch zu begegnen, dürfte es meines Erachtens geraten sein, die Glaubensartikel und die Regeln der geistlichen Zucht ihrer Sekte zu veröffentlichen. Er erwiderte mir, dieser Vorschlag sei in ihrer Mitte schon gemacht, aber noch nicht angenommen worden, und zwar aus folgendem Grunde: „Als wir uns zuerst als Religionsgesellschaft zusammentraten," sagte er, „da hatte es Gott geliebt, unsern Geist so weit zu erleuchten, um uns einsehen zu lassen, daß einige Lehren, welche wir früher für Wahrheit gehalten hatten, Irrtümer, und daß andere, die wir für Irrtümer angesehen hatten, wirkliche Wahrheiten waren. Von Zeit zu Zeit hat es dem Herrn beliebt, uns weitere Erleuchtung zu gewähren; unsere Grundsätze vervollkommneten und unsere Irrtümer verminderten sich. Nun sind wir aber nicht gewiß, daß wir schon am Ende dieses Voranschreitens und an der Vollkommenheit geistlichen oder theologischen Wissens angekommen sind. Wir fürchten vielmehr, daß, wenn wir unser Glaubensbekenntnis drucken ließen, wir uns durch dasselbe gleichsam gebunden und eingeschränkt fühlen und vielleicht abgeneigt werden würden, eine weitere Vervollkommnung anzunehmen, und daß es unseren Nachkommen in noch weit stärkerm Maße so gehen würde, weil sie annehmen würden, daß, was wir Ältermänner und Gründer gethan haben, etwas Geheiligtes sei, wovon niemals abgewichen werden dürfe."

Diese Bescheidenheit einer Sekte ist vielleicht ein eigentümliches Beispiel in der Geschichte der Menschheit, da jede andere Sekte sich selbst im Besitze aller Wahrheit und die Andersdenkenden als die in der Irre Wandernden ansieht; wie ein bei nebligem Wetter Reisender die Leute in einiger Entfernung vor sich, hinter sich und zu beiden Seiten auf den Feldern in Nebel gehüllt erblickt, während ihm seine nächste Umgebung ganz klar erscheint, obwohl er selbst in Wahrheit ebenso sehr im Nebel ist, als irgend einer von den anderen. Um derartigen Verlegenheiten auszuweichen, haben die Quäker in den jüngsten Jahren allmählich den Dienst in der Versammlung und in der Magistratur abgelehnt und lieber auf ihren Einfluß als auf ihre Grundsätze verzichtet.

Der Zeitfolge wegen hätte ich schon vorher erwähnen sollen, daß ich im Jahre 1742 einen offenen Ofen zu verbesserter Zimmerheizung und gleichzeitiger Ersparnis an Brennstoffen, weil die zutretende frische Luft in ihrem Eintreten erwärmt wurde, erfunden, und das Modell davon Herrn Robert Grace, einem meiner Jugendfreunde, geschenkt hatte, und daß dieser, als Besitzer eines Hochofens, mit dem Guß der Eisenplatten für diese Öfen ein sehr einträgliches Geschäft machte, da eine steigende Nachfrage nach denselben sich ergab. Zur Förderung dieser Nachfrage verfaßte und veröffentlichte ich eine Flugschrift unter dem Titel: „Eine Beschreibung der neuerfundenen Pennsylvanischen Feuerherde, worin ihre Einrichtung und die Art ihrer Behandlung besonders erklärt, ihre Vorzüge vor jeder andern Art der Zimmerheizung nachgewiesen und alle gegen den Gebrauch derselben erhobenen Einwendungen beantwortet und widerlegt werden u. s. w.“

Diese Flugschrift hatte eine günstige Wirkung. Gouverneur Thomas war von der darin geschilderten Bauart so sehr befriedigt, daß er sich erbot, mir ein Patent für den alleinigen Verkauf derselben auf eine Reihe von Jahren zu geben. Ich lehnte dies jedoch ab aus einem Grundsatz, der in derartigen Fällen bei mir stets von Gewicht gewesen ist, nämlich: *Da wir auch aus den Erfindungen anderer große Vorteile ziehen, so sollten wir uns über eine Gelegenheit, anderen durch irgend eine Erfindung von uns zu dienen, freuen und ihnen diese freiwillig und großmütig zu Gute kommen lassen.*

Ein Londoner Eisenhändler bemächtigte sich jedoch eines Teils meiner Flugschrift, arbeitete sie in eine von seinem eigenen Machwerk um, machte einige kleine Veränderungen an der Maschine, welche ihrer Wirksamkeit eher schadeten, nahm dafür in England ein Patent und soll damit, wie ich höre, ein kleines Vermögen erworben haben. Dies ist nicht der einzige Fall, daß Patente für meine Erfindungen durch andere genommen wurden, obwohl nicht immer mit demselben Erfolg, wogegen ich niemals Einsprache erhob, da ich nicht selber Nutzen aus Patenten ziehen wollte und Zänkereien haßte. Die Verwendung dieser Öfen in sehr vielen Häusern in dieser und in den benachbarten Kolonien gewährte und gewährt übrigens noch der Bevölkerung eine große Holzersparnis.

Da nun der Friede geschlossen und die Geschäfte des Wehrverbandes zu Ende waren, wandte ich meine Gedanken wieder dem Vorhaben der Errichtung einer Akademie zu. Mein erster Schritt hierin war, mich in dieser Absicht mit einer Anzahl rühriger Freunde zu verbinden, zu welcher der Junto eine ziemliche Anzahl lieferte; der nächste war die Abfassung und Veröffentlichung einer

Flugschrift unter dem Titel: „*Vorschläge zur Erziehung der Jugend in Pennsylvanien.*“ Diese verteilte ich unentgeltlich unter die angesehensten Einwohner und brachte dann, sobald ich ihre Ansichten durch die Lektüre derselben als einigermaßen vorbereitet annehmen konnte, eine Subskription für Eröffnung und Unterhaltung einer Akademie in Gang. Die Beisteuern sollten in fünf jährlichen Raten eingezahlt werden, denn durch eine derartige Teilung mußten nach meinem Dafürhalten die Unterschriften reichlicher ausfallen, was meines Wissens auch der Fall war, da sie, wenn ich mich recht erinnere, sich auf nicht weniger als fünftausend Pfund beliefen.

In der Einleitung zu diesen Vorschlägen bezeichnete ich deren Veröffentlichung nicht als mein Werk, sondern als dasjenige einiger *für das Gemeinwohl beeiferten Herren* und vermied es, meiner gewohnten Regel gemäß, so viel wie möglich, mich dem Publikum als Urheber irgend eines auf sein Wohl abzielenden Planes vorzustellen.

Die Unterzeichner wählten behufs der unverweilten Verwirklichung des Projekts aus ihrer Mitte vierundzwanzig Vertrauensmänner und beauftragten den damaligen Kronanwalt Herrn Francis und mich mit der Entwerfung von Statuten über die Leitung der Akademie. Als diese ausgefertigt und unterzeichnet waren, wurde ein Haus gemietet, Lehrer wurden angestellt und die Schulen, soviel ich mich entsinne, noch im selben Jahr 1749 eröffnet.

Da sich die Zahl der Schüler rasch steigerte, so erwies sich das Haus bald als zu klein. Wir waren gerade im Begriff, uns nach einem geeigneten Grundstück umzusehen, in der Absicht, darauf zu bauen, als uns die Vorsehung ein großes schon fertig gebautes Haus in den Weg führte, welches mit wenigen Abänderungen unserm Zwecke wohl entsprechen konnte. Dies war das schon mehr erwähnte, von den Zuhörern des Herrn Whitefield errichtete Gebäude, welches wir in folgender Weise für uns erwarben.

Ich muß hier bemerken, daß, weil die Beiträge zu diesem Gebäude von Leuten verschiedener Sekten geleistet worden waren, man Sorge getragen hatte, bei der Ernennung der Kuratoren, auf welche das Gebäude und Grundstück eingetragen werden sollte, nicht einer einzelnen Sekte das Übergewicht zu geben, damit dieses Übergewicht nicht dazu führen könne, gegen die ursprüngliche Absicht das Ganze der Nutznießung einer derartigen Sekte zu überlassen. Aus diesem Grunde ward aus jeder Sekte ein Vertreter gewählt, nämlich einer von der englischen Hochkirche, ein Presbyterianer, ein Wiedertäufer, ein Herrnhuter u.

s. w., und bestimmt, daß im Falle der Erledigung durch Tod die Stelle durch Wahl unter den Beitragenden wieder besetzt werden solle. Zufällig behagte der Herrnhuter seinen Kollegen nicht, und sie beschlossen bei seinem Tode, keinen andern aus dieser Sekte mehr aufzunehmen. Nun aber ergab sich die Schwierigkeit, wie man es vermeiden sollte, mittelst der neuen Wahl zwei von irgend einer andern Sekte zu bekommen.

Mehrere Personen wurden vorgeschlagen und fanden aus jenem Grunde keinen Anklang. Endlich nannte jemand mich mit der Bemerkung, daß ich einfach ein rechtschaffener Mann sei und gar keiner Sekte angehöre, und dies bestimmte die anderen, mich zu wählen. Die Begeisterung von damals, wo das Haus gebaut wurde, hatte sich schon längst gelegt, und seine Kuratoren waren nicht imstande gewesen, neue Beiträge zur Bezahlung des Grundzinses und zur Tilgung einiger anderen, durch das Gebäude veranlaßten Schulden aufzubringen, was sie sehr in Verlegenheit setzte. Da ich nun Mitglied beider Verwaltungsräte, desjenigen für das Gebäude und desjenigen für die Akademie war, so hatte ich eine günstige Gelegenheit, mit beiden zu unterhandeln, und brachte sie endlich zu einem Abkommen, kraft dessen die Kuratoren für das Gebäude dasselbe den Vertrauensmännern der Akademie abtreten sollten, wogegen diese sich verpflichteten, die Schuld abzutragen, in dem Gebäude immer einen großen Saal für gelegentliche Prediger, der ursprünglichen Absicht gemäß, offen zu halten und eine Freischule für den Unterricht armer Kinder zu errichten. Hierüber wurden schriftliche Verträge aufgesetzt und nach Bezahlung der Schulden die Kuratoren der Akademie in den Besitz des Anwesens eingewiesen. Man teilte die große hohe Halle in Stockwerke, richtete verschiedene Gemächer oben und unten für die einzelnen Schulen ein, kaufte noch etwas Grund und Boden dazu und machte so das Ganze bald für unsere Zwecke tauglich, worauf die Schüler in das Gebäude übersiedelten. Die Sorge und Mühe der Verträge mit den Handwerkern, der Ankauf der Baumaterialien und der Überwachung der Arbeit fiel mir zu. Ich unterzog mich derselben jedoch um so lieber, als dies mich damals nicht in meinem eignen Geschäfte hinderte, da ich das Jahr zuvor einen sehr geschickten, fleißigen und rechtschaffenen Teilhaber, Herrn David Hall, angenommen hatte, mit dessen Charakter ich genau bekannt war, da er vier Jahre lang bei mir gearbeitet hatte. Er enthob mich aller Sorge für die Buchdruckerei und bezahlte mir pünktlich meinen Anteil am Gewinn. Diese Assoziation währte mit großem Erfolg für uns beide volle achtzehn Jahre.

Die Kuratoren der Akademie wurden nach einiger Zeit durch einen Freibrief von Seiten des Gouverneurs zu einer juristischen Person erhoben, ihre Mittel durch Beiträge aus England und durch Abtretungen von Land Seitens der Eigentümer vermehrt, zu welchen die Versammlung seither noch bedeutende Schenkungen hinzufügte, und so wurde die gegenwärtige Universität von Philadelphia errichtet. Ich bin von ihrem Beginn an, nun beinahe vierzig Jahre lang, einer ihrer Kuratoren gewesen und habe das sehr große Vergnügen gehabt, eine Anzahl der jungen Leute, welche ihre Erziehung an derselben erhalten haben, sich durch ihre vervollkommneten Fähigkeiten auszeichneten, in öffentlichen Stellungen sich nützlich machen und als Zierden ihres Vaterlandes dastehen zu sehen.

Als ich mich, wie oben erwähnt, vom Privatgeschäfte losmachte, schmeichelte ich mir, durch das hinreichende, obwohl mäßige Vermögen, welches ich mir erworben hatte, mir für den Rest meines Lebens Muße zu naturwissenschaftlichen Studien und Unterhaltungen erworben zu haben. Ich kaufte den ganzen Apparat des Dr. Spence, welcher aus England herüber gekommen war, um hier Vorlesungen zu halten, und setzte meine elektrischen Versuche mit großem Eifer fort; allein das Publikum betrachtete mich jetzt als einen geschäftslosen Menschen und nahm mich für seine Zwecke in Beschlag, indem jeder Zweig unserer Civilverwaltung, und zwar beinahe gleichzeitig, mir irgend eine Pflicht auferlegte. Der Gouverneur schob mich in die Friedenskommission: die Stadtkorporation erwählte mich zum Gemeinde-Rat und bald darauf zum Aldermann; und die Bürgerschaft wählte mich *in corpore* zum Abgeordneten, um sie in der Provinzial-Versammlung zu vertreten. Letzterer Posten war mir um so angenehmer, als ich es nachgerade müde war, dort zu sitzen und Debatten anzuhören, an denen ich als Schreiber keinen Anteil nehmen konnte, und welche oft so wenig unterhaltend waren, daß ich mich veranlaßt sah zu meinem Vergnügen magische Vierecke oder Kreise zu zeichnen oder irgend etwas zu thun, um die Ermüdung zu vermeiden. Ich redete mir ferner ein, meine Ernennung zum Mitglied würde meine Fähigkeit, Gutes zu thun, erweitern. Ich möchte übrigens doch nicht den Anschein erwecken, als ob mein Ehrgeiz sich durch alle diese Beförderungen nicht geschmeichelt gefühlt habe. Dies war in der That der Fall, denn jene Beförderungen waren in Anbetracht meines niedrigen Ursprungs etwas Großes für mich und dadurch noch viel angenehmer, daß sie ebenso viele freiwillige Zeugnisse der öffentlichen Achtung und von mir ganz unerbeten und unaufgesucht waren.

Mit dem Amt eines Friedensrichters machte ich einen kleinen Versuch, indem ich einigen Gerichtstagen anwohnte und auf der Richterbank saß, um Rechtsfälle anzuhören. Da ich jedoch fand, daß mehr Kenntnis des gemeinen Rechts, als ich besaß, dazu gehörte, um in dieser Stellung mit Ehre zu dienen, so zog ich mich allmählich davon zurück unter der Entschuldigung, daß ich den höheren Pflichten eines Gesetzgebers in der Assembly nachkommen müsse. Meine Erwählung zu diesem Vertrauensposten wurde zehn Jahre lang alljährlich wiederholt, ohne daß ich jemals irgend einen Wähler um seine Stimme anging, noch auch direkt oder indirekt irgend einen Wunsch äußerte, gewählt zu werden. Als ich meinen Sitz im Hause einnahm, wurde mein Sohn zum Schreiber desselben bestellt.

Als im darauffolgenden Jahre ein Vertrag mit den Indianern in Carlisle abgeschlossen werden sollte, schickte der Gouverneur eine Botschaft an das Haus und schlug vor, dasselbe solle einige seiner Mitglieder bezeichnen, welche sich einigen Mitgliedern des Rates als Kommissäre zu diesem Zweck anschließen sollten. Das Haus ernannte den Sprecher (Herrn Morris) und mich. Wir reisten, nachdem wir unsere Bestallungen erhalten, nach Carlisle ab und trafen demgemäß mit den Indianern zusammen.

Da diese Menschen ausnehmend zum Trunke geneigt und in diesem Zustande sehr händelsüchtig und unanständig sind, so verboten wir den Verkauf von Branntwein an dieselben streng. Als sie sich dann über diese Beschränkung beschwerten, erklärten wir ihnen, falls sie während der Unterhandlungen nüchtern bleiben würden, wollten wir ihnen nach Erledigung des Geschäfts Rum genug geben. Sie versprachen dies und hielten ihr Versprechen, weil sie keinen Branntwein bekommen konnten; die Unterhandlungen wurden daher ganz ordentlich geführt und endeten zu gegenseitiger Zufriedenheit. Jetzt verlangten und erhielten sie den Rum. Es war am Nachmittag. Sie waren zusammen beinahe hundert Köpfe an Männern, Weibern und Kindern und wohnten in zeitweiligen Hütten, welche sie außerhalb der Stadt in Gestalt eines Vierecks errichtet hatten. Am Abend hörten wir einen furchtbaren Lärm unter ihnen, und die Kommissäre gingen hinaus um zu sehen, was es denn gebe. Wir fanden, daß sie ein großes Freudenfeuer in der Mitte des Vierecks angezündet hatten; sie waren alle betrunken, Männer wie Weiber, und zankten und rauften untereinander. Ihre halb nackten dunklen Körper, die man nur beim düstern Schein des Feuers sah, wie sie hinter einander her rannten und sich unter ihrem scheußlichen gellenden Geschrei mit Feuerbränden prügelten, bildeten einen Auftritt, wie er unseren

Vorstellungen von der Hölle nicht treffender entsprechen konnte. An eine Dämpfung des Aufruhrs war nicht zu denken, so daß wir uns in unsere Wohnung zurückzogen. Um Mitternacht kam ein Haufe von ihnen vor unsre Thür, pochte stürmisch an dieselbe und verlangte noch mehr Rum, wovon wir aber keine Notiz nahmen.

Am andern Tage mochten sie fühlen, daß sie gefehlt, indem sie uns diese Störung bereitet hatten, und sandten drei von ihren alten Räten, um sich zu entschuldigen. Der Sprecher derselben gestand den Fehler zu, maß ihn aber dem Rum bei und bemühte sich dann, den Rum zu entschuldigen, indem er sagte: „Der Große Geist, der alle Dinge schuf, machte jedes Ding für irgend einen Gebrauch, und zu demjenigen Gebrauch, welchen er für irgend einen Gegenstand bestimmte, sollte derselbe auch immer verwendet werden. Als er nun den Rum schuf, sagte er: ›Das ist für die Indianer, um davon betrunken zu werden!‹ Daher muß es so sein." Und in der That, wenn es die Absicht der Vorsehung ist, diese Wilden auszurotten, um für die Bebauung des Bodens Raum zu schaffen, so ist es mir nicht unwahrscheinlich, daß hierzu der Rum das geeignete und hierfür bestimmte Mittel sein mag. Er hat beinahe alle diejenigen Stämme aufgerieben, welche früher die Meeresküste bewohnten.

Im Jahr 1751 kam Dr. Thomas Bond, ein besonderer Freund von mir, auf den Einfall, ein Hospital in Philadelphia für die Aufnahme und Kur armer kranker Personen, sowohl Einwohner der Provinz als Fremde, zu errichten (ein sehr wohlthätiges Vorhaben, welches mir zugeschrieben worden ist, aber ursprünglich von ihm herrührt). Er entfaltete die eifrigste und rührigste Thätigkeit, um Unterschriften dafür aufzutreiben, allein da der Vorschlag für Amerika noch etwas ganz neues war und anfangs nicht richtig verstanden wurde, so hatte er nur geringen Erfolg.

Endlich kam er zu mir mit dem Komplimente, er finde, daß sich kein gemeinnütziges Unternehmen ohne meine Beteiligung durchführen lasse, „denn," sagte er, „ich werde oft von denjenigen, welche ich um ihre Unterschriften angehe, gefragt: ›Haben Sie schon Franklin über den Gegenstand zu Rate gezogen? und was hält er davon?‹ Und wenn ich den Leuten dann sage, daß ich noch nicht mit Ihnen darüber verkehrt habe (weil es meines Erachtens nicht in Ihr Fach schlägt), so wollen sie nicht unterschreiben, sondern sagen: ›Wir wollen uns die Sache überlegen.‹" Ich erkundigte mich nun nach der Natur und dem wahrscheinlichen Nutzen des Plans und erhielt von ihm eine sehr befriedigende Erläuterung, so daß ich nicht nur selbst unterzeichnete, sondern mich herzlich dabei beteiligte, Unterschriften von anderen zu verschaffen. Vor der Bewerbung um dieselben bemühte ich mich jedoch, die Stimmung der Leute dadurch vorzubereiten, daß ich über diesen Gegenstand in die Zeitungen schrieb, wie dies in derartigen Fällen mein gewöhnlicher Brauch war, was er jedoch unterlassen hatte.

Die Unterschriften kamen später weit reichlicher und freigebiger; als sie jedoch nachzulassen begannen, sah ich ein, daß sie ohne irgend welche Unterstützung von Seiten der Assembly nicht zureichend sein würden, und machte daher den Vorschlag, eine dahingehende Petition einzubringen, was auch geschah. Die Mitglieder vom platten Lande fanden anfangs kein Gefallen an dem Projekt; sie wandten ein, dasselbe könne nur für die Stadt von Nutzen sein, und die Bürger sollten daher allein die Kosten davon tragen; ja sie zweifelten, ob die Bürger selbst im allgemeinen damit einverstanden seien. Sie betrachteten meine gegenteilige Versicherung, der Vorschlag erfreue sich solcher Billigung, daß wir ohne Zweifel imstande seien, zweitausend Pfund von freiwilligen Schenkungen aufzubringen, für eine ganz übertriebene Annahme und für ganz unmöglich. Hierauf gründete ich meinen Plan. Ich bat um die Erlaubnis, eine Bill einzubringen, daß man den Beisteuernden der in ihrer Petition ausgesprochenen Bitte gemäß Körperschaftsrechte verleihe und ihnen eine Summe baaren Geldes gewähre, welche Erlaubnis mir hauptsächlich auf die Erwägung hin erteilt wurde, daß das Haus die Bill verwerfen könne, wenn sie ihm nicht gefalle. Ich entwarf die Bill so, daß die wichtige Klausel zu einer bedingungsweisen gemacht wurde, nämlich: „Und es soll von der vorerwähnten Behörde beschlossen werden, daß, wenn die besagten Beisteurer zusammengetreten sein und ihre Direktoren und Schatzmeister erwählt und durch ihre Beiträge ein Kapitalvermögen von zweitausend Pfund beigebracht haben werden (dessen jährliche Zinsen zur Verpflegung der kranken Armen im genannten Spital, durchaus frei von allen Kosten für Nahrung, Pflege, Beratung und Arzneien, verwendet werden sollten), und wenn sie dasselbe zur Befriedigung des jeweiligen Sprechers der Assembly klar nachgewiesen haben werden, – daß dann erst es besagtem Sprecher gesetzlich erlaubt sein soll und mag, und er hierdurch dazu aufgefordert wird, eine Anweisung auf den Provinzial-Schatzmeister auszustellen für die Bezahlung von zweitausend Pfund in zwei Jahresraten an den Schatzmeister des besagten Hospitals, welche zur Gründung, Erbauung und Vollendung desselben angewendet werden sollen."

Diese Bedingung brachte die Bill durch, denn die Mitglieder, welche sich der Bewilligung widersetzt hatten und nun einsahen, sie könnten das Verdienst erwerben, mildthätig zu sein ohne den Geldaufwand, stimmten dem Durchgang der Bill bei. Und als wir nun das Volk um Beiträge angingen, machten wir die bedingungsweise Zusage des Gesetzes als weitern Grund zum Geben geltend, weil die Schenkung jedes Einzelnen verdoppelt werden würde; und so wirkte die Klausel nach beiden Seiten. Die Subskriptionen überschritten daher bald die erforderliche Summe, und wir beanspruchten und erhielten die öffentliche Beisteuer, welche uns in den Stand setzte, den Plan zur Verwirklichung zu bringen. Ein hübsches und passendes Gebäude wurde bald errichtet; das Institut hat sich durch andauernde Erfahrung als nützlich erprobt und blüht noch bis auf den heutigen Tag, und ich entsinne mich nicht eines einzigen meiner politischen Kunstgriffe, dessen Gelingen mir seiner Zeit mehr Freude gemacht und wobei ich mich, bei reiferer Erwägung, leichter über die Anwendung einiger List selbst entschuldigt hätte.

Etwa um dieselbe Zeit kam ein anderer Planmacher, Seine Hochwürden Herr Gilbert Tennent, zu mir mit der Bitte um meine Beihilfe, eine Subskription für Errichtung eines neuen Betsaals auf die Beine zu bringen. Derselbe sollte für den Gebrauch einer Gemeinde dienen, die er unter den Presbyterianern zusammen gebracht, welche ursprünglich Jünger des Herrn Whitefield gewesen waren. Da ich mich jedoch bei meinen Mitbürgern nicht durch allzuhäufiges Nachsuchen von Beiträgen unbeliebt machen wollte, so schlug ich es ihm rundweg ab. Er bat mich dann, ihm eine Liste von Namen derjenigen Personen zu liefern, welche ich aus Erfahrung als freigebig und gemeinsinnig kenne. Ich hielt es aber für unpassend von meiner Seite, sie nach ihrem freundlichen Eingehen auf meine Bitte gewissermaßen zu bezeichnen, damit sie von anderen Bettlern belästigt werden könnten, und verweigerte daher auch die Anfertigung einer derartigen Liste. Er verlangte dann, ich solle ihm wenigstens meinen Rat erteilen. „Das will ich gern thun," erwiderte ich; „in der ersten Reihe rate ich Ihnen, sich an alle diejenigen zu wenden, von denen Sie wissen, daß sie etwas geben; sodann an diejenigen, über die Sie im Ungewissen sind, ob sie etwas geben werden oder nicht, und ihnen die Liste derjenigen zu zeigen, welche gegeben haben; und endlich vernachlässigen Sie ja diejenigen nicht, von denen Sie überzeugt sind, daß sie nichts geben werden, denn in einigen von ihnen dürften Sie sich doch irren!" Er lachte, bedankte sich und sagte, er wolle meinen Rat befolgen. Und er befolgte ihn, denn er bat *jedermann* und erlangte eine weit größere Summe als er erwartet hatte, womit er das geräumige und sehr elegante Versammlungshaus errichtete, welches in Arch-Street steht.

Unsere Stadt war zwar mit schöner Regelmäßigkeit angelegt, und hatte breite, gerade Straßen, die sich unter rechten Winkeln kreuzten, aber den Nachteil, daß jene Straßen lange ungepflastert blieben und bei schlechtem Wetter von den Rädern schwerer Fuhrwerke zu einem Kotsumpf gepflügt worden, so daß man sie nur mit Mühe überschreiten konnte; bei trockenem Wetter aber war wiederum der Staub höchst lästig. Ich hatte neben dem sogenannten Jersey-Markt gewohnt und sah mit Schmerzen die Einwohner im Kote waten, während sie ihre Lebensbedürfnisse einkauften. Endlich wurde ein Streifen Bodens über die Mitte jenes Marktes herab mit Backsteinen gepflastert, so daß sie, wenn sie einmal auf dem Markte waren, festen Fuß fassen konnten, aber oft bis über die Schuhe im Kot staken, um dahin zu gelangen. Durch mündliche und schriftliche Erörterung dieses Gegenstands brachte ich es endlich dahin, daß die aus Backsteinen gefertigte Straße zwischen dem Markt und dem Bürgersteig, welcher auf jeder Seite an den Häusern hinlief, gepflastert wurde. Dies verschaffte eine Zeit lang einen leichten Zugang zu der gepflasterten Stelle des Marktes; da aber der Rest der Straße nicht gepflastert war, so schüttelte jedes Fuhrwerk, wenn es aus dem Kot auf dieses Pflaster kam, den Schmutz ab und ließ ihn auf demselben liegen, so daß das Pflaster bald mit Kot bedeckt war, welcher nicht beseitigt wurde, denn die Stadt hatte damals noch keine Straßenkehrer.

Nach einiger Erkundigung fand ich einen armen fleißigen Mann, welcher sich erbot, das Pflaster rein zu halten, indem er es zweimal wöchentlich kehrte und den Kot vor allen Thüren der Nachbarn hinweg führte gegen eine monatliche Vergütung von sechs Pence, welche ein jedes Haus zu bezahlen hatte. Ich schrieb und veröffentlichte dann im Druck einen Aufsatz, worin ich der Nachbarschaft alle die Vorteile auseinander setzte, welche durch diese kleine Ausgabe erzielt werden würde: die größere Leichtigkeit, unsere Häuser rein zu erhalten, weil die Leute nicht mehr so viel Schmutz an den Füßen hereinschleppten; den Vorteil für die Läden durch größere Kundschaft u. s. w., da die Käufer dann leichter zu denselben gelangen könnten, sowie daß der Staub bei windigem Wetter nicht mehr auf ihre Waren hereingeblasen werde u. s. w. Ich schickte in jedes Haus einen Abdruck von diesem Aufsatz und ging dann in einigen Tagen herum, um zu sehen, wer eine Verpflichtung zur Bezahlung jener sechs Pence unterzeichnen würde; dieselbe wurde auch einmütig unterschrieben und eine Zeit lang genau erfüllt. Alle Einwohner der Stadt freuten sich über die Reinlichkeit des Pflasters, welches den Markt umgab, da es eine Behaglichkeit für alle war, und dies rief ein allgemeines Verlangen hervor, sämtliche Straßen gepflastert zu sehen, und machte die Leute erbötig, sich einer Steuer zu diesem Zweck zu unterwerfen.

Nach einiger Zeit entwarf ich einen Antrag zur Pflasterung der Stadt und brachte ihn in der Assembly ein. Es war gerade, ehe ich nach England ging, im Jahr 1757, und sie passierte erst, als ich schon fort war, und dann mit einer Änderung in der Art der Besteuerung, welche ich für keine Verbesserung hielt, allein mit einer weitern Vorkehrung nicht nur für die Pflasterung, sondern auch für die Beleuchtung der Straßen, was eine bedeutende Vervollkommnung war. Ein Privatmann, Herr John Clifton, gab zuerst einen Beweis von der Nützlichkeit der Straßenlaternen, indem er eine solche an seiner Hausthüre anbrachte, und führte so die Leute zuerst auf den Gedanken, die ganze Stadt zu beleuchten. Das Verdienst dieser öffentlichen Wohlthat ist ebenfalls mir beigemessen worden, allein es gebührt der Wahrheit gemäß jenem Herrn. Ich folgte nur seinem Beispiel und dürfte nur einiges Verdienst hinsichtlich der Form unserer Laternen beanspruchen, weil sie sich von den kugelförmigen unterscheiden, mit welchen wir zuerst von England aus versehen wurden. Ich fand diese in mancher Hinsicht unbequem: sie gestatteten der Luft keinen Zutritt von unten, und der Rauch zog deshalb oben nicht gut ab, sondern kreiste in der Kugel, setzte sich an der Innenseite an und verdunkelte bald das Licht, welches die Laternen gewähren sollten; sie machten überdem die tägliche Mühe, sie zu reinigen, nötig, und ein gelegentlicher Stoß oder Schlag auf sie mußte sie zerstören und gänzlich unbrauchbar machen. Ich riet daher, sie aus vier flachen Scheiben zusammenzusetzen und oben mit einem langen Schlot zur Abführung des Rauchs, sowie mit Öffnungen unten zum Lufteintritt zu versehen, um die Entfernung des Rauchs zu erleichtern. Auf diese Art wurden sie reinlich erhalten und nicht binnen weniger Stunden von Ruß dunkel, wie die Londoner Laternen, sondern brannten hell bis zum Morgen fort, und ein zufälliger unglücklicher Stoß zertrümmerte gewöhnlich nur eine einzige Scheibe, die leicht erneuert wurde.

Ich habe mich oft gewundert, warum die Londoner – infolge der Wirkung, welche die Öffnungen im Boden der kugelförmigen in Vauxhall gebrauchten Laternen auf die Reinhaltung derselben hatten – nicht lernten, ebenfalls solche Löcher in ihren Straßen-Laternen anzubringen. Da aber jene Löcher zu einem andern Zweck angebracht waren, nämlich um mittelst eines durch dieselben herabhängenden Strähnes dem Docht schneller die Flamme mitzuteilen, so scheint man an den andern Zweck, den Zutritt der Luft, nicht gedacht zu haben. Deshalb sind die Londoner Straßen sehr dürftig beleuchtet, schon einige Stunden, nachdem die Lampen angezündet worden sind.

Die Erwähnung dieser Verbesserungen erinnert mich noch an eine andere, welche ich während meines Aufenthalts in London dem *Dr.* Fothergill vorschlug, einem der trefflichsten Männer, welche ich je gekannt habe, und einem eifrigen Förderer gemeinnütziger Pläne. Ich hatte beobachtet, daß man bei trocknem Wetter die Straßen niemals kehrte und der leichte Staub nicht abgeführt wurde, sondern daß man ihn sich anhäufen ließ, bis ihn nasse Witterung in Kot verwandelte, worauf er dann nach einigen Tagen so tief auf dem Pflaster lag, daß man die Straßen nur auf Pfaden überschreiten konnte, welche von armen Leuten mit Besen rein erhalten wurden. Er wurde dann mit großer Mühe zusammengeharkt und in Karren geworfen, welche oben offen waren und deren Seiten bei jeder Erschütterung auf dem Pflaster etwas von dem weichen Kot herausschüttelten und fallen ließen, oft zur Belästigung der Vorübergehenden. Als Grund für das Nichtkehren der staubigen Straßen wurde angegeben, daß der Staub in die Fenster der Läden und Häuser stiegen würde.

Ein zufälliges Ereignis hatte mich darüber belehrt, wie viel Kehrarbeit in einer kurzen Zeit geleistet werden konnte. Ich fand eines Morgens an meiner Thüre in Craven-Street eine arme Frau, welche mein Pflaster mit einem Besen aus Birkenreisern kehrte; sie war von blassem schwächlichem Aussehen, denn sie war eben erst von einem Krankheitsanfall erstanden. Ich fragte, wer sie angestellt habe, hier zu kehren. „Niemand," erwiderte sie; „aber ich bin sehr arm und in Not, und ich kehre vor den Thüren der reichen Leute, in der Hoffnung, daß sie mir etwas schenken werden." Ich hieß sie die ganze Straße rein kehren, wofür ich ihr einen Schilling geben wolle; dies geschah um neun Uhr, und um zwölf Uhr kam sie schon, um ihren Schilling zu holen. Nach der Langsamkeit, mit welcher ich sie zuerst hatte arbeiten sehen, konnte ich kaum glauben, daß die Arbeit so bald gethan sei, und sandte meinen Diener fort, um es zu untersuchen, aber dieser berichtete, daß die ganze Straße vollkommen rein gekehrt und aller Staub in die in der Mitte gelegene Gosse gebracht sei. Der nächste Regen spülte denselben ganz hinweg, so daß das Pflaster und sogar die Gosse vollkommen rein war.

Ich schloß nun, daß, wenn jenes schwächliche Weib eine solche Straße in drei Stunden kehren konnte, ein starker rühriger Mann dies in der halben Zeit gethan haben würde. Bei dieser Gelegenheit sei es mir erlaubt, auf die Bequemlichkeit aufmerksam zu machen, in einer derartigen engen Straße nur eine einzige, der Mitte entlang laufende Gosse zu haben, anstatt deren zwei, die je an den Bürgersteigen hinlaufen; denn wenn aller Regen, welcher auf eine Straße fällt, von den Seiten abläuft und sich in der Mitte sammelt, so bildet er dort eine Strömung von hinreichender Stärke, um allen Schmutz und Unrat hinzuspülen, den er findet; verteilt sich der Regen aber in zwei Kanäle, so ist er häufig zu schwach, um auch nur einen einzigen von ihnen zu reinigen, und macht nur den vorhandenen Kot flüssiger, so daß die Räder der Fuhrwerke und die Hufe der Pferde ihn auf den gepflasterten Fußsteig schleudern, diesen dadurch schmutzig und schlüpfrig machen und häufig sogar die Vorübergehenden bespritzen. Mein Vorschlag, den ich dem guten Doktor mitteilte, war daher folgender:

„Um die Straßen von London und Westminster wirksamer zu reinigen und rein zu erhalten, wird beantragt: daß mit verschiedenen Scharwächtern akkordiert werden soll, damit sie, jeder in den verschiedenen Straßen und Gäßchen seines Bezirks, bei trockenem Wetter den Staub zusammenkehren und zu anderen Zeiten den Kot zusammenharken; daß sie zu diesem Behuf mit Besen und anderen geeigneten Gerätschaften versehen werden, welche an ihren betreffenden Standorten aufzubewahren und bereit zu halten wären, um diejenigen armen Leute, welche sie zu diesem Dienste etwa verwenden, damit zu versehen.

„In den trockenen Sommermonaten muß aller Staub in geeigneten Entfernungen von einander in Haufen zusammengekehrt werden, ehe noch die Läden und Fenster der Häuser gewöhnlich geöffnet werden, worauf dann die Straßenkehrer ihn ebenfalls in dichtverschlossenen Karren hinwegschaffen sollen.

„Wenn der Schlamm einmal zusammengeharkt ist, darf er nicht in Haufen liegen gelassen werden, um wieder durch die Räder der Fuhrwerke und das Getrappel der Pferde verbreitet zu werden, sondern die Straßenkehrer sind mit Karren zu versetzen, welche nicht hoch auf Räder, sondern niedrig auf Läufer gesetzt sind und Böden und Latten haben, die, wenn mit Stroh bedeckt, den darauf geworfenen Schlamm zurückhalten und das Wasser abziehen lassen werden, wodurch der Kot um so leichter wird, da ja das Wasser den größten Teil seines Gewichts ausmacht. Diese Karren sind in geeigneten Entfernungen aufzustellen, und der Kot ist in Schiebkarren zu ihnen hinzuschaffen; sie müssen an ihrem Aufstellungsorte stehen bleiben, bis der Kot seinen Wassergehalt abgegeben hat, und sind dann mit Pferdegespannen abzuführen."

Ich habe seither Zweifel ob der Ausführbarkeit des letztern Teils meines Vorschlags gehegt, wegen der Enge mancher Straßen und der Schwierigkeit, die Drainirschleifen so aufzustellen, daß sie den Straßenverkehr nicht allzuviel hindern; allein ich bin noch immer der Ansicht daß der erste Teil desselben, welcher das Zusammenkehren und die Abfuhr des Staubes am frühen Morgen vor der Öffnung der Läden verlangt, im Sommer bei den langen Tagen sehr ausführbar ist. Als ich nämlich eines Morgens um sieben Uhr den Strand und Fleet-Street entlang ging, bemerkte ich, daß noch kein einziger Laden offen, obwohl es schon feit drei Stunden heller Tag und die Sonne am Himmel war; denn die Einwohner von London ziehen aus eigener Wahl vor, viel bei Kerzenlicht zu leben und bei Sonnenschein zu schlafen, und beschweren sich doch oft in ziemlich thörichter Weise über die Steuer auf die Kerzen und den hohen Preis des Talgs.

Manche mögen diese Kleinigkeiten nicht des Erwähnens oder Erzählens wert erachten; allein wenn sie bedenken, daß zwar der Staub, welcher an einem windigen Tag einer einzelnen Person in die Augen oder in einen einzelnen Laden hineingeweht wird, nur von geringer Bedeutung ist, daß aber doch die große Menge derartiger Vorfälle in einer volkreichen Stadt und die häufigen Wiederholungen derselben ihnen Gewicht und Folge geben, so werden sie vielleicht nicht allzu streng diejenigen tadeln,, welche Dingen von anscheinend so unbedeutender Natur einige Aufmerksamkeit angedeihen lassen. Das menschliche Glück und Behagen wird nicht sowohl durch die nur selten vorkommenden großen Falle von günstigen Schicksalsfügungen, als durch die täglich vorkommenden kleinen Vorteile hervorgebracht. Wenn man z. B. einen armen jungen Mann lehrt, sich selbst zu barbieren und sein Rasiermesser in Ordnung zu halten, so kann man mehr zum Glück und Behagen seines Lebens beitragen, als wenn man ihm tausend Guineen schenkt. Das Geld kann bald verbraucht sein, und dann wird nur Ärger und Reue zurückbleiben, daß man es thöricht vergeudet hat; im andern Falle aber vermeidet der junge Mann den häufigen Ärger, welchen ihm das Warten auf die Barbiere, oder deren bisweilen schmutzige Finger, übelriechender Atem und stumpfe Rasiermesser verursachen; er barbiert sich, wann es ihm am bequemsten ist, und genießt täglich das Vergnügen, daß dies mit einem guten Instrument geschieht. Aus diesem Gesichtspunkte habe ich die Paar obigen Seiten zu schreiben gewagt in der Hoffnung, daß sie Winke liefern mögen, welche vielleicht einmal der Stadt, die ich liebe, weil ich viele Jahre glücklich in ihr gelebt, und vielleicht auch mancher unserer anderen Städte in Amerika zu Gute kommen dürften.

Nachdem ich einige Zeit von dem Generalpostmeister in Amerika als sein Kontroleur in Beaufsichtigung mehrerer Postämter und in der Abrechnung mit den Postbeamten angestellt gewesen war, wurde ich bei seinem Tode 1753 in Gemeinschaft mit Herrn William Hunter durch eine Bestallung von Seiten des Generalpostmeisters in England zu seinem Nachfolger ernannt. Die amerikanische Postanstalt hatte seither niemals irgend etwas an diejenige von Großbritannien bezahlt. Wir sollten zusammen ein jährliches Einkommen von sechshundert Pfund erhalten, wenn wir diese Summe aus dem Gewinn des Postwesens erschwingen konnten. Um das zu erzielen, waren vielfältige Verbesserungen notwendig, von welchen einige unvermeidlich anfangs kostspielig waren, so daß in den ersten vier Jahren die Postverwaltung uns mehr als neunhundert Pfund schuldig wurde. Allein bald darauf begann sie, uns zurückzubezahlen, und ehe ich noch durch eine Laune der Minister, auf welche ich später zu sprechen kommen werde, meiner Stelle entsetzt wurde, hatten wir es dahin gebracht, daß sie der Krone einen *dreifach größeren Reinertrag* einbrachte, als die Postverwaltung in Irland. Seit jener unklugen Maßregel aber haben sie von ihr nicht einen Heller erhalten!

Die Geschäfte des Postwesens veranlagen mich, in jenem Jahr eine Reise nach Neu-England zu unternehmen, wo die Hochschule zu Cambridge mich aus freiem Antriebe mit dem Grade eines Magisters der freien Künste beschenkte. Yale-College in Connecticut hatte mir früher schon eine ähnliche Auszeichnung erwiesen. So wurde ich, ohne an einer dieser Universitäten studiert zu haben, ihrer Ehren teilhaftig. Diese akademischen Ehrenbezeugungen wurden mir in Anerkennung meiner Verbesserungen und Entdeckungen in dem elektrischen Zweige der Naturlehre übertragen.

Da im Jahre 1754 wieder ein Krieg mit Frankreich zu befürchten stand, so sollte auf einen Befehl des Handelsministeriums ein Kongreß von Kommissären aus den verschiedenen Kolonien zu Albany zusammentreten, um sich dort mit den Häuptlingen der „sechs Nationen" über die Mittel zur Verteidigung ihres und unsres Landes zu beraten. Gouverneur Hamilton, welcher diesen Befehl erhalten hatte, teilte ihn dem Hause mit und bat, dasselbe möge passende Geschenke für die Indianer liefern, um sie bei dieser Gelegenheit zu verteilen; er ernannte den Sprecher (Herrn Morris) und mich, um gemeinschaftlich mit Herrn Thomas

Penn und Herrn Sekretär Peters als Kommissäre für Pennsylvanien zu handein. Das Haus billigte die Ernennung und lieferte die erforderlichen Waren für die Geschenke, obschon es keine große Geneigtheit zeigte, außerhalb der Provinzen zu unterhandeln. Wir trafen erst ungefähr in der Mitte des Juni mit den anderen Kommissären in Albany zusammen.

Auf unsrer Reise sann und arbeitete ich einen Plan aus zur Vereinigung aller Kolonien unter Einer Regierung, insoweit dies für die Verteidigung und sonstige wichtige allgemeine Zwecke notwendig sein würde. Als wir New-York passierten, ließ ich dort mein Projekt den Herren James Alexander und Kennedy zeigen, zwei Männern von großer Erfahrung und Kenntnis in öffentlichen Angelegenheiten, und wagte dann, durch ihren Beifall gestärkt, es dem Kongreß vorzulegen. Es stellte sich nun heraus, daß mehrere von den Kommissären ähnliche Pläne ausgearbeitet hatten. Zuerst wurde die Vorfrage erhoben, ob überhaupt eine Vereinigung hergestellt werden sollte, was einmütig bejaht wurde. Hierauf wurde ein Ausschuß, zu dem jede Provinz ein Mitglied abordnete, beauftragt, die einzelnen Pläne in Erwägung zu ziehen und darüber zu berichten. Dem meinigen ward zufällig der Vorzug gegeben und derselbe daher mit wenigen Verbesserungen vorgetragen.

Nach diesem Plan sollte die allgemeine Regierung durch einen von der Krone angestellten und unterhaltenen General-Präsidenten ausgeübt und ein Großer Rat durch Vertreter der Bevölkerung der einzelnen Kolonien in ihren betreffenden Provinzial-Versammlungen gewählt werden. Die Debatten hierüber im Kongreß gingen täglich fort, Hand in Hand mit dem Indianergeschäft. Viele Einwendungen und Schwierigkeiten wurden erhoben, aber endlich alle überwunden, worauf der Plan einstimmig gut geheißen und die Weisung gegeben wurde, Abschriften davon an das Handelsministerium und an die Versammlungen der einzelnen Provinzen abzuschicken. Der Plan hatte ein eigentümliches Schicksal: jene nahmen ihn nicht an, weil nach ihrer Ansicht zu viel „Vorrechte für die Krone“ darin lagen, und in England erachtete man ihn für allzu „demokratisch“. Das Handelsministerium gab ihm daher weder seine Zustimmung noch empfahl es ihn der Gutheißung Seiner Majestät. Dagegen wurde ein anderer Entwurf gemacht, von welchem man annahm, daß er demselben Zweck besser entspreche, wonach der Gouverneur der Provinzen mit einigen Mitgliedern ihrer betreffenden Provinzialräte zusammentreten, die Aushebung von. Truppen, die Erbauung von Festungen u. s. w. anordnen und für die Kosten derselben auf den Staatsschatz von Großbritannien ziehen sollte.

Die Ausgaben hierfür sollten später mittelst einer Parlamentsakte, welche eine Steuer auf Amerika legte, wieder ersetzt werden. Mein Plan nebst den dafür sprechenden Gründen ist unter meinen im Druck erschienenen politischen Aufsätzen zu finden.

Als ich im darauffolgenden Winter in Boston war, unterhielt ich mich vielfach mit dem Statthalter Shirley über beide Pläne. Ein Teil dessen, was bei dieser Gelegenheit zwischen uns verhandelt wurde, ist ebenfalls unter obigen Abhandlungen zu finden. Die verschiedenen und entgegengesetzten Gründe der Abneigung gegen meinen Plan lassen mich mutmaßen, daß derselbe in der That das richtige Mittel war, und ich bin immer noch der Ansicht, es wäre ein Glück für beide Teile diesseits und jenseits des Oceans gewesen, wenn man ihn angenommen hätte. Auf diese Weise vereinigt, wären die Kolonien stark genug gewesen, sich selbst zu verteidigen, und hätten dann keine Truppen aus England nötig gehabt, und so würde selbstverständlich der nachfolgende Vorwand zur Besteuerung Amerikas und der hierdurch veranlaßte blutige Kampf vermieden worden sein. Allein derartige Mißgriffe sind nichts neues: die Geschichte wimmelt von den Irrtümern der Staaten und Fürsten:

> „Betrachte rings dir die bewohnte Welt, wie Wen'ge
> Verstehn ihr eignes Wohl, noch folgen ihm, wenn sie's verstehn!“

Die am Staatsruder Stehenden haben meist viel zu thun und nehmen sich im allgemeinen nicht gern die Mühe, neue Projekte zu überlegen und in Vollzug zu setzen. Die besten öffentlichen Maßregeln werden daher selten *aus vorangehender Weisheit angenommen, sondern von der Gelegenheit aufgedrungen*.

Der Gouverneur von Pennsylvanien sandte den Entwurf an das Haus mit seinem ausdrücklichen Beifall, „da derselbe ihm mit großer Klarheit und Schärfe des Urteils ausgedacht scheine, weshalb er ihn als ihrer genauesten und ernstesten Beachtung würdig empfehle.“ Auf das Betreiben gewisser Mitglieder aber setzte das Haus ihn auf die Tagesordnung, als ich zufällig abwesend war, was ich für ein nicht gerade billiges Verfahren hielt, und verwarf ihn, zu meiner nicht geringen Demütigung, ohne ihn auch nur der geringsten Beachtung zu würdigen.

Auf meiner Reise nach Boston in diesem Jahr traf ich in New-York unsern neuen Gouverneur Herrn Morris, der soeben aus England angekommen und mit dem ich zuvor schon genau bekannt gewesen war. Er brachte eine Bestallung als Ersatzmann des Herrn Hamilton, welcher, der Zänkereien müde, denen ihn seine von den Eigentümern erhaltenen Instruktionen aussetzten, seine Stelle niedergelegt hatte. Herr Morris fragte mich, ob ich glaube, daß er sich auf eine ebenso unerquickliche Verwaltung gefaßt machen müsse. Ich erwiderte: „Durchaus nicht; Sie können im Gegenteil eine sehr behagliche haben, wenn Sie nur Sorge tragen wollen, sich auf keinen Streit mit der Assembly einzulassen!" – „Mein lieber Freund," sagte er scherzend, „wie können Sie mir raten, Streitereien auszuweichen? Sie wissen, ich bin ein Freund des Deputierens; es ist eines meiner liebsten Vergnügen; um Ihnen jedoch die Hochschätzung zu zeigen, die ich für Ihren Rat hege, verspreche ich Ihnen, allen Disputen womöglich auszuweichen." Er hatte allerdings einigen Grund, das Disputieren zu lieben, da er ein guter Redner, ein spitzfindiger Sophist und daher meistens erfolgreich war, wenn es bei einem Gespräch auf Gründe und Beweise ankam. Er war hierzu von Jugend auf erzogen worden, denn so viel ich hörte, hatte sein Vater seine Kinder daran gewöhnt, zu seiner Unterhaltung mit einander zu streiten, wenn sie nach dem Essen am Tische saßen. Dies war jedoch meines Bedünkens kein weises Verfahren, denn nach dem Verlaufe meiner Beobachtungen sind solche streitsüchtige, stets widersprechende und widerlegende Leute gewöhnlich sehr unglücklich in ihren eigenen Angelegenheiten. Sie tragen zwar zuweilen den Sieg davon, ernten aber niemals Dankbarkeit, die ihnen von größerm Nutzen sein würde. Wir trennten uns, denn er ging nach Philadelphia und ich nach Boston.

Bei meiner Rückkehr fand ich in New-York die Abstimmungen der Assembly, aus welchen hervorging, daß er trotz seines mir gegebenen Versprechens bereits mit dem Hause in heftigem Streit stand. Es fand zwischen beiden ein fortwährender Krieg statt, so lange er die Gouverneurstelle inne hatte. Ich bekam ebenfalls meinen Anteil daran, denn sobald ich wieder auf meinen Sitz in der Assembly zurückgekehrt war, wurde ich in jeden Ausschuß gewählt, um seine Reden und Botschaften zu beantworten, und von den Ausschüssen meist mit der Abfassung der betreffenden Entwürfe betraut. Unsere Adressen waren, gerade so wie seine Botschaften, oft scharf und manchmal recht unanständig grob. Da er wußte, daß ich für die Versammlung die Feder führte, so hätte man vermuten können, wir müßten uns eigentlich gegenseitig die Kehle abschneiden, wenn wir uns begegneten. Er war jedoch ein solch gutmütiger Mensch, daß jener Streit keine persönliche Feindschaft zwischen ihm und mir veranlaßt, und wir oft mit einander speisten.

Auf dem Gipfelpunkt dieses öffentlichen Haders begegneten wir uns eines Nachmittags auf der Straße, „Franklin," sagte er, „Sie müssen mit mir nach Hause gehen und den Abend bei mir verbringen; ich werde einige Gesellschaft haben, die Ihnen gefallen wird." Dabei nahm er mich am Arm und führte mich nach seinem Hause. In heiterer Unterhaltung bei unserm Wein nach Tische äußerte er im Scherz, er bewundere sehr den Einfall Sancho Pansas, welcher, als man ihm einen Gouverneurposten anbot, die Bitte stellte, es möchte ein Gouverneurposten über *Schwarze* sein, da er alsdann seine Unterthanen doch verkaufen könnte, falls er sich mit denselben nicht zu vertragen wüßte. Einer seiner Freunde, welcher neben nur saß, sagte: „Franklin, warum fahren Sie fort, es mit diesen verwünschten Quäkern zu halten? Würden Sie nicht besser thun, dieselben zu verkaufen? Die ›Eigentümer‹ würden Ihnen einen guten Preis bezahlen." – „Der Gouverneur hat dieselben noch nicht genug *angeschwärzt*," gab ich zur Antwort. Er hatte sich nämlich sehr bemüht, die Assembly in allen seinen Botschaften tüchtig anzuschwärzen, allein diese wischte seine Farbengebung so rasch ab, als er sie auflegte, und klexte sie dafür dick auf sein eignes Gesicht, so daß er fand, er werde am Ende selbst zum Neger werden, schließlich wie Herr Hamilton des Streits ebenso müde ward und von seinen Gouverneurposten abtrat.

Diese öffentlichen Händel rührten im Grunde alle von den „Eigentümern", unseren erblichen Gouverneuren, her, welche, wenn irgend eine Ausgabe für die Verteidigung ihrer Provinz bestritten werden sollte, mit unglaublicher Gemeinheit ihren Bevollmächtigten die Weisung gaben, kein Gesetz für die Erhebung der erforderlichen Steuern durchgehen zu lassen, falls ihre ungeheuren Ländereien in demselben Gesetz nicht ausdrücklich für steuerfrei erklärt würden; ja sie hatten sogar ihre Sachwalter förmlich in Pflicht genommen, solche Instruktionen einzuhalten" Die Assemblyes stemmten sich drei Jahre lang gegen diese Ungerechtigkeit, wurden aber zuletzt zum Nachgeben gezwungen. Endlich erkühnte sich Kapitän Denny, der Nachfolger des Gouverneurs Morris, jenen Weisungen nicht zu gehorchen; wie dies zustande kam, werde ich später erzählen.

Allein ich bin meiner Geschichte zu weit vorausgeeilt und habe hier noch einige Angelegenheiten zu erwähnen, welche während der Verwaltung des Gouverneurs Morris vorfielen.

Da der Krieg mit Frankreich gewissermaßen begonnen hatte, so beabsichtigte die Regierung von Massachusetts-Bay einen Angriff auf Crown-Point und schickte Herrn Quincy nach Pennsylvanien, und Herrn Pownall, den nachmaligen Gouverneur, nach New-York, um Hilfe nachzusuchen. Da ich in der Assembly saß, deren Stimmung kannte und Herrn Quincys Landsmann war, so wandte er sich an mich um meinen Einfluß und meine Unterstützung. Ich diktierte ihm eine Adresse an die Assembly; diese nahm sie gut auf und bewilligte eine Unterstützung von zehntausend Pfund, welche in Proviant angelegt werden sollten. Da jedoch der Gouverneur seine Zustimmung zu ihrer Bill verweigerte (welche diese mit anderen für den Gebrauch der Krone bewilligten Summen umfaßte), wenn nicht eine Klausel darin aufgenommen würde, die den Stand der Eigentümer von jedem Beitrag zu der erforderlich werdenden Steuer befreie, so wußte die Assembly trotz ihres Wunsches, ihre Bewilligung an Neu-England wirksam zu machen, doch nicht, wie sie dies bewerkstelligen solle. Herr Quincy versuchte sein Möglichstes bei dem Gouverneur, um seine Zustimmung zu erlangen, aber derselbe war hartnäckig.

Ich riet nun ein Verfahren an, um dieses Geschäft ohne den Gouverneur zu machen durch Weisungen an die Kuratoren der Leihbank, bei welchen die Assembly Anleihen zu machen gesetzlich befugt war. Es war allerdings damals wenig oder gar kein Geld in der Bank, und ich machte daher den Vorschlag, man solle die Anweisungen binnen Jahresfrist zahlbar und mit fünf Prozent verzinslich machen. Ich hoffte, daß man mit diesen Anweisungen die Lebensmittel leicht kaufen könne. Die Assembly nahm den Vorschlag ohne vieles Zögern an. Die Anweisungen wurden sogleich gedruckt, und ich gehörte zu der Kommission, welche die Weisung hatte, dieselben zu unterzeichnen und auszugeben. Der zur Einlösung derselben bestimmte Fond war der Zins von dem gesamten Papiergeld, welches damals von Seiten der Leihbank in der Provinz existierte, nebst dem Ertrag aus der Accise, welche als mehr wie zureichend bekannt war. Die Papiere erlangten deshalb augenblicklich Kredit und wurden nicht allein als Zahlung für den Proviant angenommen, sondern manche wohlhabende Leute, welche bares Geld liegen hatten, legten dasselbe in diesen Hilfskassenschemen an, weil sie dieselben vorteilhaft fanden, da sie einstweilen dem Besitzer Zins trugen und bei jeder Gelegenheit als Geld verwendet werden konnten. Dieselben wurden daher alle begierig aufgekauft, und binnen weniger Wochen waren gar keine mehr zu sehen. So wurde dieses wichtige Geschäft durch meine Vermittlung ausgeführt. Herr Quincy erstattete der Assembly seinen Dank in einem hübschen Schreiben, kehrte hochbefriedigt von dem Erfolg seiner Sendung nach Hause zurück und bethätigte für mich stets die herzlichste und wärmste Freundschaft.

Da die britische Regierung der Vereinigung der Kolonien, wie sie in Albany vorgeschlagen worden war, ihre Zustimmung nicht erteilen und diese Union nicht mit ihrer eigenen Verteidigung betrauen wollte, damit die Provinzen dadurch nicht etwa zu kriegerisch und ihrer eigenen Stärke sich bewußt würden, und da man damals allerlei Argwohn, und Eifersucht auf sie hegte, so sandte sie den General Braddock mit zwei Regimentern regulärer englischer Truppen zu diesem Zwecke herüber. Er landete zu Alexandra in Virginien und marschierte von da nach Frederictown in Maryland, wo er Halt machte und auf Fuhrwerke wartete. Weil unsere Assembly, auf irgend einen Wink hin,, fürchtete, der General trage sich mit heftigen Vorurteilen gegen sie, als ob sie dem Dienste abgeneigt sei, so wünschte sie, daß ich ihm meine Aufwartung mache, aber nicht als von ihr gesandt, sondern als General-Postmeister, unter dem Vorwand, ihm Vorschläge zu machen und ein Übereinkommen mit ihm zu treffen über die Art und Weise, wie die Depeschen zwischen ihm und den Gouverneuren der einzelnen Provinzen, mit denen er notwendig in fortwährendem Briefwechsel stehen mußte, mit der möglichsten Schnelligkeit und Sicherheit zu besorgen seien. Mein Sohn begleitete mich auf dieser Reise.

Wir trafen den General zu Frederictown, wo er ungeduldig auf die Rückkehr derjenigen wartete, welche er in die entlegeneren Bezirke von Maryland und Virginien gesandt hatte, um Fuhrwerke aufzubieten. Ich blieb mehrere Tage bei ihm, speiste täglich mit ihm und hatte reichlich Gelegenheit, alle seine Vorurteile durch die Nachricht von demjenigen zu beseitigen, was die Assembly schon vor seiner Ankunft wirklich gethan hatte und noch zu thun gewillt war, um seine Unternehmungen zu erleichtern. Als ich schon im Begriff war abzureisen, wurden die herbeigeschafften Wagen geliefert, wobei sich ergab, daß sie sich nur auf fünfundzwanzig beliefen und daß selbst diese nicht alle in diensttauglichem Zustande waren. Der General und seine Offiziere waren überrascht und erklärten, die Expedition sei nun zu Ende und unmöglich, und schimpften auf die Minister, weil diese sie aus Unwissenheit in einer Gegend hatten landen lassen, wo alle Mittel zur Fortschaffung ihrer Vorräte, Bagage u. s. w. fehlten, wozu man nicht weniger als hundertundfünfzig Wagen bedurfte.

Ich äußerte zufällig die Ansicht, es sei schade, daß sie nicht lieber in Pennsylvanien gelandet seien, weil in diesem Lande beinahe jeder Bauer seinen

Wagen hatte. Der General hielt sich begierig an meine Worte und sagte: „Dann können Sie, mein Herr, der Sie dort so viel Ansehen genießen, uns wahrscheinlich welche verschaffen, und ich bitte Sie, es wenigstens zu versuchen.“ Ich erkundigte mich nach den Bedingungen, welche den Eigentümern der Wagen geboten würden, und ward gebeten, diejenigen Bedingungen zu Papier zu bringen, welche mir notwendig erscheinen sollten. Dies that ich. Sie wurden angenommen, und sogleich ward eine Bestallung mit den nötigen Instruktionen aufgesetzt. Von welcher Art jene Bedingungen waren, wird aus der Anzeige hervorgehen, welche ich unmittelbar nach meiner Ankunft in Lancaster veröffentlichte. Da dieselbe, wegen der großen und sofortigen Wirkung, welche sie hervorbrachte, einigermaßen ein merkwürdiges Aktenstück geworden ist, so werde ich sie nachstehend in ihrem ganzen Wortlaut einrücken:

Lancaster, 26. April 1755.

„Da für den Dienst der königlichen Truppen, welche im Begriff stehen sich in Wills Creek zu sammeln, einhundertundfünfzig vierspännige Wagen und fünfzehnhundert Reit- oder Packpferde erforderlich sind, und Se. Excellenz Braddock geruht hat, mich zum Abschluß von Mietsverträgen für dieselben zu ermächtigen, so gebe ich hiemit Nachricht, daß ich von heute bis zum künftigen Mittwoch Abend in Lancaster und vom nächsten Donnerstag Morgen bis zum Freitag Abend in York verweilen und bereit sein werde, für Wagen und Gespann oder einzelne Pferde unter den folgenden Bedingungen Verträge abzuschließen, nämlich: 1. Für jeden Wagen mit vier guten Pferden und einem Fuhrmann werden fünfzehn Schillinge täglich, und für jedes tüchtige Pferd mit einem Packsattel oder andern Sattel und Zaum zwei Schillinge täglich, und für jedes tüchtige Pferd ohne Sattel achtzehn Pence per Tag bezahlt werden. – 2. Die Bezahlung beginnt von der Zeit an, wo dieselben bei den Streitkräften in Wills Creek eintreffen, was an oder vor dem kommenden 20. Mai geschehen muß, und außerdem wird eine gemessene Vergütung für die nach Wills Creek nötige Reise und für die Heimreise nach der Entlassung geleistet werden. – 3. Jeder Wagen, jedes Gespann und jedes Reit- oder Packpferd soll von unbeteiligten Personen, die von mir und den Eigentümern zu wählen sind, geschätzt werden; im Fall des Verlust's irgend eines Wagens, Gespanns oder Pferdes im Dienste soll aber der Preis nach Maßgabe einer derartigen Schätzung vergütet und bezahlt werden. – 4. Dem Eigentümer eines jeden Wagens und Gespanns oder Pferdes soll auf Verlangen bei Abschluß des Vertrags eine siebentägige Löhnung im voraus auf die Hand bezahlt und der Rest von General Braddock oder dem Zahlmeister der Armee bei der Entlassung oder auch von Zeit zu Zeit ausbezahlt werden, je nachdem es verlangt wird. – 5. Kein Fuhrmann bei den Wagen und keine anderen mit der Pflege der gemieteten Pferde betrauten Personen werden unter irgend einem Vorwand aufgefordert werden, den Dienst von Soldaten zu thun oder andere Verwendung zu übernehmen, als die Führung und Besorgung ihrer Fuhrwerke und Pferde. – 6. Aller Hafer, Mais oder sonstige Fourage, welche die Wagen oder Pferde über den nötigen Bedarf für den Unterhalt der Pferde hinaus mit ins Lager bringen, soll für den Gebrauch der Armee angenommen und mit einem anständigen Preise bezahlt werden.

Bemerkung: Mein Sohn William Franklin ist ermächtigt, mit jedermann in Cumberland County denselben Vertrag einzugehen.

B. Franklin.“

An die Einwohner der Grafschaften Lancaster, York u. Cumberland.

„Freunde und Landsleute!

„Als ich vor einigen Tagen zufällig im Lager zu Frederic war, fand ich den General und die Offiziere äußerst erbittert darüber, daß ihnen nicht die Pferde und Fuhrwerke geliefert wurden, welche sie von der Provinz erwartet hatten, zumal diese am besten imstande waren dieselben zu liefern; allein infolge der Meinungs-Verschiedenheiten zwischen unserm Gouverneur und der Assembly war nicht für Geld gesorgt, noch irgend eine Vorkehrung zu diesem Zwecke getroffen worden.

„Man beabsichtigte, alsbald eine bewaffnete Macht in diese Grafschaften zu schicken und so viele von den besten Wagen und Pferden mit Beschlag zu belegen, als man bedürfte, und ebenso viele Personen, als zur Führung und Versorgung derselben erforderlich sein würden, zum Dienste zu zwingen.

„Ich fürchtete, daß das Vordringen britischer Soldaten durch diese Grafschaften bei einer derartigen Gelegenheit, besonders in ihrer gegenwärtigen Stimmung und der Erbitterung gegen uns, viele und große Unbehaglichkeiten für die Einwohner herbeigeführt haben würde. Ich unterzog mich daher um so bereitwilliger der Mühe, zuerst zu versuchen, was mit ehrlichen und billigen Mitteln zu erreichen wäre. Die Bewohner dieser entlegenen Grafschaften haben sich neuerdings bei der Assembly über das Fehlen einer genügenden Menge baren Geldes beschwert. Ihr habt nun eine Gelegenheit, eine sehr bedeutende

Summe einzunehmen und unter Euch zu verteilen; denn wenn der Dienst dieser Expedition, wie höchst wahrscheinlich der Fall sein wird, einhundertundzwanzig Tage andauern sollte, so wird die Miete jener Pferde und Wagen sich auf mehr als dreißigtausend Pfund belaufen, welche Euch in barem Silber und Gold königlicher Prägung ausbezahlt werden.

„Der Dienst wird leicht und behaglich sein, denn die Armee wird kaum über zwölf (engl.) Meilen weit per Tag marschieren, und die Wagen und Packpferde, da sie nur solche Dinge fortzuschaffen haben, welche für die Wohlfahrt der Armee absolut notwendig sind, müssen mit dieser marschieren und nicht schneller, und werden daher, um der Armee selbst willen, immer nur dahin gestellt, wo sie am sichersten sein können, sei es auf einem Marsch oder in einem Lager.

„Wenn Ihr also wirklich gute und getreue Unterthanen Seiner Majestät seid, wofür ich Euch halte, so könnt Ihr nun einen höchst dankenswerten Dienst leisten und es Euch selbst behaglich machen, denn drei öder vier von denjenigen, welche nicht für sich einen Wagen mit vier Pferden und einem Fuhrwerk bei den Geschäften ihrer Pflanzungen entbehren können, mögen es mit einander thun, indem der eine einen Wagen, ein anderer eines oder zwei Pferde und ein dritter den Fuhrmann stellt, und Ihr die Bezahlung in angemessenem Verhältnis unter Euch teilet. Wenn Ihr jedoch diesen Dienst Eurem König und Lande nicht freiwillig leistet, wo Euch eine solch gute Bezahlung und anständige Bedingungen angeboten werden, so wird man Eure Treue stark anzweifeln. Des Königs Geschäft muß gethan werden; so viele tapfere Truppen, welche zu Eurer Verteidigung so weit hergekommen sind, dürfen nicht müßig liegen durch Eure Saumseligkeit, das zu thun, was man vernünftigerweise von Euch erwarten kann; Wagen und Pferde müssen beschafft werden, gewaltsame Maßregeln werden gebraucht werden und Ihr werdet dann eine Entschädigung suchen dürfen, wo Ihr sie finden könnt, und Eure Lage wird vielleicht wenig bedauert oder beachtet werden.

„Ich habe kein besonderes Interesse an dieser Angelegenheit, da ich – außer dem Bewußtsein, mich für einen guten Zweck bemüht zu haben – nur Arbeit für meine Bemühungen haben werde. Sollte aber möglicherweise diese Methode, Pferde und Wagen zu bekommen, nicht gelingen, so bin ich genötigt, in vierzehn Tagen den General davon zu benachrichtigen, und wahrscheinlich wird dann Sir John St. Clair, der Husar, mit einer Abteilung Soldaten unverweilt zu jenem Zwecke in die Provinz einrücken, was zu vernehmen mir sehr leid thun wird, weil ich ganz aufrichtig und wahrhaftig bin Euer wohlmeinender Freund und Gönner.

B. Franklin."

Ich empfing von dem General ungefähr achthundert Pfund, um die Vorschüsse an die Wagenbesitzer u.s.w. zu leisten. Da aber die Summe nicht ausreichte, streckte ich noch gegen zweihundert Pfund aus meiner Tasche vor, und in zwei Wochen waren die hundertundfünfzig Wagen nebst zweihundertundneunundfünfzig Packpferden auf ihrem Marsche nach dem Lager. Die Bekanntmachung versprach Vergütung je nach der Schätzung, falls irgend einer der Wagen oder Pferde verloren gehen sollte. Da die Besitzer aber vorschützten, daß sie den General Braddock weder kannten, noch wüßten, in wie weit seiner Zusage zu trauen sei, so bestanden sie auf meiner Bürgschaft für deren Erfüllung, die ich ihnen denn auch gab.

Während ich im Lager war und eines Abends mit den Offizieren von Oberst Dunbars Regiment speiste, äußerte dieser mir seine Besorgnisse für die Subalternen, welche, wie er sagte, im allgemeinen nicht im Überstuß lebten und kaum imstande seien, in diesem teuren Lande sich die Vorräte anzuschaffen, welche für einen solch langen Marsch durch die Wildnis nötig waren, in der man doch nichts kaufen könne. Ich bemitleidete ihre Lage und nahm mir vor, durch meine Bemühungen ihnen einige Abhilfe zu schaffen. Ich äußerte jedoch gegen den Obersten nichts von meiner Absicht, sondern schrieb am andern Morgen an den Ausschuß der Assembly, welcher einige öffentliche Gelder zu seiner Verfügung hatte, empfahl die Sache jener Offiziere warm ihrer Erwägung und machte den Vorschlag, denselben ein Geschenk an den notwendigen Lebensbedürfnissen und Erfrischungen zu senden. Mein Sohn, der mit dem Lagerleben und seinen Bedürfnissen einigermaßen vertraut war, setzte eine Liste für mich auf, welche ich meinem Briefe beilegte. Der Ausschuß billigte den Vorschlag und legte solchen Eifer an den Tag, daß jene Vorräte unter der Führung meines Sohnes gleichzeitig mit den Wagen im Lager eintrafen. Sie bestanden aus zwanzig Ballen, wovon jeder enthielt:

?? Tabelle 6 Pfund Hutzucker,
6 Pfund guten Farinzucker,
1 Pfund guten grünen Thee,
1 Pfund guten schwarzen Thee,
6 Pfund gemahlenen Kaffee,

6 Pfund Chokolade,
½ Centner besten weißen Zwieback,
½ Pfund Pfeffer,
1 Quart besten weißen Weinessig,
1 Gloucester-Käse,
1 Tönnchen mit 20 Pfund guter Butter,
2 Dutzend Flaschen alten Madeira,
2 Gallonen Jamaica-Rum,
1 Flasche Senfmehl,
2 gutgeräucherte Schinken,
½ Dutzend geräucherte Zungen,
6 Pfund Reis,
6 Pfund Rosinen.

Diese zwanzig Ballen wurden gut verpackt auf ebenso viele Pferde geladen und jeder Ballen samt dem Pferde zu einem Geschenk für einen Offizier bestimmt. Sie wurden dankbarst angenommen und die erwiesene Freundlichkeit in Briefen an mich von den Obersten der beiden Regimenter in den dankbarsten Ausdrücken anerkannt. Auch der General war äußerst befriedigt von meiner Bemühung, ihm die Wagen u. s. w. zu verschaffen, bezahlte bereitwillig die Rechnung für meine Auslagen, dankte mir wiederholt und bat mich dringend um meine weitere Mithilfe bei der Nachsendung von Lebensmitteln an ihn. Ich unterzog mich auch diesem Auftrag und war sehr eifrig damit beschäftigt, bis wir von seiner Niederlage hörten. Ich hatte für den Dienst über tausend Pfund von meinem eigenen Geld ausgelegt, worüber ich ihm eine Abrechnung schickte. Sie gelangte zu meinem Glück einige Tage vor der Schlacht in seine Hände, und er schickte mir unverweilt eine Anweisung auf den Zahlmeister für die runde Summe von eintausend Pfund ein und ließ den Rest bis zur nächsten Abrechnung offen. Ich betrachte diese Zahlung als ein großes Glück, da ich später niemals imstande gewesen bin, jenen Rest zu erlangen; doch davon wird später die Rede sein.

Dieser General war meines Erachtens ein tapferer Mann und würde wahrscheinlich als guter Offizier in irgend einem europäischen Kriege eine Rolle gespielt haben. Allein er hatte zu viel Selbstvertrauen, eine zu hohe Meinung von der Tüchtigkeit der regulären Truppen und eine zu niedrige von den Amerikanern, wie von den Indianern. George Croghan, unser indianischer Dolmetscher, stieß auf dem Marsche zu ihm, mit hundert Indianern, welche als

Führer, Wegweiser, Kundschafter und dergleichen seinem Heere von großem Nutzen hätten sein können, wenn er sie freundlich aufgenommen hätte; allein er behandelte sie geringschätzig und vernachlässigte sie, und so liefen sie ihm allmählich davon.

Eines Tages unterhielt ich mich mit ihm, und er wollte mir einigen Begriff von seinem beabsichtigten Vorrücken geben. „Nach der Einnahme des Fort Duquesne," sagte er, „werde ich mich nach Niagara wenden, nach der Einnahme von diesem nach Frontenac, wenn die Jahreszeit es noch gestatten sollte, was meines Erachtens der Fall sein wird, denn Duquesne kann mich kaum länger als drei oder vier Tage aufhalten, und dann sehe ich nichts mehr, was meinen Marsch nach Niagara aufhalten könnte." Da ich mir zuvor meine Gedanken über die lange Linie gemacht hatte, welche sein Heer auf dem Marsch auf einem sehr schmalen Wege, bilden mußte, der erst durch Wald und Gebüsch zu hauen war, und nach demjenigen, was ich von einer früheren Niederlage von fünfzehnhundert Franzosen bei einem Einfall in das Land der Irokesen gehört, so hatte ich einige Zweifel und Befürchtungen hinsichtlich des Erfolgs dieses Feldzugs bekommen. Allein ich wagte nur zu bemerken: „Allerdings, mein Herr, wenn Sie mit diesen schönen und so gut mit Artillerie versehenen Truppen wohlbehalten vor Duquesne ankommen, so kann dieser Platz, welcher noch nicht vollständig befestigt und, so viel ich höre, nur mit einer schwachen Garnison befetzt ist, wahrscheinlich nur kurze Zeit Widerstand leisten. Die einzige Gefahr, welche ich für die Verhinderung Ihres Marsches fürchte, sind die Hinterhalte von Indianern, welche durch fortwahrende Übung im Legen und Ausführen derselben sehr geschickt sind. Die dünne, kaum vier Meilen lange Linie, welche Ihr Heer bilden muß, dürfte es Überfällen und Überrumpelungen in seinen Flanken und der Gefahr ausfetzen, wie ein Faden in mehrere Stücke geschnitten zu werden, welche wegen ihrer Entfernung von einander nicht zeitig genug aufrücken können, um sich gegenseitig zu unterstützen."

„Er lächelte über meine Unwissenheit und erwiderte: „Jene Wilden mögen allerdings für Eure rohe amerikanische Miliz ein furchtbarer Feind sein, allein auf des Königs reguläre und wohldisziplinierte Truppen, mein Herr, werden sie unmöglich irgend einen Eindruck machen." Ich war mir bewußt, daß es unpassend für mich sein würde, mit einem Militär über Gegenstände seines Berufs zu streiten, und ich sagte nichts weiter. Der Feind machte sich übrigens den Vorteil nicht zu nutze, welchen, nach meiner Befürchtung, die lange Marschlinie der Armee des Generals dem Gegner geboten hätte, sondern ließ diese ungehemmt bis auf ungefähr neun Meilen an jenen Platz vordringen; dann aber, als die Briten in einer Masse (denn sie hatten soeben einen Fluß passiert, wo die Vorhut Halt gemacht hatte, bis alle herübergekommen waren) und an dem offensten Punkte der Wälder, den sie noch passiert hatten, bei einander waren, griff der Feind ihre Vorhut mit einem mächtigen Feuer hinter Bäumen und Gebüsch hervor an. Das war die erste Kunde, welche der General von der Nähe des Feindes erhielt. Als die Vorhut in Unordnung geriet, führte Braddock die Truppen ihnen eiligst zu Hilfe, was in großer Verwirrung, durch Wagen, Bagage und Vieh hindurch geschah. Plötzlich erhielten diese das Feuer in ihre Flanke; die Offiziere, zu Pferde, waren leichter zu unterscheiden, wurden zu Zielscheiben auserlesen und fielen sehr schnell; die Soldaten wurden auf einen wirren Haufen zusammengetrieben, bekamen oder hörten kein Kommando mehr und mußten dem Feuer stillhalten, bis zwei Dritteile von ihnen gefallen waren; dann wurden sie von panischem Schreck ergriffen und wandten sich alle zu übereilter Flucht.

Die Fuhrleute nahmen jeder ein Pferd aus seinem Gespann und rissen aus; ihrem Beispiel folgten andere, und so wurden die Wagen, der Proviant, die Geschütze, die Munitionsvorräte dem Feinde überlassen. Der General wurde verwundet und nur mit Mühe fortgeschafft, sein Sekretär Herr Shirley an seiner Seite erschossen; von sechsundneunzig Offizieren waren dreiundsechzig gefallen oder verwundet, und von elfhundert Soldaten siebenhundertundvierzehn getötet. Diese elfhundert waren sämtlich auserlesene Mannschaften aus der ganzen Armee gewesen; die übrigen waren mit Oberst Dunbar zurückgeblieben, welcher mit dem schweren Teil des Kriegsbedarfs, des Proviants und der Bagage folgen sollte. Die Flüchtlinge gelangten unverfolgt in Dunbars Lager, und der panische Schrecken, welchen sie mitbrachten, ergriff augenblicklich ihn und die ganze Mannschaft. Obschon der Oberst noch über tausend Mann bei sich hatte, und der Feind, welcher Braddock geschlagen, höchstens aus vierhundert Indianern und Franzosen im ganzen bestand, befahl er dennoch, anstatt vorzurücken und wenigstens den Versuch zu machen, etwas von der verlorenen Ehre wiederzugewinnen, die Vernichtung aller Vorräte an Munition u. s. w., nur um desto mehr Pferde zur Förderung seiner Flucht nach den Ansiedlungen und weniger Ballast zum Mitnehmen zu haben. In den Niederlassungen fand er Bitten von Seiten der Gouverneure von Virginien, Maryland und Pennsylvanien vor, er möge seine Truppen an der Grenze aufstellen, um den Einwohnern einigen Schutz zu gewähren; allein er setzte seinen eiligen Marsch durch das ganze Land fort und glaubte sich nicht eher sicher, als bis er Philadelphia erreichte, wo die Einwohner ihn beschützen konnten. Dieser Vorfall gab uns Amerikanern den ersten Argwohn, daß unsere hohe Meinung von der Tapferkeit der britischen Regulären nicht sehr begründet gewesen war.

Schon auf ihrem ersten Ausmarsch von der Landung und bei ihrem Bordringen durch die Ansiedlungen hatten diese britischen Regulären die Einwohner geplündert und ausgezogen, manche arme Familien ganz ruiniert und überdem die Leute beleidigt, mißhandelt und eingesperrt, wenn sie Einwendungen machten. Dies war hinreichend, um uns über den Nutzen derartiger Verteidiger aufzuklären, wenn wir je welcher bedurft hätten. Wie verschieden davon war die Aufführung unserer französischen Freunde im Jahre 1781, welche auf dem Marsch durch den unbewohntesten Teil unseres Landes, von Rhode-Island bis nach Virginien, beinahe siebenhundert Meilen weit, nicht zu der geringsten Klage über den Verlust eines Schweins, eines jungen Huhns oder auch nur eines Apfels Anlaß gaben!

Kapitän Orme, einer von den Adjutanten des Generals und ebenfalls schwer verwundet, wurde mit demselben fortgeschafft und blieb bei ihm bis zu dessen Tod, welcher nach einigen Tagen eintrat. Der Kapitän erzählte mir, der General sei den ganzen ersten Tag gänzlich still geblieben und habe bei Nacht nur geäußert: „Wer hätte das gedacht?“ – habe den folgenden Tag abermals tiefes Schweigen beobachtet und nur endlich gesagt: „Wir werden ein andermal besser wissen, wie man mit ihnen umspringen muß,“ und sei dann wenige Minuten darauf verschieden.

Da die Papiere des Sekretärs samt all den Befehlen, Instruktionen und dem Briefwechsel des Generals in die Hände des Feindes gefallen waren, so wählte dieser eine Anzahl derselben aus und ließ sie ins Französische übersetzen und als Zeitungsartikel veröffentlichen, um die feindseligen Absichten des britischen Hofes vor der Kriegserklärung nachzuweisen. Unter diesen sah ich auch einige Briefe des Generals an das Ministerium, welche voll Anerkennung der Dienste gedachten, welche ich in der Armee erwiesen habe, und mich demselben zur Berücksichtigung empfahlen. Auch David Hume, welcher einige Jahre später Sekretär bei Lord Hertford, so lange dieser Gesandter in Frankreich war, und dann bei General Conway, dem damaligen Staatssekretär, gewesen, erzählte mir, er habe unter den Papieren in des letztern Bureau Briefe von General Braddock gesehen, welche mich demselben sehr warm empfahlen. Weil aber die

Expedition unglücklich gewesen war, scheinen meine Dienste für nicht sonderlich wertvoll erachtet worden zu sein, denn jene Empfehlungen brachten mir niemals den mindesten Vorteil.

Als Lohn für meine Bemühungen verlangte ich von dem General selbst nur eine einzige Gefälligkeit, nämlich daß er an seine Offiziere einen Befehl erlasse, keine von unseren gekauften Dienstleuten mehr einzureihen und diejenigen freizugeben, welche bereits eingereiht worden seien. Dies gewährte er gern, und es wurden demgemäß mehrere auf meine Verwendung ihren Herren zurückgegeben. Als der Oberbefehl an Dunbar überging, war dieser nicht so großmütig. Während er auf seinem Rückzug oder vielmehr seiner Flucht in Philadelphia verweilte, wandte ich mich an ihn wegen der Freigebung der Diener von drei armen Bauern in der Grafschaft Lancaster, welche er eingereiht hatte, und erinnerte ihn an die Befehle des verstorbenen Generals in dieser Hinsicht. Er versprach mir, falls die Eigentümer zu ihm nach Trenton kommen sollten, wo er in einigen Tagen auf seinem Marsch nach New-York eintreffen würde, denselben dort ihre Leute herauszugeben. Sie machten sich deshalb die Mühe und Kosten, nach Trenton zu reisen, wo er sich dann, zu ihrer starken Schädigung und Enttäuschung, sein Versprechen zu halten weigerte.

Sobald der Verlust der Wagen und Pferde allgemein bekannt wurde, drangen die sämtlichen Eigentümer wegen der Entschädigung auf mich ein, deren Bezahlung ich ihnen verbürgt hatte. Ihre Forderungen machten mir sehr viel Mühe und Unannehmlichkeit, denn wenn ich ihnen auch sagte, daß das Geld bar in den Händen des Zahlmeisters sei, aber der Zahlungsbefehl dafür erst von General Shirley eingeholt werden müsse, und wenn ich sie auch versicherte, daß ich mich bereits brieflich an den General gewandt habe, daß aber bei der Entfernung seines Standorts eine Antwort noch nicht so rasch eintreffen könne, und daß sie Geduld haben müßten, so reichte dies alles nicht hin, sie zufrieden zu stellen, und einige begannen mich zu verklagen. General Shirley erlöste mich endlich aus dieser peinlichen Lage, indem er Kommissäre zur Prüfung der Ansprüche aufstellte und die Auszahlung der Entschädigungen anordnete. Diese beliefen sich auf nahezu zwanzigtausend Pfund, deren Deckung mich ruiniert haben würde.

Ehe wir noch Kunde von dieser Niederlage erhalten hatten, kamen die beiden Doktoren Bond mit einer Subskriptionsliste zu mir und wollten das Geld zur Deckung der Kosten für ein großes Feuerwerk aufbringen, welches man als Freudenfest bei dem Empfang der Nachricht von unsrer Einnahme des Forts

Duquesne zu veranstalten beabsichtigte. Ich schaute sehr ernst drein und äußerte, es würde meines Bedünkens noch Zeit genug sein, ein Freudenfest vorzubereiten, wenn wir wüßten, daß wir Veranlassung zur Freude hätten. Die Herren schienen überrascht, daß ich nicht gleich auf ihren Vorschlag einging. „Ei zum Geier!“ rief der eine von ihnen, „Sie werden doch nicht annehmen, daß das Fort nicht eingenommen werden wird?“ – „Ich weiß nicht, ob es nicht genommen wird, aber ich weiß, daß kriegerische Ereignisse einer großen Ungewißheit unterworfen sind,“ gab ich zur Antwort. Ich setzte ihnen die Gründe meines Zweifels auseinander. Man ließ also die Subskription fallen, und die Unternehmer entgingen dadurch der Demütigung, welcher sie sich ausgesetzt hätten, wenn das Feuerwerk veranstaltet worden wäre. Dr. Bond äußerte bei irgend einer spätern Veranlassung, er sei kein Freund von Franklins Prophezeiungen.

Gouverneur Morris hatte vor General Braddocks Niederlage die Assembly immer mit einer Botschaft über die andere bestürmt, um sie zur Bewilligung von Geldern für die Verteidigung der Provinz und zum Erlaß von Ausschreiben anzuspornen, ohne daß jedoch, unter anderen, die Güter der Eigentümer besteuert würden; er hatte alle Bills der Assembly verworfen, weil sie keine derartige Ausnahmebestimmung enthielten, und er verdoppelte nun seine Angriffe mit gesteigerter Hoffnung auf Erfolg, weil die Gefahr und Not immer größer waren. Die Assembly blieb jedoch fortwährend fest, in dem Glauben, daß sie das Recht auf ihrer Seite habe, und daß es ein wesentliches Recht aufgeben heiße, wenn sie duldete, daß der Gouverneur ihre Geldbewilligungen korrigierte. In einer der letzten Bills, worin es sich um die Bewilligung von fünftausend Pfund handelte, bestand in der That seine beabsichtigte Verbesserung nur in einem einzigen Wort. Die Bill bestimmte, daß alle Besitztümer, reale und persönliche, besteuert werden sollten, diejenigen der Eigentümer „nicht ausgenommen“. Seine Verbesserung war, anstatt „nicht“ zu setzen: „allein“, – eine kleine, aber sehr inhaltsreiche Änderung. Als jedoch die Kunde von jenem militärischen Mißgeschick nach England gelangte, erhoben unsere dortigen Freunde, denen wir fürsorglich alle Antworten der Assembly, auf die Botschaften des Gouverneurs mitgeteilt hatten, ein Geschrei gegen die Eigentümer wegen ihrer Gemeinheit und Ungerechtigkeit, dem Gouverneur derartige Weisungen zu erteilen; einige von unseren Freunden gingen sogar so weit, zu sagen: die Eigentümer büßten dadurch, daß sie die Verteidigung ihrer Provinz hinderten, ihr Anrecht an dieselbe ein. Diese wurden hierdurch eingeschüchtert und sandten ihrem General-Einnehmer die Weisung, fünftausend Pfund von ihrem eigenen Gelde derjenigen beliebigen Summe hinzuzufügen, welche von der Assembly zu einem derartigen Zweck gegeben werden würde.

Als dies dem Hause bekannt gemacht wurde, nahm man es als ihren Anteil an einer allgemeinen Steuer an und erließ eine neue Bill mit einer Ausnahmebestimmung, welche demgemäß durchging. Durch diese Urkunde wurde ich zu einem der Kommissäre ernannt, welche über das Geld, 60,000 Pfd., zu verfügen hatten. Ich hatte mich rührig für die Formulierung der Bill und ihre Annahme verwendet und hatte gleichzeitig eine Bill zur Herstellung und Einübung einer freiwilligen Miliz entworfen, welche ich ohne viele Schwierigkeit im Hause durchbrachte, da in derselben die Vorkehrung getroffen war, den Quäkern ihre freie Wahl zu lassen. Um den Verband zu fördern, der zur Bildung einer Miliz nötig war, schrieb ich ein Gespräch, worin ich alle Einwendungen, welche ich mir nur gegen eine derartige Miliz denken konnte, anführte und widerlegte; dasselbe wurde gedruckt und übte meines Erachtens eine große Wirkung aus.

Während die einzelnen Compagnien in Stadt und Land sich bildeten und ihr Exercitium lernten, drang der Gouverneur in mich, für unsere nordwestliche Grenze zu sorgen, welche vom Feinde verheert wurde, und Vorkehrungen für die Verteidigung der Einwohner durch Aufgebot von Truppen und die Erbauung einer Reihe von Forts zu treffen. Ich übernahm dieses militärische Geschäft, obwohl ich mich dafür nicht sehr befähigt fühlte. Er gab mir eine Bestallung mit Vollmachten und ein Paket Blanko-Formulare von Patenten für Offiziere, welche ich allen mir tüchtig erscheinenden Personen erteilen durfte. Es machte mir nur wenig Schwierigkeit, die Mannschaften zu sammeln, und bald hatte ich 560 unter meinem Befehl. Mein Sohn, welcher im vorigen Kriege als Offizier in der gegen Canada aufgebotenen Armee gedient hatte , war mein Adjutant und für mich von großem Nutzem Die Indianer hatten Gnadenhütten, ein von Herrnhutern besiedeltes Dorf, verbrannt und die Einwohner niedergemetzelt, aber der Ort selbst galt als gut gelegen für eines der Forts.

Um nun dorthin zu marschieren, versammelte ich die Compagnien zu Bethlehem, der Hauptniederlassung der Herrnhuter. Ich war überrascht, dieselbe in so gutem Verteidigungszustande zu finden. Die hauptsächlichsten Gebäude wurden durch eine Verpfählung verteidigt. Die Bürger hatten eine Anzahl Waffen und Munition von New-York bezogen und sogar Massen kleiner Pflastersteine zwischen den Fenstern ihrer hohen steinernen Häuser aufgehäuft, damit ihre Frauen sie auf die Köpfe des ersten besten Indianers herunterschleudern könnten, der in die Häuser einzudringen versuchte. Die bewaffneten Brüder hielten überdem Wache und lösten sich so methodisch ab, wie in irgend einer Garnisonsstadt. Ich äußerte im Gespräch mit ihrem Bischof, Spangenberg, mein Erstaunen hierüber, denn ich wußte, daß sie eine Parlamentsakte erlangt hatten, welche sie vom Militärdienste in den Kolonien befreite, und hatte daher angenommen, sie hegten Gewissensbedenken gegen das Waffentragen. Er erwiderte mir, es sei zwar keiner ihrer Glaubensgrundsätze, aber zu der Zeit, wo jene Parlamentsakte erlangt wurde, von vielen ihrer Leute für einen solchen gehalten worden. Bei dieser Gelegenheit ergab sich übrigens zu ihrem Erstaunen, daß nur sehr Wenige sich zu demselben bekannten. Es scheint, sie täuschten entweder sich selbst oder das Parlament; aber gesunder Menschenverstand, unterstützt von vorhandener Gefahr, wird zuweilen über launenhafte Ansichten doch den Sieg davon tragen.

Es war zu Anfang Januar, als wir uns an dieses Geschäft der Erbauung der Forts machten. Ich schickte eine Abteilung an den Minisink mit Abweisungen, dort eines für die Sicherheit jenes obern Teils des Landes zu errichten, und eine andere Abteilung mit ähnlichen Weisungen nach dem untern Teile; ich selbst aber wollte mit dem Rest meiner Streitkräfte nach Gnadenhütten gehen, wo ein Fort für dringend nötig erachtet wurde. Die Herrnhuter verschafften uns fünf Wagen für unsere Werkzeuge, Vorräte, Gepäck u.&ncsp;s. w.

Unmittelbar ehe wir Bethlehem verließen, kamen elf Farmer, welche durch die Indianer von ihren Pflanzungen vertrieben worden waren, zu mir und baten mich um Ausrüstung mit Gewehren, damit sie zurückgehen und ihr Vieh abholen könnten. Ich gab jedem von ihnen eine Flinte mit entsprechender Munition. Wir waren noch kaum ein paar Meilen weit marschiert, so begann es zu regnen und regnete den ganzen Tag lang fort. Es waren keine Wohnstätten am Wege, um uns ein Obdach zu gewähren, bis wir gegen Einbruch der Nacht zu einem Deutschen kamen, in dessen Haus und Scheune wir uns zusammendrängten, alle so naß, als uns Wasser nur machen konnte. Es war gut, daß wir auf unserm Marsche nicht angegriffen wurden, denn unsere Waffen waren von der gewöhnlichsten Art und unsere Leute konnten ihre Flintenschlösser nicht trocken erhalten. Die Indianer sind in Vorkehrungen für diesen Zweck sehr geschickt, wir aber hatten keine solche. Sie begegneten an diesem Tage den elf obenerwähnten Farmern und töteten zehn von ihnen: und der eine, welcher entkam, erzählte uns, daß ihm und seinen Gefährten die

Gewehre nicht hatten losgehen wollen, weil das Zündkraut vom Regen naß geworden war.

Da wir am folgenden Tage schönes Wetter hatten, setzten wir unsern Marsch fort und erreichten das verödete Gnadenhütten. Es war eine Sägemühle in der Nähe, um welche herum noch mehrere Haufen Bretter aufgeschichtet geblieben waren, aus denen wir uns bald Hütten bauten – eine Arbeit, die bei der ungünstigen Jahreszeit um so nötiger war, als wir keine Zelte hatten. Unser Erstes war nun, die Toten, welche wir hier fanden, sorgfältiger zu beerdigen, weil sie von dem Landvolk nur halb eingescharrt worden waren.

Am andern Morgen wurde unser Fort entworfen und ausgesteckt, das einen Umfang von 455 Fuß hatte und also ebensoviel Pallisaden erforderte, welche aus Bäumen von durchschnittlich je einem Fuß Durchmesser hergestellt werden mußten. Wir hatten siebzig Äxte, die sogleich in Gebrauch genommen wurden, um Bäume zu fällen. Da unsere Leute in der Handhabung derselben sehr geübt waren, so gab es bald ein tüchtiges Stück. – Wie ich die Bäume so rasch fallen sah, hatte ich die Neugier, auf meine Uhr zu sehen, als zwei Männer eine Kiefer zu fällen begannen; binnen sechs Minuten hatten sie dieselbe zu Boden gestreckt, und ich fand, daß sie vierzehn Zoll im Durchmesser hatte. Jede Fichte gab drei Pallisaden von achtzehn Fuß Länge, an einem Ende zugespitzt. Während die einen die Pallisaden zurichteten, warf unsere übrige Mannschaft rund herum einen drei Fuß tiefen Graben auf, in welchen die Schanzpfähle eingepflanzt werden sollten. Wir nahmen von unseren Wagen die Kästen ab, trennten die vorderen und hinteren Räderpaare durch Herausnehmen des Zapfens, welcher die beiden Teile des Langwieds vereinigte, und hatten nun zehn Fuhrwerke, jedes mit zwei Pferden, um die Pfähle aus den Wäldern an Ort und Stelle zu schaffen. Als die Verpfählung aufgerichtet war, erbauten unsere Zimmerleute an der Innenseite derselben ein etwa sechs Fuß hohes Gerüst aus Brettern, damit die Männer darauf stehen konnten, wenn sie durch die Schießscharten feuerten. Wir hatten eine Drehbasse, welche wir an einer der Ecken aufstellten und abfeuerten, sobald sie fertig war, um die Indianer, falls etwa solche in Hörweite waren, wissen zu lassen, daß wir solche Geschütze hatten. Und so ward unser Fort, wenn man einer solch armseligen Verpfählung einen solch stolzen Namen geben darf, in einer Woche vollendet, obschon es einen Tag um den andern so stark regnete, daß die Leute nicht arbeiten konnten.

Dies gab mir Gelegenheit wahrzunehmen, daß die Leute am leichtesten zu befriedigen sind, wenn sie beschäftigt werden, denn an den Tagen, wo sie arbeiteten, waren sie gutmütig und heiter und verbrachten ihren Abend vergnügt, in dem Bewußtsein, ein gutes Tagewerk gethan zu haben; an unseren müßigen Tagen dagegen waren sie meuterisch und zanksüchtig, nergelten an ihrem Schweinefleisch, Brot u. s. w. herum und zeigten beständige Mißlaune, was mich an jenen Schiffskapitän erinnerte, welcher die Gewohnheit hatte, seine Mannschaft fortwährend in Arbeit zu erhalten, und der, als ihm sein Maat eines Tages meldete, es sei alles geschehen und keine weitere Arbeit mehr vorhanden, um sie damit zu beschäftigen, ausrief: „*So, nun dann laß sie den Anker fegen*!“

Diese Art von Fort, wie unbedeutend auch an sich, ist doch ein hinreichender Schutz gegenüber den Indianern, welche keine Kanonen haben. Da wir uns nun sicher postiert fühlten und einen Ort hatten, auf welchen wir uns gelegentlich zurückziehen konnten, so wagten wir in Partien auch Streifzüge in die Umgegend. Wir stießen auf keine Indianer, fanden dagegen auf den umliegenden Höhen die Stellen, wo sie gelegen hatten, um unser Unternehmen zu beobachten. Die Anlage einer derartigen Stelle verriet eine Kunst, welche mir erwähnenswert erscheint. Da es Winter war, bedurften sie eines Feuers; allein ein gewöhnliches Feuer an der Erdoberfläche würde durch seinen Lichtschein ihre Stellung auf eine ziemliche Entfernung hin verraten haben. Sie gruben daher Löcher von drei Fuß Durchmesser und etwas tiefer in den Boden; wir fanden die Stellen, wo sie mit ihren Äxten die Kohle von der Seite angebrannter und in den Wäldern liegender Klötze weggehauen hatten. Mit diesen Kohlen hatten sie an der Sohle der Löcher kleine Feuer angemacht, und wir erkannten im Gras und Gestrüpp die Abdrücke ihrer Körper, wie sie dieselben durch ihr Herumliegen um die Löcher hervorgerufen hatten, wobei sie ihre Beine in die Löcher hinunter hängen ließen, um ihre Füße zu wärmen, was bei ihnen ein wesentlicher Punkt ist. Die so hergestellte Art von Feuer konnte sie weder durch seinen Lichtschein oder seine Flamme, noch durch Funken oder selbst Rauch verraten. Allem Anschein nach war aber ihre Zahl nicht groß und sie sahen ein, daß wir unser zu viele waren, um von ihnen mit Aussicht auf Erfolg angegriffen zu werden.

Wir hatten zu unserm Feldkaplan einen eifrigen presbyterianischen Geistlichen, Namens Beatty, welcher sich bei mir beschwerte, daß die Leute nicht allgemein seinen Gebeten und Ermahnungen beiwohnten. Als die Leute sich einreihen ließen, ward ihnen neben Löhnung und Verpflegung auch eine Viertelspinte Rum täglich versprochen, welche ihnen pünktlich gereicht wurde, und zwar die eine Hälfte Morgens, die andre Abends. Da ich nun bemerkte, daß sich die Leute pünktlich einstellten, um dieselbe in Empfang zu nehmen, äußerte ich gegen Herrn Beatty: „Es ist vielleicht unter der Würde Ihres Standes, den Proviantmeister bei Austeilung des Rums abzugeben; allein, wenn Sie sich dazu verstehen wollten, denselben auszuteilen und zwar gerade nach dem Gebet, so würden Sie alle Leute um sich haben.“ Der Einfall gefiel ihm, er unterzog sich dem Amte und versah es mit Unterstützung einiger Leute, welche den Rum ausschenkten, zu allgemeiner Zufriedenheit. Nunmehr wurden die Betstunden niemals allgemeiner und pünktlicher besucht, so daß meines Erachtens diese Methode weit vorzüglicher und empfehlenswerter ist als die Strafe, welche manche Militärgesetze auf den Nichtbesuch des Gottesdienstes setzen.

Ich hatte kaum dieses Geschäft besorgt und mein Fort gut mit Proviant und Kriegsbedarf versehen, als ich einen Brief vom Gouverneur mit der Nachricht erhielt, daß er die Assembly einberufen habe und meine Anwesenheit in derselben wünsche, wenn der Zustand der Dinge an den Grenzen derartig sei, daß mein Verweilen daselbst nicht länger notwendig erscheine. Weil nun auch meine Freunde in der Versammlung brieflich in mich drangen, womöglich den Sitzungen derselben beizuwohnen, da ferner meine beabsichtigten drei Forts nun vollendet und die Landlente erbötig waren, unter diesem Schutz auf ihren Gehöften zu bleiben, so beschloß ich wieder nach Hause zu gehen, und zwar um so lieber, als ein im Indianerkriege erfahrener Offizier aus Neu-England, Oberst Clapham, soeben auf Besuch in unsrer Niederlassung und deren Kommando zu übernehmen bereit war. Ich gab ihm ein Patent, ließ die Garnison zur Parade ausrücken, das Bestallungs-Dekret vorlesen, und stellte ihn der Mannschaft als einen Offizier vor, welcher vermöge seiner Geschicklichkeit in militärischen Angelegenheiten weit mehr zu ihrem Oberbefehlshaber geeignet sei als ich; dann gab ich ihnen noch einige Ermahnungen und verabschiedete mich. Ich erhielt noch ein Geleite bis Bethlehem, wo ich mich einige Tage aufhielt, um mich von den überstandenen Strapazen zu erholen. Als ich in der ersten Nacht wieder in einem guten Bette lag, konnte ich kaum schlafen, so verschieden war es von meinem harten Lager auf dem Fußboden unserer Hütte in Gnadenhütten, wo ich nur in ein paar Decken eingehüllt gelegen hatte.

Während meines Aufenthalts in Bethlehem erkundigte ich mich ein wenig nach dem häuslichen und religiösen Leben der Herrnhuter, von denen einige mich begleitet hatten und die alle sehr freundlich gegen mich waren. Ich fand, daß sie für einen gemeinsamen Grundstock arbeiteten, in großer Anzahl zusammen an einem gemeinsamen Tische speisten und in gemeinsamen Schlafsälen schliefen. In den Schlafsälen bemerkte ich einige Schießscharten, der ganzen Länge nach in gewissen Entfernungen gerade unter der Zimmerdecke angebracht, welche ich für sehr geeignet zur Lufterneuerung hielt. Ich ging auch in ihre Kirche, wo ich gute Musik hörte, denn das Orgelspiel war von Violinen, Hoboen, Flöten, Klarinetten u.s.w. begleitet. Man sagte mir, daß ihre Predigten gewöhnlich nicht vor gemischten Versammlungen von Männern, Weibern und Kindern gehalten werden, wie es bei uns der Brauch ist, sondern daß sie das eine Mal die verheirateten Männer, zu anderen Zeiten deren Frauen, dann die jungen Männer, die jungen Mädchen und die kleinen Kinder, jede Abteilung für sich, versammelten. Die Predigt, welche ich anhörte, galt den Letzteren, welche hereinkamen und reihenweise auf Bänken Platz nahmen, die Knaben unter der Führung eines jungen Mannes, ihres Lehrers, die Mädchen unter der Aufsicht eines jungen Frauenzimmers. Die Predigt schien der Fassungskraft der jugendlichen Zuhörer gut angepaßt und wurde in einer gewinnenden vertraulichen Weise vorgetragen, um ihnen gleichsam schmeichelnd beizubringen, daß sie gut und tugendhaft sein sollten. Sie betrugen sich sehr anständig, sahen aber bleich und ungesund aus, was mich vermuten ließ, daß sie zu viel im Zimmer gehalten oder daß ihnen keine genügende körperliche Bewegung gegönnt werde.

Ich erkundigte mich auch nach den Heiraten der Herrnhuter, namentlich, ob das Gerücht wahr sei, daß dieselben durchs Los zustande kämen. Man sagte mir, das Losen komme nur in besonderen Fällen zur Anwendung, in der Regel aber benachrichtige ein junger Mann, wenn er sich zum Heiraten geneigt finde, die Altesten seiner Klasse, welche darüber die Ältesten von den Frauen, welche die jungen Mädchen beaufsichtigen, zu Rate zögen. Da diese Ältesten der verschiedenen Geschlechter genau mit dem Temperament, dem Charakter und den Anlagen ihrer betreffenden Zöglinge bekannt seien, so verständen diese am besten zu beurteilen, welche Ehen passend seien, und man füge sich gewöhnlich ihrem Urteil; wenn es sich dagegen z. B. zufällig treffen sollte, daß zwei oder drei junge Mädchen als gleich geeignet für den jungen Mann erfunden würden, dann nähme man seine Zuflucht zum Lose. Ich wandte ein, daß manche dieser Ehen sehr unglücklich ausfallen dürften, weil sie nicht durch die gegenseitige Wahl der Parteien zustande kämen. Mein Gewährsmann entgegnete nur: „Das kann aber auch der Fall sein, wenn man die Betreffenden selber wählen läßt," was ich allerdings nicht in Abrede stellen konnte.

Nach Philadelphia zurückgekehrt, fand ich, daß der Wehrverband prächtig gedieh, daß diejenigen Einwohner, die nicht zu den Quäkern gehörten, demselben ziemlich allgemein beigetreten waren, daß sie sich in Compagnien gliederten und nach Maßgabe des neuen Gesetzes ihre Hauptleute, Lieutenants, Fähnriche u. s. w. selbst wählten. Dr. Bond besuchte mich und schilderte mir die Mühe, welche er sich gegeben habe, um das Gesetz beliebt zu machen, und schrieb diesen Bemühungen einen großen Teil des Erfolgs zu. Ich hatte die Eigenliebe gehabt, alles meinem „Gespräch“ beizumessen. Weil ich aber nicht wußte, in wie weit er im Rechte sein mochte, ließ ich ihn sich seiner Ansicht freuen, was ich in solchen Dingen überhaupt für den besten Weg erachte. Als die Offiziere zusammentraten, erwählten sie mich zum Obersten ihres Regiments, was ich diesmal annahm. Ich weiß nicht mehr, wie viel Compagnien wir hatten, aber wir zählten ungefähr zwölfhundert Männer, die sich sehen lassen konnten, nebst einer Compagnie Artillerie, die sich mit sechs bronzenen Feldgeschützen ausgerüstet und in der Bedienung derselben so geübt geworden war, daß sie zwölfmal in der Minute feuern konnten. Als ich das erste Mal Musterung über mein Regiment hielt, begleitete mich dieses nach meinem Hause und salutierte mich mit einigen vor meinem Hause abgegebenen Salven, welche durch die Erschütterung mehrere Gläser an meinem elektrischen Apparate herunterwarfen und zerbrachen. Auch meine neue Ehrenstellung erwies sich als nicht weniger zerbrechlich, denn alle unsere Bestallungen wurden bald darauf durch die Abschaffung des Gesetzes in England vernichtet.

Als ich während dieser kurzen Dienstzeit als Oberst einmal im Begriff war, eine Reise nach Virginieen anzutreten, setzten es sich die Offiziere meines Regiments in den Kopf, es gezieme sich für sie, mir zur Stadt hinaus und bis zur untern Fähre das Geleite zu geben. Gerade als ich zu Pferde steigen wollte, langten sie, zwischen dreißig und vierzig an der Zahl, alle beritten und in ihren Uniformen, vor meiner Thüre an. Ich war nicht vorher von ihrer Absicht in Kenntnis gesetzt gewesen, sonst würde ich die Ausführung derselben verhütet haben, da ich von Natur aus gegen jede Darlegung von Pomp bei irgend einer Gelegenheit abgeneigt bin. Ich war über ihr Erscheinen ziemlich ärgerlich, konnte aber ihrer Begleitung nicht ausweichen. Was aber die Sache noch schlimmer machte, das war, daß sie, als wir uns in Bewegung setzten, ihre Degen zogen und mit blanker Waffe den ganzen Weg entlang ritten. Der „Eigentümer“ erhielt von irgend jemand eine schriftliche Schilderung des Vorfalls zugesandt, welche ihm viel Ärgernis gab, denn eine solche Ehre war weder ihm bei seinem Aufenthalte in der Provinz, noch irgend einem seiner Gouverneure angethan worden. Er sagte, dieselbe komme eigentlich nur Prinzen von königlichem Geblüt zu, was meinethalben und meines Wissens richtig sein mag, denn ich kümmerte mich niemals und kümmere mich noch heute nicht um die Etikette in derartigen Fällen.

Diese thörichte Angelegenheit steigerte übrigens noch bedeutend den Groll des Eigentümers gegen mich, welcher zuvor schon nicht gering war, wegen meines Verhaltens in der Assembly über die Befreiung seines Grundbesitzes von der Besteuerung. Ich hatte diese stets sehr warm und nicht ohne herbe Bemerkungen über die Schmutzigkeit und Ungerechtigkeit seines Sträubens bekämpft. Er verklagte mich beim Ministerium, daß ich das große Hindernis für den Dienst des Königs sei und durch meinen Einfluß im Hause die geeignete Form der Bills für die Geldbewilligung verhindere. Er machte das Beispiel jener Parade mit meinen Offizieren als einen Beweis dafür geltend, daß ich mich mit dem Gedanken trage, die Regierung der Provinz seinen Händen zu entreißen. Er wandte sich auch an Sir Everard Fawkener, den Generalpostmeister, daß er mich meines Amtes entsetze; dies hatte aber keine andere Folge, als daß es mir von Sir Everard eine kleine Nase verschaffte.

Den fortwährenden Händeln zwischen dem Gouverneur und dem Hanfe zum Trotz, an welchen ich als Mitglied einen so namhaften Anteil hatte, bestand jedoch noch immer ein höflicher Privatverkehr zwischen jenem Herrn und mir, und wir hatten niemals einen persönlichen Streit. Ich habe seither manchmal geglaubt, sein geringer oder auch gar nicht vorhandener Groll gegen mich wegen der Antworten, welche ich bekanntermaßen auf seine Botschaften zu verfassen hatte, dürfte die Folge seiner Standesgewohnheit sein, da er, als Advokat von Beruf, in uns beiden nur die Anwälte zweier sich bekämpfenden Parteien in einem Prozesse sah, worin er die Eigentümer und ich die Assembly vertrat. Er pflegte mich daher bisweilen zu besuchen, um sich mit mir über schwierige Punkte zu beraten und sogar zuweilen, obschon nicht oft, meinen Rat zu befolgen.

Wir handelten gemeinsam, um Braddocks Armee zu verproviantieren, und als daher die erschütternde Nachricht von dessen Niederlage eintraf, schickte der Gouverneur eiligst zu mir, damit ich mit ihm über Maßregeln mich beratschlage, um das Verlorengehen der westlichen Grafschaften zu verhindern. Ich weiß nun nicht mehr, wozu ich riet; aber ich glaube, es war, daß an Dunbar geschrieben und darauf bestanden werde, er solle sich womöglich mit seinen Truppen an den Grenzen postieren und diese beschützen, bis er, durch Verstärkungen aus den Kolonien, imstande sein würde, seine Expedition fortzusetzen. Nach meiner

Rückkehr von der Grenze verlangte der Gouverneur sogar von mir, ich solle die Führung einer solchen Expedition mit Provinzialtruppen übernehmen und Fort Duquesne unterwerfen, da Dunbar und seine Truppen anderweitig in Anspruch genommen seien. Er bot mir sogar an, mich als General abzusenden. Ich hatte keine so hohe Meinung von meinen militärischen Fähigkeiten, als er zu haben vorgab, und seine Beteuerungen müssen meines Erachtens weit über seine wirklichen Ansichten hinausgegangen sein. Allein er mochte wahrscheinlich glauben, meine Popularität würde die Aushebung der Truppen und mein Einfluß in der Assembly die Bewilligung des Geldes zu deren Bezahlung erleichtern, und zwar vielleicht ohne den Grund und Boden der Eigentümer zu besteuern. Da er mich aber nicht so geneigt fand, hierauf einzugehen, als er erwartet hatte, ließ er den Vorschlag fallen, legte bald darauf seine Stelle als Gouverneur nieder und ward durch Kapitän Denny ersetzt.

Bevor ich in der Schilderung meines Anteils an den öffentlichen Angelegenheiten unter der Verwaltung dieses neuen Gouverneurs fortfahre, dürfte es am Platze sein, hier auch eine Darstellung von der Entstehung und den: Fortschritt meines Rufes als Physiker zu geben. Während meines Aufenthalts in Boston im Jahre 1746 traf ich dort einen gewissen Dr. Spence, welcher kurz vorher aus Schottland angekommen war und mir einige elektrische Experimente zeigte. Sie wurden unvollkommen ausgeführt, da er nicht sehr gewandt war; da sie aber einen mir noch ganz neuen Gegenstand betrafen, so überraschten und ergötzten sie mich in gleicher Weise. Bald nach meiner Heimkehr nach Philadelphia erhielt unsere Bibliotheks-Gesellschaft von Herrn P. Collinson, Mitglied der „Königlichen Gesellschaft“ in London, eine Glasröhre zum Geschenk mit einiger Unterweisung zu ihrem Gebranch für Veranstaltung derartiger Experimente. Ich ergriff begierig die Gelegenheit, das zu wiederholen, was ich in Boston gesehen hatte, und erlangte durch viele praktische Übung eine große Fertigkeit in Veranstaltung jener Experimente, sowie derjenigen, von denen wir eine Schilderung aus England erhalten hatten und denen ich noch einige neue hinzufügte. Ich sage ausdrücklich: durch viele praktische Übung, denn mein Haus wimmelte eine Zeit lang von Leuten, welche diese neuen Wunder zu besichtigen kamen.

Um diese Last einigermaßen unter meine Freunde zu verteilen, ließ ich in unsrer Glashütte eine Anzahl ähnlicher Röhren blasen und versah meine Freunde mit denselben, so daß wir endlich mehrere hatten, welche Vorstellungen gaben. Der bedeutendste unter diesen war Herr Kinnersley, ein

Nachbar von mir, ein geschickter, aber beschäftigungsloser Mann; ich ermutigte ihn daher, die Experimente für Geld sehen zu lassen, und entwarf für ihn zwei Vorlesungen, worin die Experimente in solcher Reihenfolge angeordnet und mit entsprechenden Erläuterungen in solcher Methode begleitet waren, daß das vorangehende immer dazu beitragen sollte, das folgende verständlich zu machen. Herr Kinnersley verschaffte sich zu diesem Zwecke einen sehr feinen Apparat, woran all die kleinen Maschinen, welche ich mir selber roh verfertigt hatte, zierlich von Mechanikern hergestellt waren. Seine Vorlesungen wurden zahlreich besucht und fanden viel Beifall; nach einiger Zeit machte er daher eine Reise durch die einzelnen Kolonien, gab in der Hauptstadt einer jeden seine Vorstellungen und verdiente sich ziemlich viel Geld. Auf den westindischen Inseln jedoch konnten die Experimente, infolge der allgemeinen Feuchtigkeit der Luft, nur mit Mühe gemacht werden.

Da wir Herrn Collinson für sein Geschenk der Glasröhre u. s. w. zu Dank verpflichtet waren, so erachtete ich es für billig, ihn auch von unserm Erfolge im Gebrauch derselben zu benachrichtigen und schilderte ihm in mehreren Briefen unsere Experimente. Er veranlaßte, daß sie in der „Königlichen Gesellschaft" vorgelesen wurden, wo man sie anfangs nicht für bedeutend genug hielt, um sie in ihren „Verhandlungen" abzudrucken. Einen Aufsatz, welchen ich für Herrn Kinnersley schrieb, über die Identität des Blitzes mit der Elektrizität, schickte ich an Dr. Mitchel, einen meiner Bekannten und ebenfalls Mitglied jenes Vereins, welcher mir darüber berichtete, der Aufsatz sei vorgelesen, aber von den Sachverständigen belacht worden. Als man jedoch die Aufsätze dem Dr. Fothergill zeigte, hielt er sie für zu wertvoll, um totgeschwiegen zu werden und riet an, sie drucken zu lassen. Herr Collinson gab sie nun Herrn Cave zur Veröffentlichung in seinem Gentlemans Magazine; dieser zog jedoch vor, sie selbständig als Flugschrift zu drucken, und Dr. Fothergill schrieb die Vorrede dazu. Herr Cave hat sich, wie es scheint, hinsichtlich seines Vorteils nicht verrechnet, denn durch die nachträglich dazu gekommenen Zusätze schwollen sie auf einen Quartband an, welcher fünf Auflagen erlebte und ihn kein Honorar kostete.

Es dauerte indes einige Zeit, bis diese Aufsätze in England sonderliche Beachtung fanden. Als jedoch ein Exemplar derselben zufällig in die Hände des Grafen von Buffon, eines in Frankreich und sogar in ganz Europa mit Recht berühmten Gelehrten und Naturforschers, fiel, veranlaßt er Herrn Dalibard, sie ins Französische zu übersetzen, so daß sie in Paris gedruckt wurden. Ihr

Erscheinen verletzte den Abbé Nollet, den Physik-Lehrer der königlichen Familie und einen sehr gewandten Experimentator, welcher eine damals in allgemeiner Geltung stehende Theorie der Elektricität aufgestellt und veröffentlicht hatte. Er vermochte anfangs gar nicht daran zu glauben, daß ein derartiges Werk aus Amerika komme, und meinte, es müsse von seinen Feinden in Paris fabriziert worden sein, um sein System in Verruf zu bringen. Als man ihm später versichert hatte, daß ein Mann Namens Franklin wirklich in Philadelphia existiere, was er früher nicht hatte glauben wollen, schrieb und veröffentlichte er einen Band Briefe, welche hauptsächlich an mich gerichtet waren, worin er seine Theorie verteidigte und die Wahrheit meiner Experimente sowie der aus denselben hergeleiteten Behauptungen in Abrede stellte.

Ich hegte einmal die Absicht, dem Abbé zu antworten, und begann wirklich die Erwiderung; allein in Anbetracht, daß meine Schriften eine Schilderung von Experimenten enthielten, welche jedermann wiederholen und auch ihre Richtigkeit prüfen, und die, wenn nicht geprüft, auch nicht angefochten werden konnten, oder ferner von Beobachtungen, welche ich nur als Vermutungen dargeboten und nicht als Lehrsätze aufgestellt hatte und zu deren Verteidigung mir daher gar keine Verpflichtung zugeschoben werden konnte; sowie in Erwägung, daß ein Streit zwischen zwei Personen, welche in verschiedenen Sprachen schreiben, durch verkehrte Übersetzungen und daraus entstehende Mißverständnisse bedeutend in die Länge gezogen werden könne, beschloß ich, meine Aufsätze für sich selbst sprechen zu lassen

Einer der Briefe des Abbé gründete sich schon auf einen Irrtum in der Übersetzung. Auch war ich der Ansicht, es sei besser, diejenige Zeit, welche ich den öffentlichen Angelegenheiten absparen könne, auf Veranstaltung neuer Experimente, als auf den Hader um die bereits gemachten zu verwenden. Ich erteilte daher Herrn Nollet nie eine Antwort, und der Erfolg gab mir keine Ursache, mein Stillschweigen zu bereuen, denn mein Freund Herr Le Roy, Mitglied der Königlichen Akademie der Wissenschaften, nahm sich meiner Sache an und widerlegte ihn. Mein Buch wurde ins Italienische, Deutsche und Lateinische übersetzt und die darin aufgestellte Lehre allmählich von allen Physikern in Europa angenommen und ihr der Vorzug vor derjenigen des Abbé gegeben, so daß dieser es erleben mußte, sich selbst als den letzten seiner Sekte zu sehen, außer Herrn B. in Paris, seinem Zögling und unmittelbaren Schüler.

Was meinem Buch zu um so schnellerer und allgemeinerer Berühmtheit verhalf, das war der Erfolg eines der darin vorgeschlagenen Experimente, welches von den Herren Dalibard und de Lor in Marly angestellt wurde, nämlich: den Blitz aus den Wolken zu ziehen. Dies erregte überall öffentliche Beachtung. Herr de Lor, welcher einen physikalischen Apparat besaß und Vorträge über diesen Zweig der Naturwissenschaft hielt, unternahm es, das zu wiederholen, was er „*die Experimente von Philadelphia*" nannte, und nachdem dieselben vor dem König und dem Hofe ausgeführt worden waren, strömten alle Neugierigen von Paris dorthin, um sie ebenfalls anzusehen. Ich will diese Erzählung nicht durch eine Schilderung jenes Haupt-Experiments oder der ungemeinen Befriedigung, welche ich bei dem Gelingen eines bald darauf mit einem Papierdrachen in Philadelphia angestellten erhielt, anschwellen lassen, da beide in den Lehrbüchern der Elektricität zu finden sind.

Dr. Wright, ein englischer Arzt, verfaßte während seines Aufenthalts in Paris an einen Freund, welcher der Königl. Gesellschaft angehörte, eine Schilderung der hohen Achtung, worin meine Experimente bei den Gelehrten im Ausland standen, und ihrer Verwunderung darüber, daß meine Schriften in England so wenig Beachtung fänden. Die Gesellschaft zog darauf die Briefe, welche ihr schon einmal vorgelesen worden waren, aufs neue in Beratung, und der berühmte *Dr.* Watson entwarf eine summarische Darstellung derselben, welche er mit einigem Lob für den Verfasser begleitete. Dieser Auszug wurde dann in den Verhandlungen der Königl. Gesellschaft abgedruckt. Als einige Mitglieder der Gesellschaft in London, namentlich der sehr geistvolle Herr Canton, die Wahrheit des Experiments, daß man mittelst einer zugespitzten Eisenstange sich Blitz aus den Wolken verschaffen könne, festgestellt und den Verein davon in Kenntnis gesetzt hatten, suchte dieselbe bald mehr als reichlich die Geringschätzung, womit sie mich vorher behandelt hatte, wieder gut zu machen. Ohne daß ich mich irgend um diese Ehre beworben hatte, erwählte mich die Gesellschaft zu ihrem Mitglied, bestimmte, daß mir das gewöhnliche Eintrittsgeld, welches sich auf fünfundzwanzig Guineen belaufen haben würde, erlassen werde, und hat mir seither immer ihre „Verhandlungen" unentgeltlich zugeschickt. Der Verein überreichte mir ferner die goldene Medaille von Sir Godfrey Copley für das Jahr 1753, deren Übergabe von einer sehr hübschen, mir große Ehre erweisenden Rede des Präsidenten, Lord Macclesfield, begleitet war.

Unser neuer Gouverneur, Kapitän Denny, brachte für mich die vorerwähnte Denkmünze von der Königl. Gesellschaft mit und überreichte sie mir bei einem Bankett, das ihm die Stadt gab. Er begleitete sie mit äußerst artigen Kundgebungen seiner Hochachtung für mich, da er, wie er sagte, längst schon mit meinem Charakter bekannt gewesen sei. Nach Tische, als die Gesellschaft nach damaliger Sitte sich mit Trinken gütlich that, nahm er mich beiseite in ein anderes Zimmer und teilte mir mit, er sei von seinen Freunden in England angewiesen worden, sich mit mir freundschaftlich zu stellen, als einem Manne, welcher imstande sei, ihm den besten Rat zu geben und am wirksamsten dazu beizutragen, daß ihm seine Verwaltung leicht gemacht werde. Er wünsche daher vor allen Dingen ein gutes Einverständnis mit mir und bitte mich, von seiner Bereitwilligkeit versichert zu sein, mir bei jeder Gelegenheit jeglichen Dienst zu erweisen, welcher nur in seiner Macht stehen würde. Er äußerte gegen mich auch viel von der Wohlgeneigtheit der Eigentümer gegen die Provinz und von dem Vorteil, welchen es für uns alle und insbesondere für mich darbieten würde, wenn der Widerstand, der so lange gegen seine Maßregeln fortgesetzt worden sei, endlich aufhören und die Harmonie zwischen ihm und dem Volke wieder hergestellt werde. Hierzu könne nach seiner Ansicht niemand behilflicher sein als ich, und ich dürfe daher auf angemessene Anerkennungen und Belohnungen mich verlassen u. s. w., u. s. w. Als die Gäste fanden, daß wir nicht sogleich wieder an die Tafel zurückkehrten, sandten sie uns eine geschliffene Flasche voll Madeira, von welchem der Gouverneur so reichlichen Gebrauch machte, daß er infolge davon verhältnismäßig immer freigebiger mit seinen Bewerbungen und Versprechungen wurde.

Meine Antworten gingen dahin: meine Verhältnisse seien Gott sei Dank derartig, daß sie mir die Gewogenheit des Eigentümers unnötig machten; ich sei außerdem Mitglied der Assembly und könne daher unmöglich Belohnungen annehmen. Ich habe übrigens keine persönliche Feindseligkeit gegen den Eigentümer, und sollten mir irgend einmal die von ihm vorgeschlagenen Maßregeln zum Besten des Volkes dienend erscheinen, so werde niemand dieselben eifriger annehmen und fördern als ich, denn meine frühere Opposition habe sich nur auf den Umstand gegründet, daß die angeregten Maßregeln offenbar nur auf Förderung der Interessen des Eigentümers, zur großen Schädigung derjenigen des Volks hingestrebt hatten. Ich erklärte mich ihm (dem Gouverneur) für seine nur kundgegebenen schmeichelhaften Gesinnungen sehr verbunden und bat ihn, er möge sich alles dessen, was in meiner Macht stehe, versehen, um seine Verwaltung so leicht wie möglich zu machen, wobei ich zu gleicher Zeit hoffe, er habe nicht dieselbe unglückselige Weisung mitgebracht, durch welche sein Vorgänger gefesselt gewesen sei.

Hierüber erklärte er sich damals nicht deutlicher, allein als er später in geschäftliche Unterhandlungen mit der Assembly treten sollte, kamen jene Instruktionen wieder zum Vorschein. Die Zänkereien begannen von neuem. Ich war so rührig als jemals in der Opposition und führte die Feder, erst bei dem Gesuch um eine Mitteilung der Instruktionen und dann bei den Bemerkungen über dieselben, welche in den Abstimmungen und Beschlüssen aus jener Zeit und in der später von mir veröffentlichten „geschichtlichen Übersicht" zu finden sind. Allein zwischen uns persönlich entstand keine Spannung. Wir waren oft beisammen, denn er war ein hochgebildeter Mann, hatte die Welt gesehen und war im Gespräche sehr unterhaltend und angenehm. Von ihm erfuhr ich zum erstenmal, daß mein alter Freund James Ralph noch am Leben sei und für einen der besten politischen Schriftsteller in England gelte, daß derselbe in den Händeln zwischen dem Prinzen Frederic und dem König verwendet worden sei und eine Pension von dreihundert Pfund erhalten habe; daß sein Ruf als Dichter unbedeutend sei, weil Pope in der Dunciade seine Dichtung verurteilt habe, daß aber seine Prosa derjenigen der besten Schriftsteller an die Seite gestellt werde.

Als die Assembly endlich den Eigentümer hartnäckig darauf bestehen sah, ihren Abgeordneten Handschellen durch Instruktionen anzulegen, welche nicht allein mit den Privilegien des Volks, sondern auch mit dem Dienst der Krone unverträglich waren, so beschloß sie, eine Bittschrift beim König gegen die Eigentümer einzureichen und bestimmte mich zu ihrem Agenten, um nach England hinüber zu reifen und die Bittschrift zu überreichen und zu unterstützen. Das Haus hatte dem Gouverneur eine Bill zugesandt, welche eine Summe von sechzigtausend Pfund für des Königs Gebrauch (wovon zehntausend Pfund der Verfügung des damaligen Generals, Lord Loudoun, überwiesen wurden) bewilligt hatte und deren Genehmigung der Gouverneur, seinen Instruktionen gemäß, entschieden verweigerte.

Ich hatte mit Kapitän Morris vom New-Yorker Postschiff wegen meiner Überfahrt akkordiert. Meine Proviantvorräte waren schon an Bord geschafft, als Lord Loudoun in Philadelphia ankam, seiner Versicherung zufolge ausdrücklich in der Absicht, eine Verständigung zwischen dem Gouverneur und der Assembly zu bewerkstelligen, damit der Dienst Seiner Majestät nicht durch deren Meinungsverschiedenheiten gehemmt werden möchte. Er wünschte daher, der Gouverneur und ich möchten ihn besuchen, damit er höre, was auf beiden Seiten zu sagen wäre. Wir kamen zusammen und erörterten die Angelegenheiten. Von Seiten der Assembly machte ich alle die verschiedenen Beweisgründe geltend, welche in den damaligen öffentlichen Urkunden zu finden sind, meist von mir herrührten und mit den Protokollen der Assembly gedruckt wurden. Der Gouverneur schützte seine Instruktionen, die von ihm eingegangene Verpflichtung, dieselben zu beobachten, und den, falls er denselben nicht gehorche, ihm gewissen Ruin vor, erschien jedoch nicht abgeneigt, sich selbst aufs Spiel zu setzen, wenn Lord Loudoun ihm hierzu raten würde. Dazu konnte sich Seine Lordschaft nicht entschließen, obwohl ich ihn einmal schon hierzu bestimmt zu haben glaubte. Endlich aber entschied er sich dafür, von der Assembly dringend Nachgiebigkeit zu verlangen. Er bat mich inständig, zu diesem Zwecke alle meine Bemühungen bei derselben anzuwenden, und erklärte, er werde dann für die Verteidigung unserer Grenzen keine von des Königs Truppen sparen; wenn wir aber nicht fortführen, für diese Verteidigung selbst zu sorgen, so müßten jene eben den feindlichen Angriffen ausgesetzt bleiben.

Ich berichtete dem Hause über das Vorgefallene und legte demselben eine Anzahl Beschlüsse vor, in denen wir die Natur unserer Rechte erklärten und hinzufügten, daß wir unsern Anspruch auf jene Rechte nicht aufgäben, sondern die Ausübung derselben bei dieser Gelegenheit der äußeren *Gewalt* gegenüber, gegen welche wir protestierten, nur suspendierten. Die Assembly willigte endlich ein, diese Bill fallen zu lassen und eine andre, den Instruktionen von Seiten des Grundherrn angemessene zu entwerfen. Diese ließ der Gouverneur natürlich passieren, und es stand nun dem Antritt meiner Reise nichts mehr im Wege. Mittlerweile war aber das Postschiff mit meinen Reisevorräten abgesegelt, was mich in einigen Schaden brachte. Meine einzige Belohnung bestand in Seiner Lordschaft Dank für meine Leistungen, während das ganze Verdienst, die Beilegung des Streits erlangt zu haben, ihm gutgeschrieben wurde.

Lord Loudoun fuhr vor mir nach New-York ab. Da der Zeitpunkt der Absendung der Postschiffe von seiner Verfügung abhing und damals deren zwei rückständig waren, von denen das eine, wie er bemerkte, demnächst in See gehen sollte, so ersuchte ich ihn, mich den genauen Zeitpunkt wissen zu lassen, damit ich das Schiff nicht durch irgend einen Verzug von meiner Seite versäume. Seine Antwort war: „Ich habe verfügt, daß es nächsten Sonnabend absegeln soll, allein ich kann Sie unter uns wissen lassen, daß, wenn Sie am Montag Morgen dort sind, Sie noch rechtzeitig kommen werden; aber verspäten Sie sich dann ja nicht!“

Durch irgend ein zufälliges Hindernis an einer Fähre wurde es Montag Mittag, bevor ich in New-York ankam. Ich war schon sehr in Sorge, das Schiff möchte abgegangen sein, da der Wind günstig war; allein ich wurde bald durch die Nachricht erleichtert, daß das Schiff noch im Hafen lag und erst den nächsten Tag unter Segel gehen würde. Man sollte nun denken, ich sei jetzt auf dem Punkte gewesen, nach Europa abzureisen, und ich war selbst dieser Ansicht; aber ich war damals noch nicht so bekannt mit dem Charakter Seiner Lordschaft, dessen stärkster Grundzug *Unentschlossenheit* war. Ich will hiervon einige Beispiele geben. Ich kam ungefähr im Anfang April in New-York an und ich glaube, es war nahezu Ende Juni, ehe wir unter Segel gingen. Es waren damals zwei von den Paketbooten vorhanden, welche schon lange im Hafen gewesen waren, aber wegen der Briefe des Generals zurückgehalten wurden, welche immer „morgen" fertig werden sollten. Ein weiteres Paketboot traf ein und wurde ebenfalls zurückgehalten, und ehe wir noch absegelten, wurde noch ein viertes erwartet. Das unsrige war das erste, das abgeschickt werden sollte, weil es am längsten dagewesen war. Alle hatten Passagiere angenommen, von denen einige es kaum erwarten konnten, ihre Reise anzutreten. Die Kaufleute wurden ungeduldig wegen ihrer Briefe und der Weisungen, welche sie für die Versicherung (da es Kriegszeiten waren) der im Herbst abzusendenden Güter gegeben hatten; allein ihre Angst half nichts. Seiner Lordschaft Briefe waren nicht fertig, und doch traf jedermann, der ihm seine Aufwartung machte, ihn immer mit der Feder in der Hand an seinem Schreibpulte und schloß daraus, er müsse jedenfalls übermäßig viel schreiben.

Als ich eines Morgens hinging, um ihm einen Artigkeitsbesuch zu machen, traf ich in seinem Vorzimmer einen gewissen Junis, einen Boten aus Philadelphia, welcher mit einem Paket vom Gouverneur Denny an den General eigens von dort gekommen war. Er übergab mir einige Briefe von meinen dortigen Freunden, welche mich zu der Erkundigung veranlassen, bis wann er wieder zurückkehre und wo er wohne, damit ich durch ihn einige Briefe absenden könne. Er erklärte mir, er habe die Weisung, morgen um neun Uhr die Antwort des Generals an den Gouverneur abzuholen und dann unverweilt abzureisen. Ich übergab ihm daher meine Briefe noch an demselben Tage. Vierzehn Tage später traf ich ihn. „Ah, Ihr seid ja bald zurückgekehrt, Jenis?" – „Zurückgekehrt? keineswegs; ich bin noch nicht einmal fortgewesen!" – „Wieso denn?" – „Ich habe auf Befehl schon seit zwei Wochen hier jeden Morgen nach dem Brief Seiner Lordschaft gefragt, und derselbe ist noch nicht fertig." – „Ist dies möglich, da er doch ein so großer Schreiber ist? ich sehe ihn doch beständig an seinem Schreibetisch." – „Ach ja," meinte Jenis, „aber er ist wie der heilige Georg auf den Wirtsschildern: *er ist immer zu Pferde und reitet doch nie*." Diese Bemerkung des Kuriers war offenbar wohlbegründet, denn während meines Aufenthalts in England hörte ich, daß Herr Pitt als einen Grund für die Abberufung dieses Generals und die Absendung der Generale Amherst und Wolfe angegeben habe, daß er, der Minister nie von ihm gehört habe und nicht erfahren könne, was er treibe.

Da man täglich erwartete, unter Segel zu gehen, und alle drei Paketschiffe nach Sandy Hook hinunterfuhren, um zu der dortigen Flotte zu stoßen, hielten es die Passagiere für das Geratenste an Bord zu sein, damit die Schiffe nicht auf einen plötzlichen Befehl unter Segel gehen und sie selber zurückgelassen würden. Dort mußten wir, wenn ich mich recht erinnere, sechs Wochen verbringen, verzehrten unsere Seevorräte und sahen uns genötigt, uns mit neuen zu versehen. Endlich ging die Flotte unter Segel, den General mit seiner ganzen Armee an Bord, und steuerte nach Louisbourg, in der Absicht, jene kleine Veste zu belagern und zu nehmen. Alle die Paketboote miteinander waren beordert, das Schiff des Generals zu begleiten und sich zur Empfangnahme seiner Depeschen bereit zu halten, sobald dieselben fertig sein würden. Wir waren fünf Tage in See, ehe wir einen Brief mit der Erlaubnis der Abfahrt erhielten, und dann erst verließ unser Schiff die Flotte und steuerte nach England. Die beiden anderen Paketboote behielt der General noch zurück und nahm sie mit sich nach Halifax, wo er einige Zeit blieb, um seine Truppen in fingierten Angriffen auf fingierte Forts einzuüben; dann änderte er seinen Entschluß hinsichtlich der Belagerung von Louisbourg und kehrte mit allen seinen Truppen sowie mit den beiden vorerwähnten Paketbooten und deren sämtlichen Passagieren wieder nach New-York zurück! Während seiner Abwesenheit hatten die Franzosen und Indianer das Fort George, an der Grenze dieser Provinz, eingenommen und die Wilden hatten noch viele von der Garnison nach der Kapitulation niedergemetzelt.

Ich traf später in London den Kapitän Bonnell Donnell, welcher eines jener Paketboote befehligte. Er erzählte mir, nachdem er einen Monat lang zurückgehalten worden sei, habe er Seine Lordschaft benachrichtigt, daß sein Schiff in einem solchen Grade faul und (von angehängten Seegewächsen) bärtig geworden sei, daß ihn dies notwendig am raschen Segeln, einem Haupterfordernis für ein Paketboot, verhindern müsse, weshalb er um Urlaub bitte, um das Schiff umstürzen und den Boden desselben reinigen zu lassen. Er wurde gefragt, wie lange dies erfordern würde. Er antwortete: drei Tage, und der General erwiderte: „Wenn Sie es in einem Tage thun können, will ich Ihnen Urlaub geben, sonst nicht; denn Sie müssen unbedingt übermorgen unter Segel gehen!“ So erhielt er denn niemals Urlaub, obwohl er später volle drei Monate lang von Tag zu Tag zurückgehalten wurde.

Ich sprach in London auch einen von Bonnells Passagieren, welcher gegen den General so sehr aufgebracht war, weil derselbe ihn so hintergangen, gezwungen in New-York zurückbehalten, dann mit sich nach Halifax und wieder zurückgeschleppt hatte, daß er schwur, er wolle ihn auf Schadenersatz belangen. Ob er dies gethan oder nicht, habe ich nie erfahren, aber nach der Schilderung, welche der Mann von der Schädigung in seinen Geschäften entwarf, muß dieselbe sehr bedeutend gewesen sein.

Kurz und gut, ich staunte, wie man einem derartigen Mann ein solch wichtiges Geschäft wie die Führung einer großen Armee habe übertragen können. Da ich aber seitdem mehr von der großen Welt, von den Mitteln, wie solche Stellen erlangt, und von den Gründen, aus welchen sie vergeben werden, gesehen habe, so ist meine Verwunderung bedeutend gemindert. General Shirley, welchem nach dem Tode Braddocks das Kommando der Armee zufiel, würde meines Erachtens, wenn er auf seiner Stelle gelassen worden wäre, einen weit bessern Feldzug gemacht haben, als derjenige Loudouns von 1757 war, welcher über alle Begriffe leichtsinnig, kostspielig und schmachvoll für unsre Nation war. Shirley war zwar allerdings kein Berufssoldat, aber von Hause aus verständig und scharfblickend, für den guten Rat anderer zugänglich, befähigt zur Ersinnung tüchtiger Pläne und rasch und rührig genug, um dieselben zur Ausführung zu bringen. Loudoun dagegen ließ, anstatt mit seiner großen Armee die Kolonien zu verteidigen, dieselben gänzlich bloßgestellt, während er in Halifax müßig paradierte. Dadurch ging nicht nur Fort George verloren, sondern er zerrüttete alle unsere kaufmännischen Operationen und schlug unserem Handel die schwersten Wunden durch den langen Embargo, den er auf die Lebensmittelausfuhr unter dem Vorwand legte, dem Feind die Erwerbung von Proviant unmöglich zu machen. Der wahre Grund für den Embargo war aber die Absicht, den Preis der Lebensmittel zu Gunsten der Armee-Lieferanten herabzudrücken, an deren Gewinn er beteiligt war, wie man ihm, zwar vielleicht auf bloßen Verdacht hin, nachsagte. Als endlich der Embargo aufgehoben ward, wurde die Flotte von Carolina noch beinahe drei Monate länger in Charlestown zurückgehalten, weil der General versäumt hatte, eine Benachrichtigung dorthin zu schicken; der Boden der Schiffe war hierdurch so sehr vom Bohrwurm beschädigt worden, daß ein großer Teil derselben auf der Heimreise versank.

Shirley war, wie ich glaube, aufrichtig froh, als man ihn eines solch lästigen Amtes enthob, wie die Führung einer Armee für einen mit dem Militärwesen nicht vertrauten Mann es sein muß. Ich traf ihn bei dem Bankett, welches die Stadt New-York dem Lord Loudoun bei der Übernahme seines Kommandos gab. Shirley, obschon dadurch außer Dienst gesetzt, wohnte demselben ebenfalls bei. Es war eine große Gesellschaft von Offizieren, Bürgern und Fremden anwesend, so daß man viele Stühle in der Nachbarschaft hatte entlehnen müssen, worunter auch ein sehr niedriger, welcher zufällig gerade Herrn Shirley zufiel. Da ich neben ihm saß und dies bemerkte, sagte ich: „Mein Herr, man hat Ihnen einen zu niedrigen Sitz gegeben." – „Einerlei, Herr Franklin," erwiderte er, „ich finde *einen niedrigen Sitz* am behaglichsten."

Während ich auf obenerwähnter Weise in New-York zurückgehalten wurde, bekam ich alle die Rechnungen über die Vorräte an Kriegsbedarf etc., welche ich Braddock geliefert hatte, da einige von diesen Rechnungen nicht früher von den Personen, welche ich zu meiner Unterstützung in dem Geschäft angestellt, hatten beigeschafft werden können. Ich überreichte sie Lord Loudoun mit der Bitte, mir den entfallenden Betrag zahlen zu lassen. Er ließ sie regelrecht von dem entsprechenden Beamten prüfen, welcher jeden Artikel mit seinem Beleg verglich, die Rechnung dann für richtig anerkannte und die mir gutkommende Summe feststellte, für welche mir Seine Lordschaft eine Anweisung an den Zahlmeister zu geben versprach. Dies wurde jedoch von einem Tage zum andern verschoben, und ich vermochte mein Geld nicht zu erhalten, obwohl ich mich nach Abrede oft darum meldete. Endlich, gerade vor meiner Abreise, erklärte mir der General, er habe bei genauer Erwägung beschlossen, seine Abrechnungen nicht mit denjenigen seiner Vorgänger zu vermengen. „Und wenn Sie einmal in England sind," sagte er, „so brauchen Sie Ihre Rechnungen nur beim Staatsschatz vorzuzeigen und Sie werden unverweilt bezahlt werden."

Ich machte, wiewohl ohne Erfolg, die große und unerwartete Ausgabe, zu welcher ich durch den langen gezwungenen Aufenthalt in New-York veranlaßt worden war, als einen Grund geltend, warum ich gleich bezahlt zu werden wünsche, und bemerkte zugleich, daß es nicht recht sei, mir bei Erlangung des von mir vorgeschossenen Geldes weitere Mühe und weitern Aufschub zu verursachen, da ich für meine Dienste nicht einmal eine Kommissionsgebühr berechnet habe, worauf er mir erwiderte: „Oho, mein Herr! glauben Sie ja nicht, uns weißmachen zu können, daß Sie dabei nichts verdienen! Wir verstehen solche Geschäfte besser und wissen, daß jeder, der sich mit Armee-Lieferungen befaßt, dabei auch Mittel findet, seine eigenen Taschen zu füllen.“ Ich versicherte ihn, daß dies bei mir nicht der Fall sei, und daß ich keinen Heller für mich genommen habe; allein er schien mir offenbar nicht zu glauben, und ich habe in der That seither erfahren, daß mit solchen Geschäften oft ungeheuere Vermögen gemacht werden. Für mein Guthaben aber bin ich bis auf den heutigen Tag noch nicht bezahlt, wovon später die Rede sein wird.

Ehe wir unter Segel gingen, hatte sich der Kapitän unsers Paketbootes viel auf die Geschwindigkeit seines Schiffes zu gute gethan; als wir aber auf die hohe See kamen, erwies es sich, zu seiner nicht geringen Demütigung, als das schwerfälligste von sechsundneunzig Segeln. Nach manchen Mutmaßungen über die Ursache davon hieß der Kapitän eines Tages, als wir in der Nähe eines andern beinahe ebenso schwerfälligen Schiffs, wie das unsrige, waren und von demselben noch überholt wurden, alle Leute an Bord nach hinten kommen und so nahe wie möglich am Flaggenstock sich aufstellen. Es waren mit Einschluß der Passagiere ungefähr vierzig Personen. Während wir noch hier standen, verbesserte das Schiff sichtlich seinen Gang und ließ seinen Nachbar bald weit hinter sich, was deutlich bewies, daß, wie auch unser Kapitän argwöhnte, das Schiff vorne zu stark beladen war. Die Wasserfässer waren, wie sich ergab, sämtlich verstaut worden; diese ließ er daher nach hinten bringen, worauf das Schiff seinen ursprünglichen Charakter wieder annahm und sich als der beste Segler in der Flotte bewährte.

Der Kapitän behauptete, sein Schiff sei einmal im Verhältnis von dreizehn Knoten gegangen, was auf dreizehn Meilen per Stunde berechnet wird. Wir hatten den Kapitän Kennedy von der Marine als Passagier an Bord, welcher behauptete, dies sei unmöglich, und kein Schiff segle je so schnell; es müsse daher irgend ein Irrtum in der Einteilung der Logleine oder irgend ein Versehen beim Auswerfen des Logs stattgefunden haben. Hieraus entspann sich zwischen den beiden Kapitänen eine Wette, welche bei dem ersten genügend starken Wind entschieden werden sollte. Kennedy untersuchte hierauf genau die Logleine und beschloß, nachdem er über deren Richtigkeit Gewißheit erlangt hatte, das Log selbst auszuwerfen. Und als nun einige Tage später der Wind frisch und günstig wehte und der Kapitän des Paketboots, Lutwidge, seine

Ansicht äußerte, daß das Schiff nun im Verhältnis von dreizehn Knoten gehe, machte Kennedy das Experiment und gab zu, daß er seine Wette verloren habe.

Ich gebe die obige Thatsache um der nachstehenden Beobachtung willen. Man hat es für eine Unvollkommenheit in der Kunst des Schiffsbaus angesehen, daß man vor angestellter genauer Probe niemals wissen kann, ob ein neues Schiff ein guter Segler sein wird oder nicht, weil sich herausstellte, daß, wenn man das Modell eines gut segelnden Schiffes bei einem neuen genau kopierte, dieses sich im Gegenteil oft als merkwürdig schwerfällig bewährte. Ich fürchte, dies rührt teilweise von den verschiedenen Ansichten her, welche unter den Seeleuten über die Methoden des Ladens, Auftakelns und Segelns eines Schiffes im Schwange sind. Jeder hat sein eigenes System, und dasselbe Schiff wird, wenn es nach dem Urteil und der Weisung des einen Kapitäns geladen worden ist, besser oder schlechter segeln, als wenn dies nach der Weisung eines andern geschehen ist. Überdies kommt es kaum jemals vor, daß ein Schiff von ein und derselben Person entworfen, für die See ausgerüstet und gesegelt wird. Der eine erbaut den Rumpf, der andere betakelt, ein dritter ladet und segelt das Schiff. Keiner von diesen hat den Vorteil, daß er alle die Ideen und Erfahrungen der andern kennt, und ist daher außerstande, aus einer Kombination des Ganzen die richtigen Schlüsse zu ziehen.

Ich habe selbst in der einfachen Operation des Segelns auf hoher See oft verschiedene Ansichten bei den Offizieren beobachtet, welche die aufeinanderfolgenden Wachen befehligten, wenn auch der Wind derselbe war. Der eine wollte die Segel schärfer oder flacher beim Winde gebracht haben als der andere, so daß dieselben keine sichere Regel zu haben schienen, um sich darnach zu richten. Es sollte daher nach meinem Dafürhalten eine Reihe von Experimenten veranstaltet werden, zunächst um die geeignetste Gestalt des Rumpfes für rasches Segeln zu bestimmen; sodann um die besten Dimensionen und geeignetsten Orte für die Masten, sowie die richtige Gestalt und Menge der Segel und deren Stellung je nach der Beschaffenheit des Windes, und endlich um die Verteilung der Ladung zu ermitteln. Wir leben in einem Zeitalter der Experimente, und ich meine, eine genau angestellte und gut kombinierte Reihe von solchen würde von großem Nutzen sein. Ich bin daher überzeugt, daß über kurz oder lang irgend ein scharfsinniger Physiker dies unternehmen wird, wozu ich ihm den besten Erfolg wünsche.

Wir wurden auf unsrer Fahrt mehrfach verfolgt, entgingen jedoch durch unsre überlegene Segelkraft jeder Nachstellung und konnten nach dreißig Tagen schon loten. Wir hatten eine genaue Observation, und der Kapitän glaubte sich unserm Hafen, Falmouth, so nahe, daß wir nach einer guten Fahrt über Nacht am Morgen schon auf der Höhe der Mündung jenes Hafens sein und durch die nächtliche Fahrt auch der Beachtung der feindlichen Kaperschiffe entgehen könnten, welche oft in der Nähe des Eingangs des britischen Kanals kreuzten. Es wurde daher an Segeln ausgesetzt, was nur thunlich war, und da wir frischen und günstigen Wind hatten, so liefen wir gerade vor demselben und kamen tüchtig vom Fleck. Der Kapitän bestimmte nach seiner Observation den Kurs so, daß wir seines Erachtens die Scilly-Inseln auf weitere Entfernung passieren mußten; allein es scheint zuweilen eine starke Strömung von der hohen See gegen den St. Georgs-Kanal hinauf stattzufinden, welche die Seeleute täuscht und auch den Untergang von Sir Cloudesley Shovels Geschwader veranlaßte. Diese Strömung war wahrscheinlich auch die Ursache dessen, was uns begegnete.

Wir hatten eine Wache im Bug, welcher man oft zurief: „Schaut gut da vorn vor euch aus!“ und die eben so oft mit „Ja, Ja!“ antwortete. Aber vielleicht waren dem Burschen die Augen zugefallen und er zu jener Zeit halb im Schlafe, so daß er, wie öfters geschehen soll, nur noch mechanisch antwortete, denn er bemerkte nicht, daß gerade vor uns ein Licht war, welches der Mann am Steuerruder und die übrige Wachtmannschaft vor den Leesegeln nicht sehen konnten, wie es bei einem zufälligen Gieren des Schiffs entdeckt wurde. Diese Wahrnehmung verursachte große Bestürzung, da wir dem Licht schon ganz nahe waren, das mir so groß wie ein Wagenrad erschien. Es war gerade Mitternacht und unser Kapitän lag tief im Schlafe; allein Kapitän Kennedy sprang auf Deck, durchschaute die Gefahr und hieß das Schiff bei ausgesetzten Segeln ganz umwenden. Dieses Manöver war zwar für die Masten gefährlich, aber es brachte uns klar, und wir entgingen dem Schiffbruch, denn wir liefen bereits auf die Klippen zu, auf denen der Leuchtturm errichtet war. Diese Rettung brachte mir eine hohe Meinung von dem Nutzen der Leuchttürme bei und bestärkte mich in dem Entschluß, zur Erbauung weiterer in Amerika aufzufordern, falls ich noch lebend dorthin zurückkehren sollte.

Am Morgen ergab sich durch die Peilungen u. s. w., daß wir in der Nähe unsers Hafens waren, aber der Anblick des Landes wurde uns durch einen dichten Nebel entzogen. Gegen neun Uhr etwa begann der Nebel sich zu verziehen und schien gerade aus dem Wasser emporgehoben zu werden, wie der Vorhang in einem Theater, sodaß wir unter ihm der Stadt Falmouth, der Schiffe in deren Hafen und der Felder in deren Umgebung ansichtig wurden. Dies war ein höchst erfreulicher Anblick für Menschen, welche schon so lange nichts anderes mehr vor Augen gehabt hatten, als den einförmigen Anblick eines weiten öden Oceans, und bereitete uns desto größeres Vergnügen, weil wir uns nun der Sorgen entschlagen konnten, welche der Kriegszustand mit sich führte.

Ich brach mit meinem Sohne sogleich nach London auf. Wir verweilten unterwegs nur eine kurze Zeit, um Stonehenge auf der Ebene von Salisbury und Lord Pembrokes Haus und Garten zu Wilton mit ihren höchst merkwürdigen Altertümern zu besichtigen. Am 27. Juli 1757 langten wir in London an.

*

Sobald ich mich in einer Wohnung eingerichtet, welche mir Herr Charles besorgt hatte, machte ich einen Besuch bei *Dr.* Fothergill, welchem ich angelegentlich empfohlen war und dessen Rat ich bezüglich meines Vorgehens einholen sollte. Er war gegen eine unmittelbare Beschwerde bei der Regierung und glaubte, man sollte sich erst an die Pennschen Erben persönlich wenden, welche möglicherweise durch die Vermittelung und Überredung einiger privaten Freunde veranlaßt werden könnten, die Streitigkeiten auf freundschaftliche Weise beizulegen. Ich machte sodann meinem alten Freunde und Korrespondenten, Herrn Peter Collinson meine Aufwartung. Dieser teilte mir mit, daß John Hanbury, der mit Virginien in Handelsverbindung stehende große Kaufmann darum gebeten habe, von meiner Ankunft benachrichtigt zu werden, damit er mich zu Lord Granville bringe, welcher damals Präsident des Geheimen Rats war und mich sobald wie möglich zu sprechen wünschte. Ich erklärte mich bereit, am folgenden Morgen mit ihm dahin zu gehen. Demzufolge holte mich Herr Hanbury ab und brachte mich in seinem Wagen zu jenem vornehmen Herrn, welcher mich mit großer Artigkeit empfing. Nach einigen Fragen über den gegenwärtigen Stand der Angelegenheiten in Amerika und einigen Erörterungen hierüber äußerte er gegen mich: „Ihr Amerikaner hegt falsche Vorstellungen über das Wesen Eurer Verfassung; Ihr bestreitet, daß die Instruktionen, welche der König seinen Statthaltern giebt, Gesetze seien, und haltet Euch für befugt, dieselben nach Eurem Gutdünken zu beachten oder zu mißachten. Allein jene Weisungen gleichen durchaus nicht den sogenannten Taschen-Instruktionen, welche einem ins Ausland gehenden Gesandten mitgegeben werden, um sein Benehmen in gewissen unbedeutenden Punkten des Ceremoniells darnach zu richten. Sie werden vielmehr zuerst abgefaßt von Richtern, welche in den Gesetzen ganz zu Hause sind; dann werden sie im Geheimen Rate erwogen, debattiert und vielleicht verbessert und hierauf erst vom König unterzeichnet. Sie sind alsdann, insofern sie sich auf Euch beziehen, das *Gesetz des Landes,* denn der König ist der *Gesetzgeber der Kolonien.*" Ich erklärte Seiner Lordschaft, dies sei mir eine ganz neue Doktrin. Ich habe nach unseren Verfassungen immer geglaubt, unsere Gesetze müßten von unseren Assemblyes gemacht und dem König eigentlich nur behufs seiner königlichen Zustimmung vorgelegt werden; habe der König aber diese einmal gegeben, so könne er sie nicht wieder aufheben oder abändern. Und wie die Assemblyes keine dauernd giltigen Gesetze ohne seine Zustimmung erlassen könnten, so dürfe er auch kein Gesetz für sie ohne ihre Zustimmung machen. Er versicherte mich, ich sei damit gänzlich im Irrtum. Ich war jedoch hierin nicht seiner Meinung. Da die Unterredung mit Seiner Lordschaft mich einigermaßen in Unruhe versetzt hatte, welcher Art die Ansichten des Hofes in Betreff unserer Angelegenheiten sein möchten, so schrieb ich die ganze Unterhaltung nieder, sobald ich in meine Wohnung zurückgekehrt war. Ich erinnerte mich, daß etwa zwanzig Jahre früher eine Klausel in einer vom Ministerium eingebrachten Bill den Vorschlag gemacht hatte, den Instruktionen des Königs Gesetzeskraft in den Kolonien zu geben; allein die Klausel war vom Unterhause verworfen worden, wofür wir die Gemeinen als unsere und der Freiheit Freunde verehrten, bis aus ihrem Betragen gegen uns 1765 hervorging, daß sie dem König jenen Punkt der Souveränität nur verweigert hatten, um ihn für sich selbst in Anspruch zu nehmen.

Nachdem *Dr.* Fothergill mit den Eigentümern gesprochen hatte, verstanden sie sich nach einigen Tagen dazu, mit mir in Herrn T. Penns Haus in Spring Garden zusammen zu treffen. Das Gespräch bestand anfangs aus gegenseitigen Erklärungen der Geneigtheit zu einem vernünftigen Abkommen; allein ich vermute, jede Partei hatte ihre eigenen Ansichten über das, was unter „vernünftig" zu verstehen sei. Wir gingen hierauf zur Erwägung unserer einzelnen Beschwerdepunkte über, welche ich aufzählte. Die Grundherren rechtfertigten so gut sie konnten ihre eigene Handlungsweise, und ich diejenige der Assembly. Es stellte sich nun heraus, daß wir in unseren Ansichten sehr weit aus einander gingen, ja im Grunde so weit von einander abwichen, daß dadurch alle Hoffnung auf Verständigung zerschlagen wurde. Es ward jedoch beschlossen, daß ich ihnen die hauptsächlichsten unserer Beschwerdepunkte schriftlich mitteilen sollte, welche sie dann in Erwägung zu ziehen versprachen. Ich that dies bald darauf; allein sie behändigten die Schrift ihrem Sachwalter, Ferdinand John Paris, welcher für sie alle ihre rechtlichen Geschäfte in ihrem großen Prozeß mit dem ihnen benachbarten Grundherrn von Maryland, Lord Baltimore, der schon siebzig Jahre währte, besorgte und für sie in ihrem Streite mit der Assembly alle ihre Urkunden und Botschaften verfaßte. Paris war ein stolzer und aufbrausender Mann. Da ich gelegentlich schon in den Antworten der Assembly seine Zuschriften mit einiger Schroffheit behandelt hatte, weil sie im Beweispunkt schwach und im Ausdruck hochfahrend waren, so hatte er einen tödlichen Haß gegen mich gefaßt, welcher bei jeder persönlichen Begegnung zu Tage trat. Ich lehnte daher den Vorschlag der Grundherren ab, daß Herr Paris und ich über die Hauptsachen unserer Beschwerden unter uns beiden uns besprechen sollten, und weigerte mich, mit irgend jemand zu unterhandeln als mit ihnen. Sie übergaben sodann auf seinen Rat meine Schrift den Händen des Generalfiskals und des Kronanwalts, um deren Ansicht und Rat darüber einzuholen; aber es lag bei diesen unbeantwortet ein ganzes Jahr, weniger einer Woche. Ich richtete während dieser Zeit häufige Gesuche um eine Antwort an die Eigentümer, ohne jedoch irgend eine andere zu erlangen, als daß sie die Ansicht des Generalfiskals und des Kronanwalts noch nicht erhalten hätten. Wie diese lautete, als sie dieselbe endlich erhielten, habe ich niemals erfahren, denn sie teilten mir dieselbe nicht mit, sondern überschickten der Assembly eine lange, von Paris verfaßte und unterzeichnete Botschaft, welche sich über den Mangel an Form in meiner Schrift beklagte, dieselbe als eine Grobheit von meiner Seite auslegte, eine schwächliche Rechtfertigung ihrer eigenen Handlungsweise zu geben versuchte und schließlich die Geneigtheit zu einem gütlichen Ausgleich erklärte, falls die Assembly „eine redliche Person“ herübersenden wollte, um mit ihnen zu diesem Zwecke zu unterhandeln, wodurch sie also zu verstehen gaben, daß ich eine solche nicht sei.

Der Vorwurf des Mangels an Förmlichkeit und der Grobheit stützte sich wahrscheinlich darauf, daß ich sie in meiner Schrift nicht mit ihren angemaßten Titeln als wirkliche und absolute Grundbesitzer der Provinz Pennsylvanien angeredet, sondern dies unterlassen hatte, weil ich es nicht für notwendig hielt, in einem Aufsatze, dessen Absicht nur dahin ging, schriftlich auf eine zuverlässige Weise alles das zusammenzufassen, was ich gesprächsweise mündlich vorgebracht hatte.

Da aber während dieser Hinhaltung die Assembly den Gouverneur Denny bewogen hatte, eine Akte passieren zu lassen, welche das Vermögen und die Ländereien der Grundbesitzer gemeinsam mit den Ländereien des Volks zur

Besteuerung heranzog, was ja der Hauptpunkt des Streits war, so unterließ die Assembly die Beantwortung jener Botschaft.

Sobald jedoch diese Akte hierüber kam, beschlossen die Eigentümer auf den Rat von Paris, sich dem zu widersetzen, daß sie die königliche Zustimmung erhielt. Sie richteten daher durch den Geheimen Rat eine Bittschrift an den König, und es ward eine Audienz anberaumt, bei welcher zwei Advokaten von ihnen zur Anfechtung der Akte und zwei von mir zur Verteidigung derselben beauftragt waren. Sie machten geltend, die Akte beabsichtige den Besitz der Grundherren zu belasten und denjenigen des Volkes zu verschonen, daß sie aber unausbleiblich ruiniert werden würden, wenn man die Akte in Kraft bestehen lasse und die Grundherren, die beim Volke verhaßt seien, der Gnade und Ungnade des letztern in Ausmessung und Verteilung der Steuern preisgebe. Wir erwiderten, die Akte beabsichtige nichts derartiges und werde auch eine solche Wirkung nicht haben. Die Abschätzer seien rechtschaffene und verständige Männer und eidlich verpflichtet, billig und gerecht zu schätzen, und irgend welcher Vorteil, welchen jeder von ihnen für die Erleichterung seiner eigenen Steuer davon erwarten dürfte, daß er diejenige der Großgrundbesitzer erhöhe, sei allzu unbedeutend, um dieselben zum Meineid zu verführen. Dies ist, soviel ich mich entsinne, der wesentlichste Inhalt dessen, was von beiden Seiten geltend gemacht wurde, ausgenommen, daß wir entschieden die verderblichen Folgen hervorheben, welche eine Aufhebung des Gesetzes mit sich bringen müßte, insofern das Geld, hunderttausend Pfund Sterling, zu des Königs Gebrauch gedruckt und hergegeben, in seinem Dienst verausgabt worden und nun unter der Bevölkerung verbreitet sei. Eine Ungültigkeitserklärung desselben würde es also in den Händen der dermaligen Besitzer zum Verderben Vieler und zur gänzlichen Entmutigung künftiger Geldbewilligungen wertlos machen. Dabei ward die Selbstsucht der Grundherren, welche eine derartige Katastrophe lediglich aus der unbegründeten Befürchtung heraufbeschwören wollten, daß ihre Besitzungen zu hoch besteuert würden, in den stärksten Ausdrücken hervorgehoben. Auf das hin stand Lord Mansfield, einer der Geheimen Räte, auf, winkte mir und nahm mich in das Zimmer des Sekretärs, während die Anwälte noch plazierten, und fragte mich, ob ich wirklich der Ansicht sei, daß dem Vermögen der Eigentümer durch die Durchführung der Akte keine Schädigung widerfahren würde. Ich versicherte ihn dessen auf das Bestimmteste. „Dann werden Sie keinen Anstand nehmen, eine Verpflichtung zur Sicherheit dieses Punktes zu übernehmen," sagte er. – „Nicht den mindesten," erwiderte ich. Er rief hierauf Paris herein, und nach einigem Hin- und Herreden wurde der Vorschlag seiner Lordschaft beiderseits angenommen und durch den Sekretär des Geheimen Rates zu diesem Behuf eine Urkunde aufgesetzt. Diese unterzeichnete ich mit Herrn Charles, welcher ebenfalls ein Agent der Provinz für ihre gewöhnlichen Geschäfte war, worauf Lord Mansfield in das Sitzungszimmer des Geheimen Rats zurückkehrte, wo man schließlich die Akte passieren ließ. Es wurden zwar noch einige Abänderungen anempfohlen, wir machten uns aber verbindlich, daß dieselben in ein späteres Gesetz aufgenommen werden sollten. Die Assembly betrachtete sie jedoch nicht als nötig, denn nachdem eine Jahressteuer auf Grund der Akte erhoben worden war, ehe der Befehl vom Geheimen Rat eintraf, bestellte sie einen Ausschuß, um das Verfahren der Abschätzer zu prüfen, und wählte in diesen Ausschuß mehrere besondere Freunde der Penn'schen Erben. Nach einer vollständigen Untersuchung unterzeichnete dieser Ausschuß einmütig eine Erklärung, er finde, daß die Steuer mit vollkommener Gerechtigkeit eingeschätzt worden sei.

Die Assembly betrachtete nun mein Eingehen auf den ersten der Verpflichtung als einen wesentlichen der Provinz erwiesenen Dienst, da es den Kredit des damals über die ganze Provinz verbreiteten Papiergelds gesichert hatte, und erstattete mir bei meiner Heimkehr ihre Danksagung in üblicher Form. Die Eigentümer aber waren erbost über Gouverneur Denny, weil er die Akte hatte passieren lassen, und überschütteten ihn mit Drohungen, ihm wegen der Verletzung seiner Instruktionen, einen Prozeß anzuhängen. Da er es aber auf das Andringen des Generals und für den Dienst seiner Majestät gethan hatte und einige einflußreiche Gönner und Fürsprecher bei Hofe besaß, so kümmerte er sich nicht um die Drohungen, welche übrigens niemals ausgeführt wurden“

Ende.